Les régimes politiques occidentaux

Du même auteur

Administration et Politique sous la Vᵉ République
(en collaboration avec Francis de Baecque et al.)
*Presses de la Fondation nationale
des sciences politiques, 1980
et 2ᵉ éd., « Références », 1982*

La Haute Fonction publique sous la Vᵉ République
(en collaboration avec Jean-Luc Bodiguel)
PUF, 1982

Les Politiques institutionnelles
in Traité de science politique, t IV
(sous la direction de Madeleine Grawitz et Jean Leca)
PUF, 1985

L'Appareil administratif de l'État
Éditions du Seuil, « Points Politique », 1991

L'Alternance au pouvoir
PUF, « Que sais-je ? », 2ᵉ éd., 1995

Le Gouvernement de la France sous la Ve République
(en collaboration avec Dominique Chagnollaud)
Fayard, 1996

Le Système politique de l'Union européenne
Montchrestien, « Clefs », 3ᵉ éd., 1998

L'Europe et le Fédéralisme
(en collaboration avec Maurice Croisat)
Montchrestien, « Clefs », 2ᵉ éd., 1999

La Vᵉ République
in Le Régime politique, t. I
(en collaboration avec Dominique Chagnollaud)
Flammarion, 6ᵉ éd., 2000

Jean-Louis Quermonne

Les régimes politiques occidentaux

QUATRIÈME ÉDITION MISE À JOUR

Éditions du Seuil

OUVRAGE PUBLIÉ SOUS LA DIRECTION
ÉDITORIALE DE JACQUES GÉNÉREUX

La première édition de cet ouvrage a paru
dans la collection « Points Politique ».

ISBN 2-02-041968-8

(ISBN 2-02-009108-9, 1ʳᵉ publication, 1986
ISBN 2-02-022917-X, 3ᵉ édition, 1994)

www.seuil.com

Introduction

Du principe de légitimité
à l'aptitude à gouverner

En tant que *principe de légitimité,* la démocratie occidentale n'est pas une idée neuve. Elle est contemporaine des civilisations qui l'ont inventée : la cité grecque et la Rome républicaine[1]. Et, après avoir été supplantée pendant des siècles par des empires, des seigneuries et des monarchies absolues, après avoir failli être détruite au cours de la Seconde Guerre mondiale par des régimes totalitaires, elle n'est plus contestée aujourd'hui.

Mais, en tant que *régime politique,* parmi les quelque deux cents États qui se partagent le monde, à peine un dixième la pratiquent réellement.

Certes, depuis la fin du XVIIIᵉ siècle, une dizaine de pays d'Europe occidentale et d'Amérique du Nord ont progressivement forgé un « noyau dur » d'institutions représentatives. Mais, dans le cadre de ces institutions, le suffrage universel ne s'est pas immédiatement imposé. La France, après l'essai infructueux de 1792, l'a définitivement établi, pour les hommes, en 1848 : elle ne l'a étendu aux femmes qu'en 1944, et aux jeunes en 1974. Le Royaume-Uni ne l'a adopté que par étapes. En 1831, le droit de vote n'appartenait encore qu'à une faible minorité de citoyens : 4 % de la population

---

1. Moses I. Finley, *L'Invention de la politique. Démocratie et politique en Grèce et dans la Rome républicaine,* Paris, Flammarion, 1985. Cf. Également : Yves Schemeil, *La Politique dans l'Orient contemporain,* Presses de Sciences-Po, 1999, qui met en cause ce monopole.

adulte. Il s'étendra à 7 % en 1832, 16 % en 1867, 28 % en 1872. Et c'est seulement au lendemain de la Première Guerre mondiale qu'il atteindra les hommes de vingt et un ans et les femmes de trente ans[2]. Aux États-Unis, la législation électorale relevant de la compétence des États, le suffrage universel ne s'est appliqué que de façon évolutive sous la pression des amendements apportés à la Constitution fédérale après la guerre de Sécession et sous le contrôle de la Cour suprême.

Autour de ce « noyau dur », qui inclut progressivement la Suisse et le Canada, la Scandinavie et le Bénélux, une dizaine d'autres pays ont à leur tour expérimenté, tantôt de façon durable, tantôt de façon sporadique, la démocratie occidentale. Mais, hormis, dans une certaine mesure, l'Allemagne et l'Italie, sa mise en œuvre ne date, pour les uns, que de la fin de la Première Guerre mondiale, pour les autres, que des lendemains de la Seconde. Cette deuxième série d'expériences ne se limite pas à l'Europe et à l'Amérique du Nord. Elle affecte, notamment, l'Australie et la Nouvelle-Zélande, l'Inde et le Japon, sans omettre l'État d'Israël. En Europe, elle concerne des nations qui, après plusieurs échecs, ont rétabli la démocratie : outre l'Allemagne et l'Italie en 1948-1949, la Grèce et le Portugal en 1974, l'Espagne à partir de 1976.

Enfin, « aux frontières de la démocratie[3] », on voit surgir aujourd'hui de vastes zones qui étaient tombées sous l'emprise de régimes militaires et qui s'efforcent, tels l'Argentine et le Brésil, de réintroduire le pluralisme[4], tandis que certains pays, comme le Maroc et le Sénégal, tentent, avec plus ou moins de succès, de le maintenir. Un plus grand nombre encore, après avoir mis en place, au moment de leur indépendance, les cadres de la démocratie formelle,

2. Monica Charlot, *Le Système politique britannique*, Paris, A. Colin, « U », 1984, p. 27-29.

3. Guy Hermet, *Aux frontières de la démocratie*, Paris, PUF, « Politique aujourd'hui », 1983.

4. Alain Rouquié (dir.), *La Démocratie ou l'Apprentissage de la vertu*, Paris, A.-M. Métailié, 1985.

ont succombé au règne du parti unique, du pouvoir militaire ou de la dictature. En Europe orientale s'est étendu, en contradiction avec les accords de Yalta, le système soviétique[5]. Mais l'implosion de celui-ci, survenue après la chute du mur de Berlin le 9 novembre 1989, a entamé une longue marche vers la démocratie, à laquelle les pressions internationales ont associé l'économie de marché. Or, si la démocratie s'accommode généralement de ce système économique, celui-ci n'en garantit pas l'exercice, comme l'ont prouvé le Portugal de Salazar et l'Espagne de Franco. En revanche, elle peut revêtir, selon les pays et en raison de leurs cultures, des formes différentes. Gardons-nous, en effet, de succomber aux thèses « développementalistes », en considérant les régimes politiques européens ou américains comme des modèles à exporter. Comme l'écrivait Jacques Donnedieu de Vabres en 1985, il serait « imprudent de présumer que les pays d'Europe orientale aspirent à des institutions comparables à celles de l'Occident et qu'ils n'attendent, pour exprimer ces aspirations, que l'assouplissement du contrôle soviétique : la crédibilité des démocraties occidentales est affaiblie par les méandres de leurs attitudes à l'égard des pratiques d'expression ou de violence qui demeurent et parfois s'étendent[6] ».

Ce n'est donc pas par esprit ségrégationniste, mais dans un souci d'observation réaliste, qu'on limitera, dans ce livre, le champ des exemples appelés à illustrer l'étude des régimes démocratiques. Sans *a priori* géopolitique, on s'en tiendra exclusivement aux démocraties occidentales. Parmi elles, on privilégiera l'étude des régimes politiques des *pays fondateurs*. On y adjoindra quelques remarques tirées de la pratique des États qui les entourent, et dont l'évolution a été plus heurtée ou la démocratisation plus récente. L'ensemble conduira à analyser une vingtaine de régimes politiques

5. Sur les rapports entre la politique intérieure et la politique étrangère : Marcel Merle, *Forces et Enjeux dans les relations internationales*, Paris, Economica, 1981.

6. Jacques Donnedieu de Vabres, *Vent d'espoir sur la démocratie*, préface de René Rémond, Éd. Jean-Cyrille Godefroy, 1985.

dont la nature, bien que diversifiée, relève incontestablement de la démocratie pluraliste. Que ces composantes se répartissent, de part et d'autre de l'Atlantique, entre deux aires culturelles : l'Europe de l'Ouest et l'Amérique du Nord, constitue une donnée empirique vis-à-vis d'autres expériences plus récentes.

Déjà, à l'intérieur de ces limites, la démocratie occidentale est fluctuante et fragile. Elle a cédé en Allemagne et en Italie à la plus totalitaire des dictatures. Elle n'a pu empêcher l'établissement, dans la péninsule Ibérique et en Grèce, de régimes autoritaires. Elle a laissé s'installer en France une série de crises qui ont naguère fait classer notre pays parmi les « démocraties instables[7] ». Elle n'a pas fait barrage en Amérique, trente ans après le voyage de Tocqueville, à la plus terrible des guerres de sécession. Et, si, une fois achevées au XVIIIe siècle les révolutions d'Angleterre, la Grande-Bretagne a réussi à implanter son régime plus durablement et plus paisiblement que partout ailleurs, n'est-ce pas au prix d'un compromis historique conclu entre la Couronne et l'*establishment* ?

Mais la démocratie est tenace. Et l'histoire nous enseigne qu'elle résiste et ressuscite. Après l'Italie et la république fédérale d'Allemagne, la Grèce, le Portugal et l'Espagne en ont apporté la preuve. Et c'est au tour de l'Argentine et du Brésil d'en faire la démonstration. Suivis, depuis 1990, par les pays de l'Est et du centre de l'Europe. Toutefois la résurgence des nationalismes et le drame de l'ex-Yougoslavie invitent à rester vigilant.

L'étude à laquelle nous allons procéder ne nous amènera pas à observer les régimes politiques occidentaux pays par pays. Elle conduira plutôt à les confronter. D'où le parti de l'analyse comparative, trop rarement pratiquée, en particulier en France[8]. Cet essai pédagogique, entrepris dans un esprit interdisciplinaire, cherchera à combiner successive-

---

7. Seymour Martin Lipset, *L'Homme et la Politique,* préface de Jean-Marie Domenach, Paris, Éditions du Seuil, 1960.

8. Voir sur ce point Bertrand Badie et Guy Hermet, *Politique comparée*, Paris, PUF, 1990.

ment les dimensions historique, juridique, sociologique et politique du sujet[9].

Mais, avant d'y engager le lecteur, encore faudra-t-il essayer de clarifier trois concepts qui serviront de fil directeur à l'ouvrage. Ce sont trois notions simples, mais dont l'emploi fréquent implique qu'il ne subsiste à leur sujet aucune ambiguïté. On veut parler des concepts de régime politique, de légitimité et de démocratie pluraliste.

1. Le concept de régime politique

Qu'est-ce qu'un régime politique ? Peu d'auteurs abordent la définition. Et ceux qui s'y efforcent, comme Maurice Duverger, en suggèrent parfois plusieurs.

Récusons toute définition qui circonscrit l'objet à « un ensemble d'institutions[10] ». Car un régime est aussi « une certaine combinaison d'un système de partis, d'un mode de scrutin, d'un ou plusieurs types de décisions, d'une ou plusieurs structures de groupes de pression[11]... » ; nous ajouterons : d'un ou plusieurs types d'administration publique. Et retenons, de Maurice Duverger, la formulation plus générale selon laquelle « au sens large, on appelle régime politique la forme que prend dans un groupe social donné la distinction des gouvernants et des gouvernés[12] ».

A une réserve près : cette définition ne distingue pas clairement la notion de régime politique de celle de *système politique* qu'utilise, par exemple, l'école américaine des

---

9. Concernant la théorie du comparatisme, on se reportera à l'excellente étude de Jean Blondel : « Le comparatisme », *in* Madeleine Grawitz, Jean Leca (éd.), *Traité de science politique*, t. II, *Les Régimes politiques contemporains*, Paris, PUF, 1985, chap. I, p. 1-25.
10. Maurice Duverger, *Institutions politiques et Droit constitutionnel*, Paris, PUF, « Thémis », 2e éd., 1970, p. 49.
11. Maurice Duverger, « Introduction à une sociologie des régimes politiques », *in* Georges Gurvitch, *Traité de sociologie*, Paris, PUF, 1963, t. II, p. 4.
12. Maurice Duverger, *Les Régimes politiques*, Paris, PUF, « Que sais-je ? », 1981, p. 7.

comparative politics. Or, Gabriel Almond et Bingham Powel opposent à un ensemble d'institutions coordonnées – auquel ils ramènent le régime politique – une idée de système qui inclut, outre les institutions politiques, les structures économiques et sociales, les traditions historiques, le contexte culturel, les valeurs : c'est-à-dire « toutes les structures dans leurs aspects politiques[13] ».

Cette fois, l'angle de vue apparaît trop vaste. Car il revient à identifier système et société politiques. Et il relève d'une conception ethnocentrique inapplicable à la France, dans la mesure où il ne prend pas en compte la distinction fondamentale entre la société civile et l'État. Aussi adopterons-nous une définition intermédiaire qui, tout en débordant largement le champ balisé par les institutions, souligne la singularité du concept de régime en le rapprochant de la notion de *mode de gouvernement*.

Par régime politique, on entendra, par conséquent, *l'ensemble des éléments d'ordre idéologique, institutionnel et sociologique qui concourent à former le gouvernement d'un pays donné pendant une période déterminée.* Ainsi privilégiera-t-on quatre composantes essentielles des régimes politiques : le principe de légitimité, la structure des institutions, le système de partis et la forme et le rôle de l'État. En revanche, on rejettera toute exigence qui conduirait nécessairement à percevoir cet ensemble sous les traits d'un tout coordonné. Car nous souscririons alors, volontairement ou non, à un type d'analyse singulier : l'analyse systémique, qui tend à déceler en toute hypothèse les logiques cachées d'un ensemble, lorsqu'elles existent – ce qui est le cas le plus fréquent –, mais aussi lorsqu'elles n'existent pas ! D'où notre préoccupation de ne pas confondre la notion de régime politique avec le concept ambigu de système.

---

13. G. A. Almond, G. B. Powel, *Comparative Politics*, Boston, Little, Brown, 1966.

2. Le principe de légitimité

Donnons-en une définition provisoire : le principe de la légitimité consiste dans la conformité du gouvernement d'un pays aux valeurs auxquelles se réfère le régime dont il assure le fonctionnement. Maurice Duverger ajoute une seconde obligation : serait légitime tout régime qui se conformerait au consensus populaire. Mais une telle exigence s'inscrit déjà dans une vision démocratique. Et, de ce point de vue, serait légitime, non seulement le régime pratiqué conformément à ses propres valeurs, mais encore celui qui répondrait, au moins implicitement, aux aspirations populaires, ce qui pourrait exclure certains principes de légitimité.

Par conséquent, avant de progresser dans l'analyse, nous devrons interroger le théoricien patenté de la légitimité, le sociologue allemand Max Weber. Or, Max Weber nous propose trois « types idéaux » – nous dirions aujourd'hui trois modèles – de légitimité[14].

En premier lieu, la *légitimité traditionnelle*. Elle repose sur un ensemble de coutumes, sanctionnées par leur validité immémoriale et par l'habitude enracinée en l'homme de les respecter. De ce premier point de vue, la légitimité pourrait s'analyser dans la conformité à la tradition. Aussi n'est-il pas étonnant d'y trouver la justification de la légitimité monarchique. Sous l'Ancien Régime, c'était, en effet, à la tradition qu'il était fait référence pour fonder la légitimité du pouvoir royal, le recours au principe héréditaire et au droit divin n'étant que deux aspects de cette démarche.

Or, jusqu'à une époque récente, le concept de légitimité n'avait été employé, en France, que dans cette acception. Et le qualificatif de « légitimiste » désignait les partisans de la branche aînée des Bourbons, seule habilitée, selon eux, à exercer le pouvoir royal en vertu de la tradition historique. Le nom de légitimistes sera donné, de 1830 à 1883 (date de

---

14. Max Weber, *Le Savant et le Politique,* rééd., Paris, UGE, « 10/18 », 1959.

... du comte de Chambord), aux royalistes qui escomp-
tent la restauration des descendants de la branche aînée des
Bourbons et se distinguent, de ce fait, des orléanistes, partisans du comte de Paris[15].

Le deuxième « type idéal » recensé par Max Weber est la
légitimité charismatique. Elle permet davantage d'éclairer
l'actualité. Comme l'écrit Max Weber, elle « est celle qui
se caractérise par le dévouement, tout personnel, des sujets
à la cause d'un homme et par leur confiance en sa seule
personne, en tant qu'elle se singularise par des qualités pro-
digieuses, par l'héroïsme ou d'autres particularités exem-
plaires qui font le chef ».

Il n'est pas étonnant que ce soit sous la « République gaullienne » que les auteurs aient ressuscité la notion wébérienne
de pouvoir charismatique pour tenter d'expliquer la personnalisation du pouvoir provoquée par le général de Gaulle.
Certes, Max Weber visait plutôt tout chef victorieux appelé
par les événements à fonder une nouvelle dynastie. Mais le
général de Gaulle est le premier qui, depuis l'instauration en
France de la république (entendons : la IIIe République), a eu
recours au concept de légitimité.

Avant 1940, les républiques précédentes avaient, en effet,
récusé la notion de légitimité pour s'en tenir au concept de
légalité. Historiquement, la légalité est une notion républicaine. A tel point que le général de Gaulle lui-même, avant
de réinstaller à Paris en août 1944 le Gouvernement provisoire de la République française, avait fait adopter une
ordonnance portant rétablissement de la légalité républicaine. Mais le principe de légalité se borne à imposer la
conformité des actes du gouvernement et de l'administration
au droit positif en vigueur.

Le général de Gaulle a donc réintroduit dans le vocabulaire républicain la notion de légitimité d'origine monarchique. Il a d'abord procédé de façon négative dans la
période 1940-1944, en proclamant illégitime le gouverne-

15. René Rémond, *Les Droites en France,* Paris, Aubier, 1992, chap. III :
« Le légitimisme » ; Stéphane Rials, *Le Légitimisme,* Paris, PUF, « Que sais-
je ? », 1983.

ment de Vichy. Puis il a utilisé l'expression de manière positive, une fois revenu aux affaires, le 29 janvier 1960 dans un discours radiotélévisé destiné à conjurer la rébellion des Barricades qui s'était déclenchée à Alger, dont voici un passage : « Enfin, je m'adresse à la France : eh bien, mon cher et vieux Pays, nous voici donc ensemble, encore une fois, face à une lourde épreuve ! En vertu du mandat que le peuple m'a donné et *de la légitimité que j'incarne depuis vingt ans,* je demande à tous de me soutenir quoi qu'il arrive [16] ! »

Cette « légitimité incarnée depuis vingt ans » n'avait pu être conférée au général de Gaulle, bien évidemment, par l'élection. Elle ne pouvait, à ses yeux, résulter que de l'histoire et du « pouvoir charismatique » que lui avait valu l'Appel du 18 juin. En revanche, dans un autre discours, prononcé à l'occasion du putsch des Généraux en 1961, le chef de l'État paraît donner à sa légitimité un autre fondement : « Je m'affirme, déclare-t-il, pour aujourd'hui et pour demain, dans la légitimité française que la Nation m'a conférée et que je maintiendrai quoi qu'il arrive. » C'est qu'entre-temps un référendum populaire a approuvé la politique d'autodétermination qu'il cherche à appliquer en Algérie, et renforcé sa légitimité démocratique.

Il s'agit alors du troisième « type idéal » dégagé par Max Weber : la *légitimité rationnelle.* Elle résulte de la conformité du pouvoir politique, non plus à la tradition ou aux actes d'un personnage hors série, mais au principe rationnel qui préside au régime en vigueur. Or, aujourd'hui, quel régime ne se prétend pas démocratique ?

Si bien que, dans la pratique, la légitimité s'exprime désormais à travers la conformité des origines et des actes des pouvoirs publics aux exigences de la démocratie. Tel est le sens de la légitimité rationnelle. Implicite ou latente depuis les grands textes fondateurs, de la Grande Charte anglaise de 1215 à la Déclaration d'indépendance américaine de 1776 et à la Déclaration française des droits de l'homme et du citoyen de 1789, elle est explicitement

16. C'est nous qui soulignons.

formulée dans les déclarations ou les préambules de toutes
les constitutions occidentales en vigueur. Et, depuis une
période plus récente, elle est sanctionnée par l'interdiction de réviser certains textes : « La forme républicaine
de gouvernement ne peut faire l'objet d'une révision »,
déclarent les constitutions françaises depuis 1884, et l'alinéa 3 de l'article 79 de la Loi fondamentale de la république
fédérale d'Allemagne interdit toute révision constitutionnelle portant sur les principes énoncés aux articles 1 à 20,
concernant les droits fondamentaux placés en tête de la
Constitution.

Il peut arriver que la légitimité traditionnelle, la légitimité charismatique et la légitimité rationnelle se combinent
et se renforcent mutuellement. Il peut advenir, à l'inverse,
qu'un gouvernement élu démocratiquement commette des
excès de pouvoir, porte atteinte aux droits fondamentaux de
la personne ou confère à son chef une autorité dictatoriale.
La démocratie se reconnaît, par conséquent, à la combinaison d'élections libres et du respect de l'État de droit.

3. La démocratie pluraliste

Dès l'Antiquité, Aristote distinguait, à partir de l'étude
comparative de cent cinquante cités grecques, trois types de
régimes politiques :
– la monarchie, qui peut tourner en tyrannie ;
– l'aristocratie, qui peut devenir oligarchie ;
– la politie (ou démocratie modérée), qui peut dégénérer
en démagogie [17].

Deux millénaires plus tard, c'est encore dans le cadre de
cette classification que Montesquieu inscrit sa conception de
la démocratie. Mais, écrit Raymond Aron, s'il « conserve
l'idée d'Aristote que la nature d'un régime dépend de ceux
qui détiennent le pouvoir », il introduit une seconde dimension en soulevant la question : « Le pouvoir souverain est-il

17. *La Politique,* livre 3, chap. VII.

exercé conformément à des lois fixes et établies ou bien sans règles et sans lois [18] ? »

Or, en réponse, l'auteur de *L'Esprit des lois* ne classe la démocratie dans la première catégorie que si son essence, l'égalité des citoyens, est équilibrée par un comportement civique fondé sur la vertu. Aussi, en 1748, ne lui paraît-elle applicable que dans le cadre de petites cités. Et, à sa forme pure, il préfère le « gouvernement mixte » qui assure la séparation des pouvoirs.

Rousseau lui-même ne sera pas moins sceptique sur la « gouvernabilité » des démocraties, en fonction d'un niveau d'exigence qu'il porte très haut : « La volonté ne se représente point : elle est la même ou elle est autre ; il n'y a point de milieu. Les députés du peuple ne sont donc ni ne peuvent être ses représentants ; ils ne sont que ses commissaires ; ils ne peuvent rien conclure définitivement. Toute loi que le Peuple en personne n'a pas ratifiée est nulle ; ce n'est pas une loi. » Aussi, l'auteur du *Contrat social* conclut-il en 1762 qu'« à prendre le terme dans la rigueur de l'acception, il n'y a jamais eu de démocratie, et il n'en existera jamais. Il est contre l'ordre naturel des choses que le grand nombre gouverne et que le petit nombre soit gouverné ».

« Gouvernement du peuple, par le peuple et pour le peuple », telle est pourtant la devise que lègue, un siècle plus tard, dans la proclamation de Gettysburg, le président Lincoln, dont Tocqueville a observé auparavant sur place qu'elle exprime « le développement graduel de l'égalité des conditions [...] fait providentiel, universel et durable ».

« Gouvernement du peuple pour le peuple », telle est la finalité qu'affichent aujourd'hui tous les États du monde. Et l'on a déjà dit l'unanimité que recueille officiellement, notamment dans le cadre de l'Organisation des Nations unies, la démocratie en tant que principe de légitimité.

« Gouvernement par le peuple », l'exigence est plus contraignante. Et, même si elle est devenue accessible, de

18. Raymond Aron, *Démocratie et Totalitarisme*, Paris, Gallimard, « Idées », 1965, p. 39.

nos jours, à de vastes pays et non plus seulement à quelques cités, le témoignage d'organisations non gouvernementales à but humanitaire, comme Amnesty International, montre à quel point la réalité en est éloignée. « De lui-même [écrivait déjà Rousseau] le peuple veut toujours le bien, mais de lui-même il ne le voit pas toujours. La volonté est toujours droite, mais le jugement qui le guide n'est pas toujours éclairé. » Car les « hommes situés », selon l'expression de Georges Burdeau[19], ne pourront jamais pleinement pratiquer la vertu réservée à « un peuple de dieux » !

Dès lors, la meilleure définition qui ait été donnée de la démocratie n'est-elle pas la plus réaliste ? Celle que propose, au milieu du XXe siècle, le juriste autrichien, réfugié aux États-Unis, Hans Kelsen : « la tendance à l'identification des gouvernants et des gouvernés[20] ». La tendance ? Orientation prudente qui désigne avec fermeté le sens de l'évolution à long terme, mais qui inclut l'accident de parcours susceptible, dans certains cas, d'en modérer, d'en détourner ou d'en arrêter le cours, en succombant à une dérive *populiste*.

Tel apparaît, à travers les obstacles, le cheminement du « gouvernement du peuple par le peuple ». Il est ou il doit tendre à devenir le *gouvernement de la majorité*. Il ne pourra jamais s'identifier avec celui de l'unanimité. Suspect, au contraire, est ce dernier, même si le mythe de la société sans classes a pu, un temps, y faire rêver. L'expérience du « goulag » a confirmé le risque de contagion totalitaire que le sophisme de Rousseau pouvait déjà receler : « Quand l'avis contraire au mien l'emporte, cela ne prouve pas autre chose sinon que je m'étais trompé, et que ce que j'estimais être la volonté générale ne l'était pas. Si mon avis particulier l'eût emporté, j'aurais fait autre chose que ce que j'avais voulu, c'est alors que je n'aurais pas été libre. » Ayons la force et l'humilité, à la fois, de rejeter ce germe de

19. Georges Burdeau, *La Démocratie*, Paris, Éditions du Seuil, « Points Politique », 1966.
20. Hans Kelsen, *La Démocratie, sa nature, sa valeur*, Paris, Sirey, 1932, réédité en 1988 par Economica.

l'autocritique qui fait écho à la « civilisation » qu'Orwell avait annoncée dans *1984*.

Que la démocratie s'identifie avec le gouvernement du peuple par la majorité, tel est le premier principe incontestable sur la base duquel repose la démocratie occidentale. Déjà, Tocqueville, en 1835, en avait pris son parti : « Je regarde comme inique et détestable cette maxime, qu'en matière de gouvernement la majorité d'un peuple a le droit de tout faire, et pourtant je place dans les volontés de la majorité l'origine de tous les pouvoirs[21]. »

Cela signifie-t-il que « la minorité a juridiquement tort parce qu'elle n'est pas politiquement majoritaire » ? En fait, ce premier principe n'a de sens, et sa portée ne peut être exactement mesurée, que s'il a pour contrepartie le *respect de la minorité par la majorité,* et le droit pour celle-ci de se constituer librement en opposition. Tel est donc le second principe fondamental de la démocratie occidentale, consubstantiel au premier.

Cet équilibre entre les droits de la majorité et ceux de l'opposition s'impose à toutes les tendances de l'opinion, au courant conservateur ou libéral qui doit reconnaître la légitimité du pouvoir majoritaire, même quand il est occupé par ses adversaires, et au courant progressiste ou socialiste qui doit reconnaître, à la suite de Jaurès, que l'« État n'exprime pas une classe, [mais] le rapport de classes […] ; qu'il a donc bien pour fonction de maintenir, de protéger les garanties d'existence, d'ordre, de civilisation communes aux deux classes ». Car, en dehors de cet équilibre, il n'y aurait place que pour l'affrontement et, finalement, pour la « guerre civile froide ».

Sur la base de ce pluralisme, on définira, par conséquent, la démocratie occidentale comme le *gouvernement du peuple exercé par la majorité librement exprimée de celui-ci, dans le respect du droit pour la minorité de manifester son opposition.*

21. Alexis de Tocqueville, *De la démocratie en Amérique*, Paris, Gallimard, 1968, t. I, p. 145.

4. Les régimes politiques occidentaux

Les concepts de régime politique, de principe de légitimité et de démocratie pluraliste étant ainsi définis, il ne reste plus, avant d'entreprendre l'analyse de leur application, qu'à préciser ce que l'on entend par « régime politique occidental ». Ou, plus exactement, il convient d'essayer de répondre à la question : existe-t-il *a priori* un régime occidental type ?

On a déjà fait observer qu'à l'unicité du principe de légitimité démocratique correspond une grande diversité de régimes politiques. Or, cette diversité est vérifiable à l'intérieur même du « camp » occidental. La distinction classique du régime parlementaire et du régime présidentiel ainsi que l'opposition entre bipartisme et multipartisme en témoignent.

Cependant, tout voyageur un tant soit peu attentif qui a visité les ex-pays de l'Est ou les pays du tiers monde reconnaît la démocratie occidentale à de nombreux traits dès qu'il franchit la frontière de l'une d'entre elles. Or, ce qui est vrai pour les sociétés l'est aussi pour les régimes politiques : certains caractères communs les font se ressembler et s'opposer, à la fois, aux autres régimes. De ce point de vue, cinq traits nous paraissent devoir être recensés, comme caractéristiques de la démocratie occidentale :

1. Le premier concerne le choix des gouvernants : dans une démocratie occidentale, il procède d'*élections libres*. Et l'on entend par là d'élections qui répondent au moins à trois conditions :

– la liberté de candidature, qui a pour corollaire la libre formation et le libre fonctionnement des partis politiques ;

– la liberté de suffrage, qui implique le suffrage universel et égal des hommes et des femmes (même si ce dernier est récent dans certains pays), et qui obéit à l'adage anglais : *One man, one vote* ;

– la liberté du scrutin, qui repose sur deux exigences : le secret (qui justifie l'isoloir) et l'égalité des conditions d'information et de propagande au cours de la campagne électorale.

2. Le deuxième trait est relatif à l'exercice du gouvernement : il appartient à la *majorité* ; or, celle-ci peut se dégager soit à l'occasion d'un scrutin direct (élection présidentielle), soit à la faveur d'un scrutin indirect (majorité parlementaire et investiture du gouvernement par l'assemblée issue du suffrage universel) ; dès lors, le gouvernement de la majorité est légitime, la distinction du « pays réel » et du « pays légal », inventée par Charles Maurras, étant contraire à la démocratie.

3. Le troisième caractère réside dans l'obligation, qui en est le corollaire pour la majorité, de *respecter l'opposition* ; ce qui entraîne deux conséquences : le droit pour l'opposition à la libre critique, et le droit, à la suite de nouvelles élections libres, à l'alternance au pouvoir.

4. Le quatrième principe porte un nom : le *constitutionnalisme* ; il signifie que les pouvoirs publics, comme d'ailleurs les citoyens, sont tenus au respect de la Constitution, ce qui entraîne pour les partis l'obligation de faire preuve d'un consensus minimum (à condition, naturellement, que les institutions aient été démocratiquement adoptées), et pour les pouvoirs publics de se soumettre au contrôle de la constitutionnalité et de la légalité de leurs actes par un organe juridictionnel indépendant.

5. Lié au constitutionnalisme, le cinquième facteur commun aux régimes qui se réfèrent à la démocratie occidentale, et qui est sans nul doute le plus important, réside dans la garantie accordée aux *droits fondamentaux* des citoyens et, le cas échéant, des communautés intermédiaires ; ces garanties exigent l'application de l'*État de droit*[22] et son respect par quiconque.

Telles qu'elles viennent d'être exposées, ces cinq caractéristiques constituent les traits essentiels de la démocratie occidentale. Elles se retrouvent (ou doivent se retrouver)

22. Jacques Chevallier, *L'État de droit*, Paris, Montchrestien, « Clefs », 1992.

dans les régimes politiques qui en relèvent. Leur mise en œuvre peut comporter, naturellement, beaucoup de variétés en fonction de la particularité des pays et de la singularité des régimes. Ainsi la France a-t-elle récusé, jusqu'à une date récente, le contrôle de la constitutionnalité des lois... Mais un écart trop grand entre l'un de ces traits et la pratique politique d'un État soulèverait légitimement un doute sur l'appartenance de son régime à la démocratie occidentale. Qu'on n'oublie pas que, sur cette base, la Grèce gouvernée par les « Colonels » fut exclue pendant plusieurs années du Conseil de l'Europe.

Ce degré d'exigence que ne possède pas l'ONU – mais dont ferait certainement preuve l'Union européenne – n'empêche évidemment pas chaque nation de se doter du régime démocratique de son choix, ni de réviser librement sa constitution. Mais souscrire à la Convention européenne des droits de l'homme implique, pour un État signataire, un nombre de plus en plus élevé d'obligations qui apportent autant de limites internationales à l'exercice de sa souveraineté[23].

L'objet de la science politique n'étant pas de rechercher le meilleur régime politique, mais d'analyser de manière comparative la communauté et la singularité des traits qui les caractérisent, on s'attachera moins à déceler ici leur « gouvernabilité » qu'à souligner leurs ressemblances ou leurs particularités. Et, tandis qu'à certains égards on pourra être amené à percevoir certaines familles de régimes, on sera conduit à privilégier l'examen des régimes inédits. Dans cet esprit, l'analyse s'ordonnera autour de quatre thèmes successifs :

— les processus historiques ;
— les institutions politiques ;
— la société civile et les forces politiques ;
— l'État et l'administration publique.

---

23. Marcel Merle, « La politique étrangère », *in* Madeleine Grawitz, Jean Leca (éd.), *Traité de science politique,* Paris, PUF, 1985, t. IV

Ce livre n'est le résultat ni d'une recherche empirique, ni d'une compilation érudite, ni d'une construction théorique. Il s'apparente davantage à un projet pédagogique. Il est le fruit d'observations et de réflexions collectées à l'occasion d'enseignements assurés aux Instituts d'études politiques d'Alger, de Grenoble et de Paris, ainsi qu'au Collège de Bruges.

S'adressant, en priorité, aux étudiants, il vise cependant un public plus vaste que le développement de la formation continue devrait encore élargir. Il tend à réunir en un même ouvrage un certain nombre de données et d'analyses actuellement dispersées. Il voudrait prolonger, de façon plus sommaire, à l'échelle des démocraties occidentales, l'essai entrepris dans les limites de l'« Hexagone » en 1980[24].

L'esprit dans lequel a été menée l'entreprise correspond, en soulevant plus de questions qu'elle ne résout de problèmes, à l'objectif proposé par Jean Leca – dans la présentation qu'il a donnée du tome II du *Traité de science politique* – à l'étude comparative des régimes politiques : « Nous ne pensons pas que le comparatisme doit avoir pour but de comparer des "systèmes" par rapport à un super-système de référence dessiné à partir de l'image idéale de la satisfaction de prérequis fonctionnels. Le comparatisme se situe pour nous "du côté de la question" en ce sens qu'il considère les régimes comme des réponses apportées à un moment historique à des défis nés de la combinaison de changements de longue période et de grande amplitude [...] et des processus sociaux fondamentaux et "intemporels"[25]. »

L'option comparative résolument prise dans ce livre ne permet pas de traiter en détail du régime politique de chaque pays considéré. On se reportera, sur ce point, à l'ouvrage de

24. Jean-Louis Quermonne, *Le Gouvernement de la France sous la Ve République*, Paris, Dalloz, coll. « Études politiques, économiques et sociales » (collection publiée sous le patronage de la Fondation nationale des sciences politiques), 1980, nouvelle éd., en coll. avec Dominique Chagnollaud, Flammarion, 2000.
25. *Traité de science politique*, t. II, *Les Régimes politiques contemporains, op. cit.*, « Présentation », p. XVII-XVIII.

Philippe Lauvaux[26]. La dimension limitée du volume n'offre pas la possibilité de recourir, pour l'analyse de chaque type d'institution ou de chaque système de partis, à l'érudition souhaitable. Mais il existe, heureusement, le livre d'Yves Mény[27].

Notre but est d'initier les étudiants et un public plus large à une approche comparative des systèmes politiques qui déborde les limites de l'« Hexagone » pour leur permettre de mieux mesurer à la fois ce qui est le patrimoine commun du pluralisme occidental et ce qui fait la singularité du régime politique français.

26. Philippe Lauvaux, *Les Grandes Démocraties contemporaines*, Paris, PUF, 2ᵉ éd., 1998.

27. Yves Mény, *Politique comparée*, Paris, Montchrestien, 5ᵉ éd., 1994.

PREMIÈRE PARTIE

Les processus historiques

Aucun phénomène social ne peut s'expliquer sans référence à l'Histoire. Or, les régimes politiques occidentaux ont creusé, plus que d'autres, des racines. Il ne saurait être question, dans ce livre, de retracer l'historique de chaque régime. Mais les démocraties occidentales ne sont compréhensibles qu'à condition d'en repérer les origines et d'en maîtriser les évolutions.

La dimension historique que l'on voudrait appréhender sera donc comparative. Il s'agira de montrer, à travers différents exemples significatifs, que le temps est une composante essentielle d'un régime politique. Seul, il lui apporte la consistance que les constitutions les mieux écrites sont insuffisantes à lui donner, sans compter que les coutumes constitutionnelles sont du « temps accumulé ».

Quatre étapes inscrivent principalement les régimes politiques dans la durée. Nécessairement, tout d'abord, l'étape de leur fondation, puis celle de leur progressive institutionnalisation.

Ensuite, vient le temps des tempêtes essuyées pendant les premières années ou les premières décennies d'application : un régime ne s'enracine qu'une fois surmontées les crises de structure qu'il affronte, et à condition qu'il ne soit pas ébranlé par d'incessantes crises de gouvernement.

Surgit alors l'un des événements qui rythment désormais le cours normal de la vie politique des démocraties occidentales : l'alternance au pouvoir. Considérée comme le meilleur test de la combinaison entre la liberté et la gouvernabilité, elle n'est cependant pas partout appliquée. Il faudra observer par quels mécanismes certains pays parviennent à la remplacer.

Enfin, la seconde moitié du XXe siècle ayant mis un terme au règne incontesté des démocraties représentatives, il conviendra d'examiner comment certaines d'entre elles ont dégénéré en « démocraties médiatisées », tandis que d'autres – heureusement plus nombreuses – se sont ouvertes aux différentes formes de la « démocratie directe ».

Ces quatre démarches successives témoigneront de l'importance de la dimension historique des régimes politiques. Sans prétendre remplacer l'étude singulière de chacun d'entre eux, elles illustreront quelques-uns des processus qui relient leur origine à l'histoire immédiate.

1

La fondation et l'institutionnalisation des régimes politiques

Les régimes politiques sont, d'abord, la résultante d'une expérience historique. Il n'existe pas de régime – même directement issu d'une révolution – qui ne soit tributaire du passé. Dans *L'Ancien Régime et la Révolution,* Tocqueville a mesuré la portée de la « table rase » juridique ; spectaculaire à court terme, elle résiste mal aux courants du long terme. Et l'histoire immédiate modèle souvent plus profondément l'évolution d'un régime politique que n'y parviennent les révisions successives de sa charte constitutionnelle.

Par conséquent, les pesanteurs historiques façonnent les régimes politiques en leur imprimant leur rythme. Tout régime naît, vit et meurt. Et son degré de longévité, qui peut varier de quelques mois à quelques siècles, dépend de l'enracinement de ses institutions dans la société civile : seul le processus historique en commande la durée.

Les démocraties anglo-saxonnes ont bénéficié, jusqu'à présent, d'une longévité qui s'est identifiée à celle de leur État. Sur le continent européen, au contraire, les chances de vie des régimes politiques se sont très tôt dissociées de la permanence de celui-ci. Il est banal d'écrire que, depuis la Révolution, la France a été grande consommatrice de textes constitutionnels. Par rapport à cette instabilité, avec ses soixante-cinq ans, la IIIe République fait seule exception. Qu'adviendra-t-il de la Ve ? N'avait-on pas prédit que, taillée à la mesure du général de Gaulle, elle ne pourrait lui survivre ? Ayant dépassé quarante ans, elle a déjà connu cinq présidents de la République ; et François Mitterrand, après l'avoir pourfendue, a bien voulu admettre que, n'ayant pas été faite à son intention, elle était bien faite pour lui. Elle est en tout cas, depuis 1789, le douzième régime politique – sans compter les régimes provisoires – que la France ait connu.

Quatre thèmes illustreront principalement le poids de l'histoire sur l'origine, le déroulement et l'achèvement des régimes politiques. On les examinera l'un après l'autre sans prétendre en épuiser l'inventaire. Ils permettront d'étudier successivement la fondation des régimes politiques, les crises de régime et de gouvernement, l'alternance et la permanence au pouvoir, enfin l'opposition entre la démocratie médiatisée et la démocratie directe.

1. L'origine conjoncturelle des régimes politiques

Il est souvent difficile de dater l'origine exacte d'un régime politique. La Ve République a-t-elle surgi avec la loi constitutionnelle du 3 juin 1958 fixant un mode de révision dérogatoire à la Constitution de 1946 ? Ou est-elle apparue lors de la promulgation de la Constitution du 4 octobre 1958 ? La seconde proposition semble mieux en accord avec l'analyse juridique. Mais les historiens font valoir que, du retour du général de Gaulle aux affaires[28] à l'élection du président de la République le 21 décembre 1958 et à l'installation, trois mois plus tard, du Conseil constitutionnel, un véritable échelonnement marque, en réalité, les débuts du nouveau régime.

Il est certain qu'à son origine tout régime politique obéit à une conjoncture singulière, et que la période transitoire pendant laquelle se déroule le processus fondateur peut être plus ou moins longue (117 jours pour la Ve République, 2 ans et demi pour la IVe et 5 ans pour la IIIe, note René Rémond), tandis que son enracinement dépend davantage de

28. René Rémond, *Le Retour de De Gaulle*, Bruxelles, Éd. Complexe, 1983 ; Odile Rudelle, *Mai 58, de Gaulle et la République*, Plon, « Espoir », 1988.

la capacité des institutions à répondre aux besoins de la société dans laquelle elles s'insèrent. Moins le régime apparaît comme la transposition d'un modèle étranger ou comme la restauration d'un précédent dépassé, mieux il engendre un système inédit et plus il a de chances de durer.

Telles sont, en effet, les deux principales hypothèses que l'on voudrait formuler en analysant successivement l'origine conjoncturelle des régimes politiques et le processus d'institutionnalisation des systèmes inédits.

D'ordinaire, tout nouveau régime politique s'établit en contradiction par rapport à celui qui l'a précédé.

Mais cette contradiction peut se manifester dans des conjonctures différentes. On en retiendra sommairement quatre : la révolution, le coup d'État, la restauration et la révision intégrale de la Constitution.

1. La révolution

Le *Robert* définit la révolution comme un ensemble d'événements historiques survenant dans une communauté nationale lorsqu'une partie du groupe en insurrection réussit à prendre le pouvoir et que des changements profonds (politiques, économiques et sociaux) se produisent dans la société.

Pour exacte qu'elle soit, cette définition sous-estime trois éléments essentiels :

– une révolution est toujours dirigée *contre un régime en place* ; elle cherche, au moins confusément, à le remplacer au nom d'un principe de légitimité opposé. Ce faisant, elle peut aussi déclencher un processus incontrôlé qui aboutira, par étapes successives, à mettre en orbite plusieurs régimes instables jusqu'à ce que l'un d'entre eux parvienne à trouver un nouvel équilibre... Tel fut le cas, à partir de 1789, de la Révolution française ;

– une révolution – en dehors des « révolutions par la loi » dont l'expression est un abus de langage – fait d'ordinaire appel *à la violence* ; et, par opposition au coup d'État, elle met en mouvement des foules qui croient s'identifier au Peuple ;

– enfin, si l'initiative d'une révolution ne peut être le fait que d'une minorité ou de minorités concurrentes, comme dans la Russie de 1917, cette minorité entend agir *pour le compte de la majorité* des citoyens ou d'une classe sociale dominée mais majoritaire (comme l'exprimait déjà Sieyès dans sa brochure *Qu'est-ce que le Tiers État ?*).

Reste que l'effet le plus immédiat d'une révolution est de provoquer un changement de régime politique. Et, de ce point de départ, on peut établir une gradation distinguant les révolutions politiques à l'état pur, les révolutions associées à un changement de société et les révolutions créatrices d'un État nouveau.

A. Les *révolutions politiques à l'état pur* sont celles qui se bornent à modifier brusquement les institutions en opérant un changement de légitimité au moins implicite.

Peut-on inscrire dans cette catégorie les révolutions d'Angleterre de 1642-1649 et surtout de 1688-1689 ? Nous laissons aux historiens le soin de se prononcer. En revanche, doit y figurer la révolution française de 1830 qui substitue au roi de France, à peine restauré dans ses droits, un roi des Français relevant d'une autre source de légitimité. Et peut s'y ajouter la révolution de 1848 qui instaure la IIe République en esquissant un changement de société, d'ailleurs rapidement différé.

B. Les *révolutions associées à un changement de société* sont, naturellement, plus prestigieuses. Elles offrent également une conjoncture favorable à un changement de régime. Tel est le cas de la France en 1789 et de la Russie en 1917, mais aussi de l'Allemagne en 1918-1919 – étant entendu que ces révolutions peuvent être parfois accélérées par une défaite militaire et arrêtées en cours d'évolution.

On a déjà souligné le fait que, par leur envergure, de telles révolutions débouchent rarement sur l'installation immédiate d'un régime stable. Elles ouvrent souvent un processus de déstabilisation susceptible de conduire à l'établissement d'un système politique contraire à celui qui avait été proclamé à l'origine du mouvement ; exemples : le bonapartisme en l'an VIII, la dictature stalinienne à partir de 1927 et celle d'Hitler en 1933.

Elles n'en construisent pas moins un mythe qui, malgré les déviations que l'on vient d'évoquer, peut être capable de fonder ultérieurement un régime stable. Ainsi la IIIe République s'inspire-t-elle, à un siècle de distance, de la souveraineté nationale et des principes constitutionnels de la Révolution française ; et la République fédérale d'Allemagne est-elle, vingt ans après, la réplique libérale et efficace de la République de Weimar.

C. Enfin, les *révolutions créatrices d'un nouvel État* occupent une place à part. Provoquées, le plus souvent, par la désagrégation d'un empire multinational ou par la décolonisation, elles engendrent à la fois un nouveau régime et un nouvel État.

Cette création simultanée, provoquée par une double conjoncture intérieure et extérieure, est souvent génératrice d'institutions fragiles. L'expérience des États issus, au lendemain de la Grande Guerre, de l'Autriche-Hongrie et de l'Empire ottoman est à même de l'attester. Et les régimes politiques établis en Afrique, au cours de la seconde moitié du XXe siècle, confirment malheureusement cette instabilité.

Des exceptions notoires illustrent, cependant, l'effet contraire. Malgré sa complexité, la Belgique, créée en 1830, en offre un premier exemple. La révision constitutionnelle rendue nécessaire par la question linguistique n'a pas, pour autant, affecté la permanence de son régime parlementaire. Mais le témoignage le plus éclatant de la continuité parallèle de l'État et du régime politique résulte de l'histoire des États-Unis d'Amérique. Ont été célébrées ensemble la création en 1787 de l'État fédéral et celle d'un régime démocratique inédit. On conçoit, dès lors, que, dans l'esprit du peuple américain, la confusion de l'État fédéral et du régime démocratique fasse l'objet d'un même culte, dont le texte constitutionnel représente l'unique bible.

2. Le coup d'État

Si le *Robert* définit, insuffisamment, le coup d'État comme la conquête ou la tentative de conquête du pouvoir par des moyens illégaux et inconstitutionnels, le philosophe madrilène Ortega y Gasset l'imagine, avec plus de pertinence, sous les traits d'une action subversive émanant d'un « envahisseur vertical ».

De ce point de vue, le coup d'État se distingue, en effet, de la révolution par le fait même qu'il tire sa source d'un *complot,* bien des fois fomenté de l'intérieur et qui n'a souvent d'autre but que d'installer au pouvoir un homme ou une minorité qui s'y maintiendront par la force.

Phénomène d'essence minoritaire, le coup d'État peut cependant revêtir plusieurs formes, dont certaines sont en mesure de le faire dévier vers d'autres processus de création d'un nouveau régime.

Si les exemples français des coups d'État bonapartistes du 18 brumaire an VIII et du 2 décembre 1851 répondent au « type idéal » d'un complot réussi instaurant un régime autoritaire, le coup d'État portugais qui a ouvert la voie à la « révolution des Œillets » déclencha un mouvement qui conduisit, finalement, à la démocratie.

Enfin, sous l'expression de « coup d'État permanent », François Mitterrand a désigné de façon polémique, en 1964, la Ve République, en visant à la fois les circonstances de son instauration (les complots du 13 mai) et l'exercice du pouvoir personnel. Mais, en faisant lui-même acte de candidature à la présidence de la République en 1965, il a contribué au ralliement progressif de la gauche au régime dont il a reconnu la légitimité en 1981, en accédant à l'Élysée sans changer la Constitution.

Oligarchique par nature, le coup d'État peut donc revêtir des effets ambivalents. Selon qu'il met en place un régime autoritaire ou même totalitaire (la marche sur Rome de Mussolini en 1922) ou qu'il déstabilise un régime discrédité (la monarchie égyptienne, au profit de Néguib en 1952, ou surtout la « révolution des Œillets » précitée), il peut engendrer des effets inattendus, voire bénéfiques.

Mais lorsque, sous forme de « putsch » ou de « pronunciamiento », il s'érige en système de gouvernement permanent, dont l'Amérique latine a fourni trop d'exemples, il constitue la négation d'une forme de gouvernement stable et conduit les pays qui s'y adonnent à l'anarchie ou à la dictature.

3. *La restauration*

Au sens large, la restauration est un processus tendant au rétablissement d'un mode de gouvernement antérieurement renversé par une révolution ou un coup d'État. En France, elle a donné son nom à l'un des douze régimes qui se sont succédé depuis 1789. Elle désigne, en effet, à cheval sur les Cent-Jours qui constituent une « restauration » impériale manquée, les seize années qui ont illustré, de 1814 à 1830, les règnes de Louis XVIII et de Charles X.

De ce point de vue restrictif, la restauration apparaît comme une *tentative de réaction*. D'abord, au sens historique du terme : ainsi, la Charte de 1814 est-elle précédée d'un préambule qui, en semblant ignorer la Révolution et l'Empire, commence en ces termes : « La divine Providence, en nous rappelant dans nos États après une longue absence, nous a imposé de grandes obligations […]. Nous avons considéré que, bien que l'autorité tout entière résidât en France dans la personne du Roi, nos prédécesseurs n'avaient point hésité à en modifier l'exercice, suivant la différence des temps… »

La restauration revêt également un sens politique. Si Louis XVIII ne veut pas être le « roi de deux peuples », il lui faut résister aux pressions des « ultras » qui utilisent à leur profit l'élection d'une « Chambre introuvable », fruit de l'intolérance provoquée dans le camp royaliste par le retour de l'île d'Elbe. « De ce moment, écrit Seignobos, date la séparation de la Nation française en deux camps excités l'un contre l'autre par une hostilité permanente, et qui est restée le fondement caché de la vie politique de la France. » Et, lorsqu'en 1824 Charles X accédera au trône, six années suffiront pour que la révolution de 1830 remplace la « monarchie légitime » par la « monarchie de Juillet ».

Historiquement datée, la restauration n'est cependant pas

un régime parmi d'autres. Elle est un processus plus général qui permet le rétablissement d'un mode de gouvernement, quel qu'il soit. Ainsi doit-on considérer qu'après la parenthèse du régime de Vichy, le rétablissement de la légalité républicaine opéré en France en 1944 fut une *restauration républicaine*. Certes, en refusant de proclamer la République au balcon de l'hôtel de ville de Paris, le 25 août, sous prétexte qu'elle « n'a jamais cessé d'être[29] », le général de Gaulle défendait-il, à l'instar de Louis XVIII, la thèse de la continuité. Il n'empêche que l'installation du Gouvernement provisoire de la République à Paris en août 1944 entraîna la restauration, sinon de la IIIe République, dont le référendum du 21 octobre 1945 devait sanctionner finalement la disparition, du moins de l'État républicain.

Cet exemple montre, aussi, qu'une restauration ne s'accompagne pas nécessairement, comme en 1815, d'une réaction. Au contraire, la politique entreprise de 1945 à 1947 sous l'impulsion du général de Gaulle et par le tripartisme réalisera en quelques mois plus de réformes de structures et conduira à adopter plus de mesures sociales que la IIIe République ne l'avait fait entre les deux guerres. A tel point que l'on parlera, à son sujet, d'une « révolution par la loi ».

4. La révision intégrale de la Constitution

On éludera volontairement la question de savoir si un changement de régime, opéré par la révision intégrale de la Constitution, de façon formellement régulière, constitue ou non un détournement de procédure. La réponse pourrait d'ailleurs varier selon les cas. La Constitution américaine de 1787 n'évoque, à l'article V, que l'éventualité d'amendements, tandis que la Constitution helvétique

---

29. « La République n'a jamais cessé d'être. La France libre, la France combattante, le Comité français de libération nationale l'ont tour à tour incorporée. Vichy fut toujours et demeure nul et non avenu. Moi-même suis le président du Gouvernement de la République. Pourquoi irais-je la proclamer ? » (cité par Jean Lacouture, *De Gaulle*, Paris, Éditions du Seuil, 1984, t. I, *Le Rebelle*, p. 834).

déclare qu'elle peut être révisée en tout temps, totalement ou partiellement.

Toujours est-il que la procédure de révision a été utilisée plusieurs fois en France comme instrument juridique pour procéder à un changement de régime, et qu'elle a été invoquée, d'autres fois, sous le nom de « révisionnisme » pour abolir le régime en vigueur (le boulangisme étant l'illustration la plus commune de cette stratégie).

Les deux exemples récents à l'occasion desquels la France a recouru à la révision constitutionnelle pour abolir le régime existant ont donné lieu aux lois du 10 juillet 1940 et du 3 juin 1958. Dans le premier cas, l'Assemblée nationale (composée du Sénat et de la Chambre des députés élue en 1936 par une majorité de Front populaire) a voté les pleins pouvoirs au maréchal Pétain « à l'effet de promulguer par un ou plusieurs actes une nouvelle Constitution de l'État français ». Or, leur bénéficiaire en a immédiatement profité pour établir un nouveau régime qualifié de « révolution nationale ».

Dans le second cas, au contraire, le général de Gaulle a cherché à démarquer son entreprise de la précédente, en prétendant affermir la République. Il a inscrit à cette fin l'institution de la Ve République dans le cadre d'un processus de révision qui avait débuté dès 1955. Ce processus a permis, dans un premier temps, de revoir la procédure même de révision, avant d'aboutir, dans un second temps, à l'approbation référendaire d'un texte constitutionnel entièrement nouveau[30].

Mais, si la révision constitutionnelle intégrale de 1958 a opéré, de la sorte, un changement de régime, elle n'a pas remis en cause, contrairement à celle de 1940, la république. « Je n'ai pas fondé une nouvelle république, aurait déclaré le général de Gaulle à Alain Peyrefitte, j'ai simplement donné des fondations à la république, qui n'en avait jamais eu. »

---

30. Sur les aspects institutionnels du problème, on se reportera à la nouvelle édition de notre ouvrage : *Le Gouvernement de la France sous la Ve République*, publié sous le titre : *La Ve République* et avec la coll. de D. Chagnollaud, aux Éditions Flammarion.

Mais il aurait ajouté : « Ce que j'ai essayé de faire, c'est d'opérer la synthèse entre la monarchie et la république[31]. »

Si des révisions complètes de la Constitution permettent ainsi de procéder à des changements de régime, quelques auteurs considèrent qu'en certaines circonstances des révisions partielles peuvent produire des effets approchants. Ainsi Maurice Duverger soutient-il que la révision constitutionnelle de 1962, en instaurant l'élection du président de la République au suffrage universel direct, a transformé la nature de la Ve République.

Quoi qu'il en soit, reconnaissons qu'il n'existe pas de corrélation entre la durée d'application d'une constitution et la longévité d'un régime politique. La plupart des révisions constitutionnelles ne modifient pas la nature du mode de gouvernement qu'elles affectent ; et il peut arriver, à l'inverse – en période de dictature –, qu'un changement de régime radical ne s'embarrasse pas d'une modification de la constitution. L'exemple tragique de l'Allemagne de Weimar montre, en effet, que l'arrivée au pouvoir du national-socialisme résulta du seul vote par le Reichstag, le 23 mars 1933, à la majorité des deux tiers, de la loi accordant à Hitler le pouvoir de légiférer et de ne pas tenir compte de la Constitution, sans qu'elle ait jamais été suivie de la révision en bonne et due forme de celle-ci.

2. L'institutionnalisation des régimes politiques inédits

En étudiant sommairement l'origine conjoncturelle des régimes politiques, on ne s'est pas préoccupé de savoir si la révolution, le coup d'État, la restauration ou la révision introduisent dans un pays donné des modes de gouvernement éprouvés ou des régimes politiques inédits.

Par modes de gouvernement éprouvés, on vise naturellement des régimes politiques qui, selon l'expression emprun-

---

31. Cité par Alain Peyrefitte, *Le Mal français*, Paris, Plon, 1976, p. 56.

tée à Périclès, se proposent pour modèles les lois d'autrui. Or, il faut admettre que, dans la plupart des cas, les régimes politiques adoptés en Europe continentale, au XIXe et au XXe siècle, furent des copies plus ou moins adaptées des modèles parlementaires britannique et français.

Tantôt la « greffe » a pris et, lorsque le terrain s'y prêtait, le « transfert de technologie » institutionnel a réussi. Il en a été ainsi dans les pays scandinaves et, à un moindre degré, dans ceux du Bénélux. Le fonctionnement régulier de leurs régimes a davantage dépendu de leurs systèmes de partis que de l'originalité de leurs institutions. Mais même l'instabilité ministérielle qui prévaut en Belgique et aux Pays-Bas n'a jamais remis en cause l'attachement de ces pays au régime parlementaire.

Tantôt, au contraire, la transposition a été hasardeuse, et la culture politique de la population ne s'est pas prêtée à la pratique du mimétisme[32]. Au mieux, il a fallu ajuster les institutions au contexte, ce qui a engendré le « parlementarisme rationalisé ». Au pire, les nouveaux régimes ont dérivé vers le gouvernement d'assemblée ou ont fait place à des gouvernements autoritaires. C'est ce qui est advenu, entre les deux guerres, en Europe centrale et balkanique.

Cette expérience malheureuse, dont la République de Weimar est restée le symbole, a justifié plus de précautions au lendemain de la Seconde Guerre mondiale. Aussi le parlementarisme rationalisé de la seconde génération, sans être couronné de succès en Italie et en France sous la IVe République, a-t-il porté ses fruits en Allemagne fédérale et en Espagne, ainsi qu'en France sous la Ve République. Il a aidé au rétablissement de la démocratie en Grèce, au Portugal et en Amérique latine[33]. Et il inspire aujourd'hui les pays d'Europe centrale et orientale en vue de leur adhésion à l'Union Européenne.

32. Yves Mény (dir.), *Les politiques du mimétisme institutionnel, la greffe et le rejet*, Paris, L'Harmattan, 1993.
33. Georges Couffignal (dir.), *Réinventer la démocratie, le défi latino-américain*, Presses de la FNSP, 1992.

Rares parmi ces adaptations sont celles qui ont suscité l'apparition de régimes politiques inédits. Or, eux seuls portent en germe la capacité de servir de modèle et méritent, plus que d'autres, un examen approfondi.

Si l'on observe l'éventail des régimes démocratiques, tel qu'il s'est historiquement constitué en Occident depuis la fin du XVIIIe siècle, on constate en effet qu'un très petit nombre d'entre eux a donné naissance à un « type idéal ». Hormis la Grande-Bretagne, dont l'influence a dominé l'Europe, il n'est guère possible de retenir plus de quatre exemples dont la singularité, tenant à la nature de leur Constitution ou de leur vie politique, fonde un modèle spécifique. Dans l'ordre chronologique de leur apparition, citons les régimes des États-Unis d'Amérique, de la Confédération helvétique, de la IIIe République et – sous réserve de confirmation – de la Ve République françaises.

Le régime politique de la Suisse n'ayant jamais été imité par aucun autre (sauf un certain temps par l'Uruguay !), c'est donc, arbitrairement, à partir du régime américain et des régimes français que l'on cherchera à dégager les caractéristiques principales d'un « régime inédit ».

1. L'absence de précédent

Elle apparaît particulièrement évidente en ce qui concerne les *États-Unis*. Liés seulement par les articles de confédération votés en novembre 1777 et ratifiés en juillet 1778, les treize États originaires, devenus indépendants par la Déclaration du 4 juillet 1776, ne disposent alors que d'un seul organe commun : le Congrès, dont la nature relève davantage d'une conférence diplomatique que d'un parlement. Une fois la guerre d'Indépendance terminée, la disparition des fonctions de commandant en chef laisse un vide. Il convient de le combler, sans pour autant remettre en cause l'autonomie fraîchement acquise des États[34].

---

34. Denis Lacorne, *L'Invention de la République, le modèle américain*, Paris, Pluriel, inédit, 1991.

Dans ce contexte sans précédent, deux innovations s'imposent progressivement. D'abord, l'insuffisante autorité dont dispose le Congrès, notamment pour régler les litiges entre États, rend nécessaire la recherche d'une transaction entre une confédération d'États, à laquelle reste fidèle Jefferson, et la formule, seule connue jusqu'alors, d'un État unitaire prônée par Hamilton. Or, à la convention de Philadelphie, convoquée en mai 1787, Madison suggère une solution de compromis à travers la coexistence d'un Sénat, représentant à parité les États, et d'une Chambre des représentants, élue proportionnellement à la population. Sur cette base, l'image de l'État fédéral se dessine. Elle sera, selon Tocqueville, « la plus grande découverte de la science politique ».

L'absence de dynastie permet au pouvoir fédéral d'économiser l'étape de la monarchie limitée en recourant au système républicain. La Constitution de 1787 peut donc instituer d'emblée : un pouvoir législatif, naturellement attribué au Congrès, un pouvoir exécutif, confié au président des États-Unis, et un pouvoir judiciaire, dévolu à la Cour suprême. Cette séparation des pouvoirs, équilibrée par la pratique des *checks and balances,* constitue la deuxième innovation. Et sur cette base s'édifiera progressivement le « régime présidentiel » américain.

L'absence de précédent caractérise aussi la fondation, en France, de la *IIIᵉ République*. La pratique du régime parlementaire s'était toujours inscrite, jusque-là, dans un cadre monarchique. Telle était la conviction de la majorité des membres de l'Assemblée nationale, qui attendait de la réconciliation entre les partisans de la branche aînée des Bourbons et les orléanistes le compromis nécessaire à une nouvelle restauration. C'est l'impossibilité d'y parvenir immédiatement qui permettra aux républicains, à la suite de l'amendement Wallon, de conjuguer à travers les lois constitutionnelles de 1875 le régime parlementaire et la république. Et, lorsque celle-ci appartiendra en 1879, après la démission de Mac-Mahon, aux républicains, l'effacement de la présidence fera surgir la seconde innovation du régime : la « Constitution

Grévy », c'est-à-dire le parlementarisme moniste, plus connu aujourd'hui sous le nom de « gouvernement des députés ». Il en résultera un régime spécifique dont l'influence s'étendra bien au-delà des frontières. Et le fait qu'il ait engendré l'instabilité ministérielle ne l'aura pas empêché de constituer un régime inédit[35].

Quant à la *Ve République*, bien qu'elle ait maintenant dépassé quarante ans d'âge, il est encore trop tôt pour qualifier définitivement le régime qu'elle aura « inventé ». Présidentielle dualiste ou semi-présidentielle, peu importe, la synthèse qu'elle opère du régime parlementaire et du régime présidentiel lui confère, assurément, la physionomie d'un régime original par rapport aux deux types idéaux auxquels elle a emprunté différents éléments. Elle aussi avait pour mission de résoudre un problème sans précédent. Il s'agissait, par une inversion de la séparation des pouvoirs, de protéger le gouvernement des empiétements du Parlement. Or, pour y parvenir, son fondateur s'y est pris en deux temps. Il a d'abord proclamé, dans le discours de Bayeux du 16 juin 1946, que « c'est [...] du Chef de l'État, placé au-dessus des partis [...] que doit procéder le pouvoir exécutif ». Plus tard, en 1962, il a établi la légitimité démocratique de celui-ci, dont l'insuffisance était déjà apparue à Léon Blum, en recourant à l'élection du président de la République au suffrage universel direct. Considérée, pendant quelque temps, comme une résurgence de l'orléanisme, la double responsabilité politique du gouvernement devant le chef de l'État et devant l'Assemblée nationale confère aujourd'hui son caractère inédit au régime, dans la mesure où elle équilibre l'exercice du « pouvoir partisan », incarné dans la majorité parlementaire, par le « pouvoir d'État », dévolu par la nation au président[36].

35. Jean-Marie Mayeur, *La Vie politique en France sous la IIIe République,* Paris, Éditions du Seuil, « Points Histoire », 1984 ; Roger Priouret, *La République des Députés*, Paris, Grasset, 1959 ; Burdeau, F., *La IIIe République*, « Clefs », Montchrestien.

36. Jean-Louis Quermonne, *Genèse et évolution du régime*, in Dominique Chagnollaud, *La Vie politique en France*, Paris, Éditions du Seuil, « Points Essais », inédit, 1993.

2. Le « charisme » des pères fondateurs

Mais l'absence de précédent n'aurait pas permis d'enraciner ces régimes si le prestige – ou, pour employer l'expression de Max Weber : le « charisme » – des pères fondateurs n'avait contribué à intérioriser de façon décisive leur perception dans la conscience des citoyens.

Il n'est pas besoin d'insister sur l'influence qu'exercèrent en ce sens, aux États-Unis, les *Founding Fathers*[37]. Quatre d'entre eux (Washington, Adams, Jefferson et Madison) occupèrent les premiers la présidence. Et les *Federalist Papers,* rédigés par Hamilton, Jay et Madison, fixèrent pour des décennies la doctrine qui devait inspirer le fonctionnement des institutions[38]. Leur témoignage confirme l'idée, développée par Maurice Hauriou, selon laquelle l'institution est une « idée d'œuvre » (ou d'entreprise) d'autant plus capable de survivre à ses fondateurs que ceux-ci auront imprimé leur marque indélébile.

Nos républiques françaises ont-elles connu, à ce point, l'influence de leurs promoteurs ? Bien qu'ils n'aient pas été l'objet du même culte que leurs homologues américains, les « pères fondateurs » de la IIIe République n'en ont pas moins existé. Chacun à sa manière, Thiers, Gambetta, Jules Ferry et même Jules Grévy peuvent revendiquer ce titre. Ils ont réussi à associer en France la *république,* dont le nom était lié jusque-là au souvenir d'un régime éphémère, conventionnel ou présidentiel, au *parlementarisme.* Et, si la pratique républicaine a infléchi le régime parlementaire dans le sens de la souveraineté de l'Assemblée, elle n'en a pas moins constitué, pendant un demi-siècle, la base du régime « qui divise le moins les Français[39] ».

37. Bernard E. Brown, *L'État et la politique aux États-Unis*, Thémis, PUF, 1994.

38. André et Suzanne Tunc, *Le Système constitutionnel des États-Unis d'Amérique*, Paris, Montchrestien, 1953, t. I, *Histoire constitutionnelle.*

39. Claude Nicolet, *L'Idée républicaine en France,* Essai d'histoire critique, Paris, Gallimard, 1982 ; Odile Rudelle, *La République absolue, 1870-1889*, Paris, Publications de la Sorbonne, 1982.

Quant à la V⁰ République, il n'est pas besoin de recourir à ses « travaux préparatoires » pour mesurer le rôle essentiel joué à sa naissance et au cours de ses premières années d'existence par le général de Gaulle. Mais, parmi les « pères de la Constitution de 1958 », figurent également Michel Debré et ses collaborateurs du Conseil d'État, et trois anciens présidents du Conseil de la IV⁰ République : Guy Mollet, Antoine Pinay et Pierre Pflimlin, ainsi que le président de la République en exercice : René Coty[40]. Leur coopération active aux origines de la V⁰ République a contribué à créer autour d'elle un large consensus qui n'exclut que le parti communiste et une fraction minoritaire de la gauche républicaine, autour de Pierre Mendès France et de François Mitterrand.

Toutefois, ce consensus reposera sur une ambiguïté quant au rôle effectif du président de la République que la crise de l'automne 1962 permettra de lever au profit d'une lecture présidentielle du régime.

3. *La capacité à surmonter une crise de régime*

En effet, aussi convergent soit-il, le charisme des pères de la Constitution ne peut suffire à enraciner un régime politique inédit. Il faut enfin que celui-ci essuie le « baptême du feu » : les crises de régime doivent lui permettre, à condition de les maîtriser, de s'imposer à la classe politique et de s'identifier à l'avenir institutionnel du pays.

L'importance que revêt, en soi, la notion de crise de régime, et l'impossibilité de l'étudier en dehors d'une analyse englobant l'ensemble des crises politiques, justifient que soit consacré à celles-ci un chapitre particulier.

---

40. Didier Maus, Louis Favoreu, Jean-Luc Parodi, *L'écriture de la Constitution de 1958*, Economica-PUAM, 1992. Paul Isoart, Christian Bidegaray (dir.), *Des Républiques françaises*, Economica, 1988.

2

Les crises de régime
et les crises de gouvernement

Peu d'auteurs se sont exercés à définir les crises politiques. Désignant toute « situation comportant un péril pour l'État ou pour le régime politique[41] », la notion de crise évoque également « l'idée de perturbation dans le déroulement d'un processus, de rupture d'équilibre opérée dans la tension[42] ».

Mettons à part les crises économiques, qui ont donné lieu à un effort de théorisation dont témoigne une littérature abondante. Si l'on cherche à classer les crises politiques, on sera conduit à distinguer principalement les crises de régime des crises de gouvernement. A quelques nuances près, les premières se confondent généralement avec les crises de l'État. L'étude de ces deux types de crises ne pourra éviter toute référence aux crises de société, auxquelles il sera fait allusion à la fin du chapitre.

1. Les crises de régime

Les crises de régime nous sont apparues, à la fin du chapitre précédent, comme un élément du processus

---

41. Paul Leroy, *L'Organisation constitutionnelle et les Crises*, Paris, LGDJ, 1966.
42. Philippe Braud, *Les Crises intérieures de la Ve République*, Paris, A. Colin, « U2 », 1970 ; Michel Dobry, *Sociologie des crises politiques*, Paris, Presses de la FNSP, 1987.

d'institutionnalisation des régimes politiques inédits. Il conviendra donc d'analyser, dans ce prolongement, les exemples français et américain que l'on s'est contenté de citer.

Auparavant, observons, avec Philippe Braud, que les crises de régime sont celles qui « ébranlent les institutions elles-mêmes, remettent en question les grandes orientations constitutionnelles et le type d'équilibre entre les pouvoirs publics aménagé par la charte fondamentale ». Tantôt un tel type de crise peut survenir au cours des premières années de mise en œuvre d'un régime inédit ; tantôt l'échéance peut en être reportée, comme aux États-Unis, plusieurs décennies après sa création. On cherchera à en dégager, tout d'abord, la spécificité ; après quoi, l'on se demandera s'il y a toujours identité entre les crises de régime et les crises de l'État.

1. « Une Constitution, c'est un esprit, des institutions, une pratique. » Cette définition que le général de Gaulle proposait en exergue à sa conférence de presse du 31 janvier 1964 aurait pu être complétée en ajoutant : une crise de régime initiale, à condition que celle-ci ait été victorieusement surmontée. Elle est, en fait, l'épreuve décisive qui conditionne son enracinement ultérieur. Pour la France et ses deux plus longues républiques, ce fut vrai dès 1877 et dès 1962. Aux États-Unis, la crise n'eut lieu que plus tard, lors de la guerre de Sécession.

A. Rappelons les circonstances dans lesquelles s'est déroulée, aux origines de la IIIe République, la *crise du 16 mai 1877*. Pratiquant, à la suite de l'orléanisme, le parlementarisme dualiste, le président Mac-Mahon avait considéré qu'il lui appartenait de nommer le gouvernement qui serait responsable politiquement devant lui en même temps que devant la Chambre des députés. Or, la première législature de la IIIe République, élue les 20 février et 5 mars 1876, fut « un désastre pour les conservateurs […]. Il y eut en chiffres ronds 360 républicains, 200 conservateurs, dont 80 bonapartistes[43] ». Et le président de la République, au lieu de choisir comme président du Conseil l'un des leaders de la nouvelle majorité : Gambetta, ou, à défaut, Jules Ferry ou Jules Grévy, désigna successivement un républicain modéré : Dufaure, puis un républicain de second rang : Jules Simon. Or, celui-ci, ne s'étant pas opposé à une proposition de loi sur la presse jugée trop libérale par l'Élysée, et s'étant vu reprocher cette attitude par le maréchal de Mac-Mahon, remit le 16 mai 1877 sa démission. Le chef de l'État déduisit du silence des textes qu'il pouvait investir un gouvernement présidentiel dirigé par un des chefs de la droite, le duc de Broglie, expliquant ainsi son attitude : « Si je ne suis pas responsable [...] devant le Parlement, j'ai une responsabilité envers la France, dont aujourd'hui plus que jamais je dois me préoccuper. »

Le refus de la majorité républicaine de la Chambre de « cohabiter » avec un « gouvernement présidentiel », suivi du recours du président, le 16 juin, après avis favorable du Sénat, au droit de dissolution, devait déclencher une crise ouverte. « Nous partons 363, nous reviendrons 400 », s'écrie Gambetta après que la Chambre a voté un ordre du jour de méfiance, « considérant que le ministère a été appelé aux affaires contrairement à la loi des majorités qui est le principe du régime parlementaire ».

Rarement campagne électorale fut plus houleuse, car elle mettait en question l'interprétation du régime. Rarement aussi ce que l'on n'appelait pas encore la « bipolarisation » fut aussi accentuée. Les voyages présidentiels en province, les invectives de Gambetta à l'adresse du président (il faudra « se soumettre ou se démettre » !), le 3 septembre la mort de Thiers qui, après avoir écrasé la Commune, fait sa sortie « à gauche » dans la postérité, rythmèrent la tension du 25 juin au 14 octobre. Mais, le soir du deuxième tour des

---

43. Jean-Jacques Chevallier, Gérard Conac, *Histoire des institutions et des régimes politiques de la France de 1789 à nos jours*, Paris, Dalloz, 8ᵉ éd., p. 259 ; Jean-Pierre Azéma, Michel Winock, *La IIIᵉ République*, Paris, Calmann-Lévy, « Pluriel », 1978, chap. III, « La naissance » ; Jean-Marie Mayeur, *La Vie politique sous la IIIᵉ République, op. cit.*, chap. III.

élections générales, le suffrage universel rendit son verdict :
« c'est un succès républicain, mais bien moins marqué que
Gambetta ne l'avait prophétisé : 323 républicains au lieu des
363 précédents et des 400 annoncés, 208 conservateurs. Les
républicains rassemblaient 4 200 000 suffrages environ, les
conservateurs 3 600 000 environ[44] ».

Le ministère de Broglie démissionne le 19 novembre
1877. La Chambre refuse par 325 voix contre 208 de reconnaître un ministère dans lequel elle ne voit que « la négation
des droits de la nation et des droits parlementaires ».
Finalement, le 13 décembre, Mac-Mahon se soumet et rappelle Dufaure. Surtout, il consent à admettre dans un message au Parlement que « l'exercice du droit de dissolution,
mode de consultation suprême auprès du juge sans appel, ne
saurait être érigé en système de gouvernement [...]. La
Constitution de 1875 a fondé la République parlementaire
en établissant mon irresponsabilité, tandis qu'elle établissait
la responsabilité solidaire et individuelle des ministres.
L'indépendance des ministres est la condition de leur responsabilité. Ces principes, tirés de la Constitution, sont ceux
de mon gouvernement[45] ».

Mais, appelé le 30 janvier 1879, à la demande du gouvernement, à révoquer par décret les généraux de corps d'armée
qui s'étaient compromis à ses côtés le 16 mai, Mac-Mahon,
après s'être soumis, préférera se démettre. Le même jour est
élu par l'Assemblée nationale – réunion à Versailles de la
Chambre et du Sénat – un nouveau président de la République : Jules Grévy. Or, dans son message de remerciement
aux Chambres, le premier président républicain, qui avait
déposé en 1848 un amendement tendant à supprimer la présidence de la République, déclarera : « Soumis avec sincérité
à la grande loi du régime parlementaire, je n'entrerai jamais
en lutte contre la volonté nationale exprimée par ses organes
constitutionnels. » Ainsi, le parlementarisme à la française

44. Jean-Jacques Chevallier, Gérard Conac, *Histoire des institutions...*,
op. cit, p. 262 ; Michel Winock, *La Fièvre hexagonale,* Paris, Éditions du
Seuil, « Points Histoire », 1987.
45. Cité par Jean-Jacques Chevallier et Gérard Conac, *ibid.*, p. 263.

– ou parlementarisme moniste – a définitivement triomphé. Il durera, assorti de l'instabilité ministérielle, jusqu'en 1940 et au-delà...

B. C'est le scénario inversé qui se produira quatre ans après l'adoption des institutions de la Ve République. En octobre 1962, le compromis historique établi entre la classe politique de la IVe République et le général de Gaulle est rompu. La guerre d'Algérie terminée, le chef de l'État pressent que l'Assemblée réclamera le retour à une pratique parlementaire de la Constitution. Et il considère que la « légitimité charismatique » que l'histoire lui a conférée ne lui survivra pas. Or, plutôt que d'attendre de l'exercice du droit de dissolution préconisé par Michel Debré une majorité parlementaire qui le soutienne, il préfère trouver un mode de gouvernement qui proroge l'autorité présidentielle issue de son « équation personnelle » et du recours aux pouvoirs de crise. L'attentat du Petit-Clamart, perpétré contre lui par l'OAS le 22 août 1962, vient à point dramatiser l'événement. Le 20 septembre, le général de Gaulle annonce au pays qu'il lui demandera, sur la base de l'article 11, de modifier par référendum la Constitution, pour instituer à partir de 1965 l'élection du président de la République au suffrage universel direct.

Est-il besoin de souligner que cette annonce – et cette procédure qui court-circuite le Parlement – va aussitôt mobiliser la classe politique ? Celle-ci oppose à l'initiative présidentielle à la fois des arguments de procédure (seul le recours à l'article 89 de la Constitution, qui prescrit l'accord des deux Assemblées, suivi d'un vote du Congrès à la majorité des trois cinquièmes ou d'un référendum est constitutionnel) et des arguments de fond (le souvenir du coup d'État du 2 décembre 1851 rappelle le lien existant entre le suffrage direct et le pouvoir personnel). Et le président du Sénat, Gaston Monnerville, au congrès du parti radical à Vichy, accuse de « forfaiture » le Premier ministre qui apporte sa caution à une telle opération. Enfin, le « cartel des non », qui rallie les partis de la IVe République, reçoit l'appui des juristes – y compris du Conseil d'État dont l'avis est irrégulièrement divulgué – qui, toutes tendances confondues, s'accordent, à de rares exceptions près, à considérer comme inconstitutionnelle la procédure engagée[46].

Passant outre, le général de Gaulle maintient sa décision de faire appel au peuple. Il refuse la démission immédiate du gouvernement Pompidou dont la censure est votée par l'Assemblée nationale le 5 octobre. Et il fait part aux Français de sa ferme intention de quitter le pouvoir si leur réponse est non « ou même si la majorité des oui est faible, médiocre, aléatoire ».

Sans être un triomphe, le résultat du référendum du 28 octobre 1962 constitue une victoire pour le président de la République : 13 150 516 oui contre 7 974 538 non, soit 46,65 % des inscrits et 62,25 % des suffrages exprimés. Quelques semaines plus tard, les élections législatives apporteront au chef de l'État le soutien d'une majorité parlementaire stable et cohérente, et transformeront l'essai. Ce qui lui fera dire que, seul contre tous, il a eu raison des partis coalisés contre lui.

En tout cas, le nouveau mode d'élection du président de la République va enraciner le régime. Dès 1965, le futur chef de l'opposition, François Mitterrand, loin de boycotter la réforme, amorce la longue marche du ralliement de la gauche à la Ve République en se portant candidat aux premières élections présidentielles[47]. Et, depuis lors, cinq présidents seront élus selon cette procédure qui, d'après un sondage effectué à l'occasion du vingt-cinquième anniversaire de la Ve République par la SOFRES pour *Le Figaro* du 16 au 22 septembre 1983, recueille la faveur de 86 % des Français[48].

---

46. Il est intéressant de comparer la certitude dont témoigne la conviction des juristes à l'époque (cf. Georges Berlia, *Revue du droit public*, 1962, p. 936-959) et le point de vue exprimé avec plus de recul par François Goguel (*Mélanges Duverger*, Paris, PUF, 1987). Cf. aussi celui de François Mitterrand, *Pouvoirs* n°45, p. 138.
47. Olivier Duhamel, *La Gauche et la Ve République*, Paris, PUF, 1980, p. 247-307.
48. Olivier Duhamel, « Les Français et la Ve République », *in* SOFRES, *Opinion publique, 1984*, Paris, Gallimard, 1985, chap. v, « Les institutions », p. 105.

N'étant pas de ceux qui datent la Ve République de l'automne 1962, mais du 4 octobre 1958, nous serons d'autant plus libre de voir dans le changement ainsi apporté aux institutions un facteur capital dû à la capacité du régime à maîtriser la crise. Doit-on pour autant conclure que le régime serait désormais à même d'en surmonter d'autres ? Il est déjà parvenu à survivre en 1969 à son fondateur ; il a dominé les contradictions intervenues entre la majorité présidentielle et la majorité parlementaire de 1974 à 1981 ; et il s'est magistralement adapté à l'alternance provoquée le 10 mai 1981 par l'élection de François Mitterrand. Enfin, il est arrivé jusqu'à présent à écarter une crise de régime pendant les années de cohabitation où la majorité parlementaire s'est opposée au président de la République. Mais il ne faudrait pas croire que le fait d'avoir réussi, en 1962, à surmonter la première crise grave qu'elle ait eu à affronter ait irrémédiablement vacciné la Ve République.

C. Le troisième et dernier exemple que nous avons choisi d'inventorier est d'une tout autre ampleur : il s'agit de la *guerre de Sécession,* aux *États-Unis.* Or, après avoir « couvé » pendant près de trois quarts de siècle, elle éclate en 1861, plus cruelle et plus profonde qu'aucune autre crise de régime.

Le différend qui oppose les États du Nord et les États du Sud ne porte pas seulement sur la nature du régime ; certes, il met en cause les pouvoirs fédéraux, jugés excessifs par les États du Sud. Mais il porte en même temps sur des intérêts primordiaux d'ordre commercial, sur la place et le rôle de l'esclavage, et finalement sur l'existence même de l'Union. L'enjeu étant ainsi mesuré, on comprend mieux l'acharnement de part et d'autre, qui fera six cent mille victimes. Par-delà la conception plus présidentielle que congressionnelle qu'incarne Lincoln, la victoire du Nord signifiera l'amorce d'une politique égalitaire en matière de droits civiques, mais aussi l'option irréversible du peuple américain en faveur de ce qui deviendra plus tard la « société industrielle ».

C'est donc à la fois une crise de société, une crise de l'État et une crise de régime qu'affronte, de 1861 à 1867, l'Amérique du Nord. Aussi élevé soit-il, le coût payé par les États-Unis pour la surmonter sera le prix, non seulement de l'exceptionnelle stabilité du régime pendant le siècle qui suit, de l'affermissement du pouvoir fédéral qui engendre une plus grande centralisation, mais davantage encore de la puissance impériale qui transformera, en moins de deux cents ans, treize colonies britanniques précaires en la plus grande puissance du monde.

La guerre de Sécession, en tant que crise de régime, a-t-elle pour autant exorcisé le régime présidentiel américain des démons, non seulement du séparatisme, mais d'une hégémonie congressionnelle toujours capable de se réveiller ? A-t-elle irréversiblement opéré la mutation qui a fait passer la société américaine, au long du XIXᵉ siècle, de la condition de « société conflictuelle » à celle de « société consensuelle » ? Rien n'étant jamais définitif en politique, il serait imprudent de se risquer à proposer une réponse catégorique. Mais il semble ne faire aucun doute que les vingt-six amendements apportés en deux siècles à la Constitution des États-Unis ont démontré la capacité du régime à équilibrer sa continuité par le changement.

2. De la crise de régime, peut-on, autrement que de façon factice, distinguer la *crise de l'État* ? La réponse à la question est moins simple qu'il n'y paraît[49].

Que des crises de régime soient aussi des crises de l'État, l'exemple tiré de la guerre de Sécession le prouve aisément. Et l'on pourrait invoquer, à propos de la IIIᵉ République, des crises de régime qui furent qualifiées de crises de l'État. Question de vocabulaire ? Peut-être ; encore que l'instabilité ministérielle accumulée entre les deux guerres, à force

49. Même si l'on exclut de cette analyse l'approche philosophique du problème, qu'elle soit d'inspiration marxiste (ex. : Nicos Poulantzas (dir.), *La Crise de l'État*, Paris, PUF, 1976) ou d'inspiration libérale ou libertaire (ex. : Robert Nozick, *Anarchy, State and Utopia*, New York, Basic Books, 1974 ; cf. à ce sujet : Luc Rouban, « La philosophie formelle de l'État selon Robert Nozick », *Revue française de science politique*, vol. 34, n° 1, p. 103-126).

d'affaiblir le régime, ait atteint l'autorité de l'État. Face à la montée des périls extérieurs, c'est moins la forme parlementaire de gouvernement qui est visée que la défaillance chronique de l'État. Et c'est celui-ci que, rentrant à Paris en août 1944, le général de Gaulle voudra rétablir, au moins symboliquement, rue Saint-Dominique, dans le bureau même qu'il a quitté en 1940, avant d'aller saluer la Résistance parisienne à l'Hôtel de Ville. Évoquant le rapide coup d'œil jeté sur ce bureau le 25 août 1944, le chef du Gouvernement provisoire de l'époque écrira plus tard : « Rien n'y manque, excepté l'État. Il m'appartient de l'y mettre. Aussi m'y suis-je d'abord installé. »

C'est le même réflexe qui l'habitera lorsque, cherchant à dénouer, un peu moins de quatorze ans après, la crise de régime qui met fin à la IVᵉ République, il déclarera le 15 mai 1958 : « La dégradation de l'État entraîne infailliblement l'éloignement des peuples associés, le trouble de l'armée au combat, la dislocation nationale, la perte de l'indépendance. Depuis douze ans, la France aux prises avec des problèmes trop rudes pour le régime des partis est engagée dans ce processus désastreux. »

La même ambiguïté pèsera sur les efforts de réflexion, plus théoriques, que suscitera l'ébranlement du régime au cours des années trente. La distinction n'est pas claire dans l'esprit de ceux qui dénoncent, d'André Tardieu à Léon Blum, à la fois la crise de régime et celle de l'État.

Pour y porter remède, les mêmes auront tendance à prôner la « réforme de l'État ». Mais les recommandations liées à cette réforme concernent davantage le régime, puisqu'elles portent sur la réduction des pouvoirs financiers du Parlement et l'exercice du droit de dissolution par le Président[50]. Il en sera de même en Italie dans les années 1990.

Cependant, avec le recul du temps, il ne nous paraît plus impossible de distinguer aujourd'hui, au moins au niveau

50. Nicolas Wahl, « Aux origines de la nouvelle Constitution », *Revue française de science politique*, vol. 9, nº 1, p. 58-66 ; Jean Gicquel, Lucien Sfez, *Problèmes de la réforme de l'État en France depuis 1934*, Paris, PUF, 1965.

des concepts, la crise de l'État de la crise de régime. On désignera alors par la première toute tentative de subversion qui met moins en cause le fonctionnement des institutions politiques que l'appareil de l'État lui-même, à travers son administration, son armée, sa police ou sa justice, bref son appareil régalien. Sous la Ve République, en effet, deux circonstances se prêtent particulièrement à cette analyse, chacune ayant atteint un degré d'intensité différent.

La première circonstance est l'affaire dite des « Barricades », qui s'est déroulée principalement à Alger en janvier 1960. A la suite du discours du 16 septembre 1959 par lequel le général de Gaulle proclamait le droit à l'autodétermination du peuple algérien, c'était moins au régime de la Ve République que s'en prenaient les contestataires qu'à l'État français tout entier, dont ils craignaient de se voir séparés. Et c'est à l'arsenal juridique (article 38 de la Constitution) et à l'arsenal militaire que le chef de l'État a recouru pour mater la rébellion.

La seconde occasion, plus sérieuse, fut la « révolte des généraux » survenue dans la nuit du 21 au 22 avril 1961. Au-delà même du sort de l'Algérie, elle paraissait tendre à un « coup d'État » en France même. D'où la réplique immédiate du président de la République et le recours à l'article 16 de la Constitution, annoncé dans son allocution du 23 avril assortie de cette adjuration : « Au nom de la France, j'ordonne que tous les moyens, je dis tous les moyens, soient employés pour barrer la route à ces hommes-là en attendant de les réduire. J'interdis à tout Français et d'abord à tout soldat d'exécuter aucun de leurs ordres. » A tel point que les syndicats décideront une grève symbolique pour soutenir son action !

On pourrait citer d'autres crises qui concernent davantage l'État que le régime. Il ne faudrait pas, d'ailleurs, croire que toutes se terminent en *happy end,* comme les deux précédentes[51] ou comme celle qui a failli ébranler l'État

51. Sur les deux crises de l'État, de 1960 et 1961, on se reportera à l'*Histoire de la République gaullienne,* de Pierre Viansson-Ponté, Paris, Fayard, 1976, t. I, 3ᵉ partie.

espagnol le 23 février 1981[52]. Car la conclusion d'une crise de l'État peut s'achever sur un succès de la subversion et provoquer, comme en Grèce en 1967, un véritable coup d'État.

Quant aux crises de l'« État-providence » que le regain de néo-libéralisme a mises en évidence dans les années 1980, elles relèvent en fait davantage des crises de société[53].

2. Les crises de gouvernement

C'est naturellement au sens large que l'on traitera ici des crises de gouvernement. Elles recouvrent, en réalité, l'ensemble des crises politiques qui n'ont pas directement pour objet le renversement d'un régime. Ce sont, par conséquent, celles qu'on pourrait de façon inélégante appeler les crises « dans le régime », et qui affectent soit la stabilité du gouvernement, soit sa crédibilité[54].

1. L'instabilité gouvernementale

Les IIIe et IVe Républiques françaises, ainsi que la République italienne, offrent de nombreux exemples de crise gouvernementale.

A. Faut-il rappeler que, du 10 mars 1875 au 10 juillet 1940, en 65 ans, la *IIIe République* a connu 107 ministères, soit en moyenne 8 mois pour chaque gouvernement (6 mois entre les deux guerres) ? Quant à la *IVe République*, 25 ministères en 12 ans ont conféré à chacun d'entre eux une longévité de moins de 6 mois. Dans les deux cas, même si l'instabilité gouvernementale a été compensée par la stabilité des ministres (Clemenceau déclarait, sous la IIIe Répu-

---

52. Cette crise est remarquablement décrite par José-Luis de Vilallonga dans *Le Roi, Entretiens*, Paris, Éd. Fixot, 1993.
53. Pierre Rosanvallon, *La Crise de l'État-providence*, Éditions du Seuil, 1981 ; « Points Essais », 1992.
54. Richard Rose *et al., Challenge to Governance. Studies in Overloaded Politics,* Beverly Hills, London, Sage Publications, 1980.

blique, que c'était toujours les mêmes ministères qu'il contribuait à renverser...), il n'en est pas moins résulté, pour ces deux régimes, un handicap qu'ils n'ont pas réussi à surmonter.

Sous la IVe République, ce handicap sera d'autant plus lourd à porter qu'à l'instabilité ministérielle s'ajoutera la vacance du pouvoir. On vise par là deux phénomènes : d'une part, la difficulté rencontrée par les gouvernements successifs d'engager et de mettre en œuvre des politiques à long terme, encore que certains d'entre eux y parvinrent, notamment en matière européenne ; d'autre part, la vacance proprement dite de l'institution gouvernementale pendant les semaines, de plus en plus longues, séparant la démission d'un cabinet de l'investiture du suivant, au cours desquelles le gouvernement était réduit à expédier les affaires courantes.

Ainsi, de mai à juin 1953, la crise dura 38 jours ; et, sans la menace du 13 mai, il n'est pas sûr que le gouvernement Pflimlin eût été investi dans la nuit du 13 au 14, alors même que Félix Gaillard avait remis sa démission le 15 avril.

L'*Italie*, elle aussi, avant l'avènement du fascisme et depuis 1948, a connu et connaît l'instabilité ministérielle de façon endémique. De la formation du gouvernement De Gasperi, en 1948, à 2000, on dénombre 57 gouvernements en 50 ans. Mais la permanence de la démocratie chrétienne au gouvernement et sa fonction de parti dominant ont rendu la situation politique moins fragile qu'au lendemain de la Première Guerre mondiale, bien que de 1945 à 1983 l'Italie se soit trouvée pendant 1144 jours sans gouvernement légitime.

Certains auteurs italiens ont expliqué cette situation par l'assise dont jouissaient les partis politiques de l'« arc constitutionnel » à l'intérieur de la société civile. C'est ainsi que la pratique du *sotto-governo* contribuait à conforter la stabilité du régime malgré l'instabilité des gouvernements. Norberto Bobbio définit le *sotto-governo* comme « l'espace de pouvoir politique qu'occupent les organismes publics ou d'intérêt public par lesquels se réalise une grande partie de la politique économique du pays. Un espace qui s'est démesurément étendu ces dernières décennies au fur et à mesure que l'État a rempli des fonctions, toujours nouvelles, qui étaient étrangères à l'État libéral classique ». Et l'auteur d'ajouter : « la désignation ou la nomination du personnel dirigeant des organismes publics ou parapublics ont donné lieu à la pratique de la distribution négociée des postes entre les partis en prenant pour critère leur force contractuelle respective [...] une pratique qui a reçu le nom très approprié de "lotisation" et qui est désormais une donnée permanente du système[55] ». Le *spoils system* à l'italienne serait, en quelque sorte, le garant de la stabilité démocratique du régime, dans le cadre de la « partitocratie ». Mais la corruption généralisée témoigne du mal profond qui en est résulté. Et elle est à la source de la crise de régime qui sévit encore aujourd'hui[56].

Observons, néanmoins, que l'instabilité ministérielle n'est pas le propre des anciennes républiques françaises et de la république italienne. Elle existe aujourd'hui en *Belgique* et aux *Pays-Bas*. Or, ces deux pays vivent ce handicap sans qu'il débouche pour autant sur une crise de régime.

B. Quoi qu'il en soit, tandis que les constitutionnalistes classiques imputaient à certains types de régimes (par exemple le régime d'assemblée) ou au mauvais fonctionnement des institutions l'instabilité ministérielle, les progrès de la science politique ont permis d'en mieux *localiser la source*. Dans son ouvrage fondamental sur les régimes parlementaires contemporains, Jean-Claude Colliard démontre, en effet, que « le renversement [du gouvernement] par l'Assemblée est une hypothèse rare. Paradoxalement, la fin du gouvernement est un événement qui pose peu de problèmes nouveaux pour ce qui est de la majorité : l'essentiel des raisons qui peuvent y conduire, crise au sein du parti dans les gouvernements homogènes, crise au sein de la coa-

---

55. Norberto Bobbio, « La crise permanente », *Pouvoirs*, n°18, 1981, p. 17.
56. Laurence Morel (dir.), *L'Italie en transition*, L'Harmattan, 1997.

lition dans d'autres cas, découle de la structure des partis et de la nature de l'alliance[57]… ».

Et, dans un tableau portant sur 314 gouvernements relevant de 19 pays étudiés, il établit que 34 cas seulement de retrait ont été directement provoqués par l'attitude du Parlement. 135 sont intervenus à la suite d'élections, 89 du fait de dissensions au sein des partis, 38 à l'occasion d'événements conjoncturels (décès, âge, maladie…), et 14 à l'initiative du chef de l'État. Ce qui conduit Jean-Claude Colliard à conclure : « Bien qu'elle soit souvent considérée comme l'issue normale, en raison de la définition même du régime parlementaire, la chute devant le Parlement apparaît statistiquement comme une situation rare : 34 cas sur 314 (soit 10, 8 %) ou dans la meilleure des hypothèses, si l'on ne tient pas compte des gouvernements reconduits, 34 sur 265 (soit 12, 8 %) ; c'est donc au plus un gouvernement sur sept qui se termine de la sorte.[58] » Et l'auteur de conclure que ce sont davantage les dissensions internes aux partis politiques et aux coalitions de partis qui sont la cause de l'instabilité.

Toujours est-il que l'action conjuguée des institutions et des systèmes de partis rigides en a réduit le rythme. Dans la période récente l'on peut, en effet, observer qu'en Allemagne (1982), en France (1962) et en Grande-Bretagne (1979) un seul gouvernement a été censuré. En Allemagne et en Grande-Bretagne, deux gouvernements seulement ont dû démissionner sous la pression des partis. Et en France, six Premiers ministres de la Ve république ont, en fait « été révoqués » par le chef de l'État.

Bref, l'échéance normale des gouvernements tend, de plus en plus, à résulter de l'alternance – ce qui constitue l'exercice normal par les électeurs de ce que les Américains appellent l'« accountability ».

---

57. Jean-Claude Colliard, *Les Régimes parlementaires contemporains,* Paris, Presses de la FNSP, 1978, p. 259.
58. Jean-Claude Colliard, *ibid.*, p. 259 et 271.

2. La perte de crédibilité gouvernementale

L'instabilité gouvernementale n'est pas la seule forme que revêtent, dans les démocraties occidentales, les crises de gouvernement. Celles-ci peuvent provenir également de scandales politiques, souvent causés par la corruption, ou de l'incapacité du gouvernement à assumer ses missions : l'ordre dans la rue étant perturbé par la subversion ou le terrorisme, l'expansion étant arrêtée par la stagnation de l'économie et le chômage.

La IIIe République a connu de nombreuses crises provoquées par un « scandale » politique. Qu'il suffise de citer : le trafic d'influence, mené de l'Élysée par son gendre Wilson, qui oblige le président Grévy à démissionner en 1887 au cours de son second mandat ; le « scandale de Panama », qui éclabousse plusieurs ministres à l'occasion d'un procès en corruption engagé en 1893 ; l'affaire Dreyfus qui divise les Français en deux camps hostiles ; et, dans l'entre-deux-guerres, l'affaire Stavisky qui précède l'agitation des ligues du 6 février 1934. Ces différents épisodes alimenteront un antiparlementarisme latent, prêt à exploiter l'impopularité gouvernementale au profit d'une crise de régime.

La IVe République subira, elle aussi, son lot de scandales, avec l'affaire des piastres, liée à la guerre d'Indochine, ou l'affaire des fuites, déclenchée en 1954. Et la guerre d'Algérie provoquera les « treize complots du 13 mai », annonciateurs de la décomposition du régime.

Si la Ve République apparaît, à ses débuts, mieux préservée, il ne faut pas oublier que les deux septennats qui suivirent le départ du général de Gaulle connurent l'affaire Rives-Henry, puis les assassinats des anciens ministres de Broglie et Fontanet, et le suicide du ministre en exercice Robert Boulin, sans parler des « avions renifleurs ». Le troisième a été atteint par l'affaire Greenpeace et le quatrième par les « fausses factures » et l'affaire du « sang contaminé ».

Le propre des démocraties occidentales est, en effet, d'offrir à la liberté d'expression la faculté de dénoncer la

corruption et les scandales que la censure permet aux dictatures d'étouffer. L'affaire du Watergate, déclenchée aux
États-Unis par deux journalistes du *Washington Post*, en est
sans doute l'exemple le plus retentissant. Or, s'il ne donna pas
lieu, de la part du Congrès, à l'aboutissement de la procédure
d'*impeachment*, c'est parce qu'un arrêt de la Cour suprême
qui le privait de sa meilleure défense[59] décida le président
Nixon, le 8 août 1974, à prendre les devants et à démissionner. En revanche, pour la seconde fois dans l'histoire des
États-Unis, l'affaire Lewinsky a conduit le 19 décembre
1998 la chambre des Représentants à engager sur le base de
deux chefs d'accusation la procédure d'*impeachment* contre
le président Clinton. Mais le 12 février 1999, siégeant au
titre de cette procédure, le Sénat l'a acquitté en le déclarant
non coupable de parjure par 54 voix contre 45 et 1 bulletin
blanc, et non coupable d'obstruction à la justice par 50 voix
contre 50, la majorité requise étant de 67 voix pour pouvoir
le condamner[60].

Sans atteindre ce degré de gravité, il n'est pas rare que
des crises de ce genre affectent la crédibilité des gouvernements démocratiques à l'occasion d'affaires de corruption[61] ou d'espionnage, la dernière en date ayant atteint le
prestige de l'ancien chancelier Kohl après l'alternance de
1998, du fait de sa participation au financement occulte de
la CDU.

Ainsi, malgré la législation fédérale de 1967 qui, par
application de la Loi fondamentale, contraint ceux-ci à la
publication annuelle de leurs ressources et leur assure
diverses aides dont la principale est proportionnelle au
nombre de voix recueillies par chacun d'eux à partir de 5 %
de suffrages exprimés, l'Allemagne fédérale a connu un cer-

59. *United States v/Richard Nixon*. Par cet arrêt, la Cour suprême a
condamné la thèse du président tendant à recourir au « privilège de l'exécutif » pour soustraire à la justice des documents compromettants.
60. Bryand D. Jones, John D. Wilkerson, « Le Procès en destitution du
président Clinton », *Pouvoirs*, n° 91, sept. 1999.
61. Yves Mény, *La Corruption de la République*, Paris, Fayard, 1992 ;
Revue *Pouvoirs*, n° 31, 1984.

tain nombre de scandales. L'acceptation d'aides occultes de grandes entreprises récompensant des décisions administratives favorables a contraint le comte Lambsdorff à démissionner du cabinet en juin 1984. « C'est cette faute, écrit Alfred Grosser, que le chancelier Kohl a voulu faire amnistier à l'automne, provoquant une vague d'agitation devant laquelle il a dû reculer. La loi du 22 décembre 1983 – modifiant la loi de 1967 ainsi que d'autres lois fiscales – rend en principe les pratiques découvertes impossibles à l'avenir.

Elle tend à moraliser davantage le financement des partis – mais en même temps, elle fait passer de 3, 50 à 5 DM la subvention par électeur pour les élections européennes alors que celles-ci ne nécessitaient pas une grande préparation : la moralisation revenait donc d'abord à accorder un supplément de ressources aux partis – tous riches par comparaison avec ceux d'autres pays, notamment la France, mais tous endettés[62]. »

L'espionnage, lui aussi, lorsque sa révélation est répercutée par les médias, peut engendrer un état de suspicion à l'égard du gouvernement. On se souvient de l'« affaire Profumo » qui fit couler beaucoup d'encre dans la presse britannique, à propos d'un ministre du cabinet Macmillan qui s'était laissé aller à des confidences déplacées. Mais l'exemple le plus marquant fut, en ce domaine, la compromission de l'un des collaborateurs immédiats du chancelier Willy Brandt : Günter Guillaume, qui sera condamné à treize ans d'emprisonnement en décembre 1975 après avoir avoué qu'il était en mission d'espionnage pour le compte de la RDA. Avec courage, le Chancelier accompagna sa lettre de démission au président fédéral Heinemann de la déclaration suivante : « J'assume la responsabilité politique pour les négligences en rapport avec l'affaire Guillaume et présente ma démission de Chancelier fédéral. »

En fait, ce sont davantage les partis que les institutions elles-mêmes qui se trouvent compromis à l'occasion des scandales. Aux yeux de plus d'un Français, la distinction

---

62. Alfred Grosser, *L'Allemagne en Occident*, Paris, Fayard, 1985, p. 174.

paraît claire aujourd'hui. Mais la carence de la législation concernant le financement des partis est aussi responsable des affaires de fausses factures qui défrayeront la chronique à la fin des années 1980. Il faudra attendre le 11 mars 1988 pour qu'une première loi se préoccupe de la transparence financière de la vie politique et le 15 janvier 1990 pour qu'une seconde loi, complétée par une loi organique du 11 mai de la même année, réglemente le financement des partis[63]. Et l'apparente amnistie accordée à la classe politique aura suscité dans l'opinion publique un relent d'antiparlementarisme, fatal en 1993 au parti socialiste. Or, malgré ces réformes, la multiplication des mises en examen d'hommes politiques de tous les partis ne permettra pas de redresser la situation à cet égard.

3. Les crises de société

Il n'entre évidemment pas dans les limites de ce livre d'étendre l'analyse des crises de régime et de gouvernement aux crises de société. Car celles-ci mettent en œuvre les différents éléments qui forment une civilisation. Mais, s'il est relativement aisé de distinguer intellectuellement l'État, les régimes et les gouvernements, par rapport à la société, on ne saurait négliger les interférences qui existent entre eux dans la réalité, et dont l'intensité s'accroît au rythme de la dramatisation des crises.

Sans prétendre procéder ici à l'étude de ce phénomène, il nous faut mentionner, cependant, deux crises d'un genre très différent, qui, en France, ont ébranlé l'État, le régime, le gouvernement et la société, mais dont l'issue les a finalement consolidés : la Commune de 1871 et la crise de Mai 1968.

La première éclatera le 18 mars 1871, au lendemain de la signature par le gouvernement de M. Thiers des prélimi-

---

63. J.-P. Camby, *Le Financement de la vie politique en France*, Montchrestien, « Clefs ».

naires de paix du traité de Francfort. Et elle sera écrasée dans le sang deux mois plus tard. « Paradoxalement et tragiquement, écrit Odile Rudelle, c'est le drame qui va fonder la République et donner à son troisième essai son caractère politiquement avancé et socialement conservateur[64]. » La seconde, issue de la contestation étudiante, s'en prendra à la fois à la « société de consommation », mais aussi à la Ve République (« Dix ans, ça suffit ! ») et à l'État répressif (« Il est interdit d'interdire ! »). Et elle mettra en accusation, à sa manière, la démocratie représentative en proclamant, au lendemain de la dissolution de l'Assemblée nationale : « Élections-trahison ! », sans pouvoir, pour autant, renverser le gouvernement[65].

Ces deux exemples montrent la difficulté de dissocier les crises de société des crises de régime, et, plus généralement, les problèmes que soulèvent les transformations de la société civile de ceux qui se posent à l'État.

Faut-il assimiler, aujourd'hui, la crise latente causée par la mondialisation et la remise en cause de l'État-providence à une crise de société ? Outre le fait qu'elle déborde largement les frontières d'un seul État, elle soulève le problème de la gouvernance des sociétés occidentales. Par conséquent, son analyse dépasserait l'objet même de ce livre. Observons seulement, à ce stade, le fait qu'elle tend à accélérer dans les pays occidentaux le rythme des alternances politiques, la légitimité des gouvernements étant jugée davantage par les électeurs à raison de l'efficacité de leurs politiques – concernant notamment la réduction du chômage – qu'en fonction de leur idéologie ou de leur programme affiché.

---

64. Odile Rudelle, *La République absolue. 1870-1889*, Paris, Publications de la Sorbonne, 1982, p. 21.
65. Maurice Grimaud, *En mai, fais ce qu'il te plaît*, Paris, Stock, 1977.

3

Alternance et permanence au pouvoir

A trop analyser les crises, on alimenterait la thèse de l'instabilité des démocraties occidentales. Or, depuis la fin de la Seconde Guerre mondiale, l'histoire témoigne de leur continuité[66].

Continuité ne veut pas dire immobilisme. Car la vertu de la stabilité démocratique est de reposer précisément sur un équilibre dynamique, dont l'alternance au pouvoir est aujourd'hui le type idéal. Ne procure-t-elle pas, à la fois, la cohésion gouvernementale et, de façon successive, le plein emploi des forces politiques au gouvernement ?

Mais la conjoncture politique n'a pas toujours permis et n'autorise pas partout le fonctionnement régulier de l'alternance. Beaucoup de régimes occidentaux connaissent encore la domination prolongée d'un même parti dominant, d'une même coalition, ou d'une même tendance.

Si la Grande-Bretagne et les États-Unis, depuis longtemps, l'Allemagne fédérale, l'Espagne et la Ve République française, plus récemment, pratiquent ou se sont mis à pratiquer l'alternance, hier la France des IIIe et IVe Républiques, et l'Italie, aujourd'hui, la Belgique et les Pays-Bas y ont été ou y demeurent allergiques.

66. Par rapport à l'histoire multiséculaire du parlementarisme britannique, au bicentenaire de la démocratie américaine, et au siècle de pratique républicaine française, que représentent, en effet, les vingt ans de fascisme italien, les douze ans de nazisme allemand, les trente-sept ans de franquisme espagnol et même les quarante-cinq ans de salazarisme portugais ?

Aussi, convient-il d'examiner successivement les deux cas de figure entre lesquels se répartissent les principales démocraties occidentales : d'un côté, l'alternance ; de l'autre, la permanence des forces politiques au pouvoir, cette dernière étant parfois atténuée par la pratique de l'ouverture.

1. L'alternance au pouvoir comme « idéal type »

On peut définir l'alternance au pouvoir comme un transfert de rôle conduisant deux partis ou deux coalitions à vocation majoritaire à exercer successivement tantôt le pouvoir, tantôt l'opposition. La cohérence d'un tel système n'est pas spontanément assurée. Comme l'a montré Léo Hamon[67], trois conditions en commandent la réalisation :

– l'alternance doit garantir à la formation politique qui quitte le pouvoir pour entrer dans l'opposition la possibilité légale de gouverner ultérieurement. C'est ce que le programme commun de gouvernement de l'Union de la gauche sous-entendait en 1972 en déclarant que, « si la confiance du pays était refusée aux partis majoritaires, ceux-ci renonceraient au pouvoir pour reprendre la lutte dans l'opposition » ;

– l'alternance requiert un consensus minimum entre les forces politiques en compétition sur la politique étrangère, la politique de défense et les institutions. Ce consensus peut être soit explicite, soit implicite, mais il doit garantir la continuité de l'État ;

– enfin, l'alternance suppose, de la part de la nouvelle majorité, l'acceptation de gérer la société, sans renoncer à la réformer, mais sans en bouleverser les structures au-delà des engagements électoraux énoncés.

Cette troisième condition a été soulignée par le président Mitterrand lors de son premier message au Parlement le 8 juillet 1981 : « Puisque j'évoque ici la notion de contrat, je précise que, s'il fallait aller plus loin que les engagements

67. Léo Hamon, « Nécessité et conditions de l'alternance », *Pouvoirs*, n° 1, 1977, p. 19.

pris, ce ne pourrait être qu'après que le peuple, à nouveau consulté, eut dit son dernier mot. »

Le respect de ces trois conditions donne, en effet, sa cohérence au système : plus l'adhésion des forces politiques à celles-ci est effective, plus la fréquence de l'alternance aura de chances de se produire ; mais plus cette fréquence s'accélère, plus elle implique l'existence, entre ces forces, d'un consensus non seulement sur le régime, mais sur le type de société à gouverner. A cet égard, l'accroissement du rythme de l'alternance aura tendance à l'éloigner, quant à ses effets, du modèle de la révolution. L'exemple de la Grande-Bretagne confirme cette constatation.

Pendant longtemps, on a cru que l'alternance au pouvoir était liée à la pratique du bipartisme. Maurice Duverger pouvait écrire en 1951 : « Le nombre des partis joue évidemment un rôle très important dans ce domaine : l'alternance suppose le dualisme[68]. » Mais cette restriction, qui fut longtemps effective, fait place aujourd'hui à une extension que traduit, mieux que toute autre explication, le tableau établi par Klaus von Beyme (cf. *tableau 1*).

Cependant, l'alternance au pouvoir n'a pas, dans tous les pays où elle se réalise, le même style, ni la même fréquence, ni la même portée. Aussi, sans s'attarder à l'analyse des cas extrêmes, distinguera-t-on trois hypothèses : l'alternance absolue, l'alternance relative et l'alternance médiatisée.

1. L'alternance absolue

On entendra par alternance absolue le transfert du pouvoir de la majorité à l'opposition lorsqu'il s'applique à la fois au gouvernement et à l'assemblée parlementaire issue du suffrage universel.

A. Ce processus cumulé n'a pu être observé pendant longtemps qu'en *Grande-Bretagne*, où il a assuré la succession au pouvoir, depuis 1832, des conservateurs et des libéraux, puis, une fois la parenthèse tripartite de l'entre-deux-

68. Maurice Duverger, *Les Partis politiques,* Paris, A. Colin, 1951, p. 334.

guerres refermée, des conservateurs et des travaillistes. L'émergence du parti travailliste et le déclin du parti libéral[69] avaient entraîné, en effet, après la Première Guerre mondiale, une perturbation du système et l'apparition de gouvernements de coalition. Mais l'après-guerre a rétabli la régularité du système. En cinquante ans, le Royaume-Uni a

---

Tableau 1
L'alternance des gouvernements au pouvoir

Allemagne	1966[a], 1969, 1982, 1998
Australie	1946, 1972, 1975, 1983, 1996
Autriche	1970, 1990, 1999
Canada	1957, 1963, 1979, 1980, 1984, 1993
Danemark	1950, 1953, 1968, 1971, 1973, 1975, 1982, 1993
Espagne	1982, 1996
France	1981, 1986, 1988, 1993, 1997
Grande-Bretagne	1945, 1951, 1964, 1970, 1974, 1979, 1997
Grèce	1981, 1989, 1993
Irlande	1948, 1951, 1954, 1973, 1977, 1981, 1982, 1986, 1993[b], 1994
Italie	1994[b], 1996
Norvège	1963, 1965, 1971, 1972, 1973, 1981, 1990, 1996, 2000
Nouvelle-Zélande	1949, 1957, 1960, 1972, 1975, 1990
Portugal	1987, 1995
Suède	1976, 1982, 1991, 1994

a. Nous estimons que l'accès au pouvoir en 1966 d'un gouvernement de « grande coalition » a constitué une alternance effective.
b. Gouvernement de coalition.

Source : Klaus von Beyme, *Parteien in westlichen Demokratien*, Serie Piper, München, R. Piper & Co. Verlag, 1982, p. 393, Tabelle 40. Ce tableau a été actualisé par nos soins.

---

69. Albert Mabileau, *Le Parti libéral britannique*, Paris, A. Colin, 1953.

connu sept alternances. Toutefois, le parti conservateur ayant remporté depuis 1979 quatre élections de suite, le système, avant 1997, était apparu bloqué.

Sous cette réserve, depuis 1945, le phénomène de l'alternance a fonctionné sans à-coups. Tout au plus convient-il de relever le dérèglement provoqué par les élections de février 1974, à l'occasion desquelles le parti travailliste, avec une minorité de suffrages exprimés par rapport au pourcentage obtenu par le parti conservateur, n'a disposé que d'une majorité relative de sièges à la Chambre des communes. Mais la dissolution prononcée quelques mois après, à la demande d'Harold Wilson, a permis de rétablir la double majorité des voix (39,2 %) et des sièges (50,2 %) au profit du parti travailliste. Et, depuis lors, malgré la scission intervenue au sein de celui-ci à l'initiative du nouveau parti social-

---

Tableau 2
Grande-Bretagne

Date de l'alternance	Parti majoritaire au bénéfice duquel joue l'alternance	Durée de l'exercice du pouvoir du parti majoritaire
Juillet 1945	Travailliste	6 ans et 4 mois
Octobre 1951	Conservateur	13 ans
Octobre 1964	Travailliste	5 ans et 8 mois
Juin 1970	Conservateur	3 ans et 8 mois
Février 1974	Travailliste	5 ans et 3 mois
Mai 1979	Conservateur	18 ans
Mai 1997	Travailliste	

Nombre d'alternances en 55 ans : 7.
Durée de l'exercice du pouvoir en 55 ans :
– travaillistes : 20 ans ;
– conservateurs : 34 ans.
Différence au profit des conservateurs : 14 ans.

démocrate, l'alternance a repris son cours normal en permettant au parti conservateur de gouverner à partir de 1979 avec le soutien d'une large majorité parlementaire[70].

L'alternance absolue avait également fonctionné en *Belgique* jusqu'à l'établissement en 1884 du suffrage universel, qui a coïncidé avec la fin du bipartisme. Aux *Pays-Bas*, Maurice Duverger observe qu'« avant la proportionnelle, on note une alternance presque parfaite entre les majorités conservatrices et les majorités libérales : majorité conservatrice en 1888, majorité libérale de 1891 à 1901, majorité conservatrice en 1901, libérale en 1905, conservatrice en 1909, libérale en 1913[71] ».

Dans ces différentes hypothèses, l'alternance est absolue dans la mesure où les élections législatives ont pour effet d'accorder au même parti ou à la même coalition électorale la majorité parlementaire et la maîtrise du cabinet qui en procède. Le mécanisme a atteint son niveau de perfection dans l'après-guerre en Grande-Bretagne où les élections à la Chambre des communes combinent, du fait du *two-party system*, la désignation par l'électeur britannique, à l'aide d'un même scrutin, du député de sa circonscription et du leader de la majorité qui sera appelé à diriger le gouvernement. Ainsi les élections générales suffisent-elles, à intervalles fixés par la durée du mandat parlementaire ou par le recours au droit de dissolution, soit à confirmer le parti majoritaire au pouvoir, soit à déclencher l'alternance au profit de l'opposition.

Depuis le *Parliament Act* de 1911, qui a réduit le rôle politique de la Chambre des lords, ce mécanisme ne s'accompagne de l'apparition d'aucun contre-pouvoir. Et il n'est régulé par aucune cour constitutionnelle. Il repose sur un consensus absolu des partis en compétition sur le respect de la règle du jeu : institutions et mode de scrutin. Et il n'est supportable, pour le parti minoritaire, que dans la mesure où

---

70. Jacques Leruez *et al., Les Partis politiques britanniques. Du bipartisme au multipartisme ?*, Paris, PUF, 1982 ; Richard Rose, *Politics in England. An Interpretation for the 1980's*, Londres, Faber and Faber, 1980
71. Maurice Duverger, *Les Partis politiques, op. cit.*

ce dernier jouit d'un véritable statut de l'opposition. Il n'empêche que l'application d'un tel système peut écarter du gouvernement l'un des partenaires en présence pendant une période relativement longue, le maximum ayant été, depuis 1979, de dix-huit ans au profit du parti conservateur.

Naturellement, un tel type d'alternance ne peut régulièrement fonctionner que dans l'hypothèse où un troisième parti ne risque pas de venir troubler le jeu ; ce qui suppose la permanence du *two-party system*, dans lequel la somme des suffrages recueillis par les deux partis à vocation majoritaire dépasse ou avoisine 90 % des suffrages exprimés. D'où l'extrême difficulté que soulèverait l'importation de ce système dans un pays différent.

B. *L'alternance française de 1981* relève également du modèle de l'alternance absolue, que Maurice Duverger a qualifiée à l'époque de « grande alternance ». Mais elle résulte de deux consultations successives : l'élection présidentielle du 10 mai et l'élection législative des 14 et 21 juin 1981. Encore cette dernière n'a-t-elle été rendue possible que grâce à l'exercice par le président de la République du droit de dissolution discrétionnaire que lui offre l'article 12 de la Constitution.

Ayant obtenu 51,7 % des suffrages au second tour de l'élection présidentielle, François Mitterrand s'est préoccupé dès le 22 mai, lendemain de son installation à l'Élysée, de disposer d'une majorité parlementaire conforme à sa majorité présidentielle. D'où la dissolution prononcée le jour même, suivie de l'accord électoral et de gouvernement conclu le 4 juin entre le PC et le PS, et du discours présidentiel prononcé de façon relativement discrète le 9 juin à Montélimar pour inciter les électeurs à procéder à un vote cohérent[72].

Les résultats des élections législatives dépasseront largement cette invitation puisque, le 14 juin, le parti socialiste obtiendra à lui seul 37,5 % des suffrages exprimés et, le 21 juin, 285 sièges à l'Assemblée nationale, soit 39 de

---

72. Contrairement à ses prédécesseurs, François Mitterrand s'est refusé à prendre la parole sur les ondes après la fin de la campagne électorale.

plus que la majorité absolue. Ce qui n'empêchera pas les deuxième et troisième gouvernements Mauroy d'accueillir quatre ministres communistes – de même que les gouvernements Couve de Murville, Chaban-Delmas et Messmer, bien que disposant eux aussi d'une majorité absolue à l'Assemblée, avaient compté, de 1968 à 1973, plusieurs ministres républicains indépendants.

L'alternance absolue réalisée en 1981 à l'Élysée et au Palais-Bourbon reste, malgré tout, une exception dans la vie politique française. Elle a démontré la capacité de la Vᵉ République à assimiler un renouvellement substantiel de son personnel politique, sans qu'il en résulte un changement de régime[73]. En revanche, les alternances de 1986, de 1988 et de 1993 n'ont affecté que la seule Assemblée nationale. Celles de 1986, de 1993 et de 1997 ont entraîné la coexistence d'une majorité présidentielle et d'une majorité parlementaire opposées ; celle de 1988 a rétabli l'harmonie entre ces deux majorités, sans assurer pour autant la présidence de la République d'une majorité parlementaire absolue. Les quatre doivent être regardées comme de simples alternances relatives.

En revanche, l'élection présidentielle de 1995 a rétabli, au profit de Jacques Chirac l'alternance absolue, du moins jusqu'aux élections législatives anticipées de 1997 qui ont ouvert la voie à une troisième cohabitation.

2. L'alternance relative

On entendra par alternance relative le transfert du pouvoir de la majorité à l'opposition lorsqu'il ne confère à celle-ci que la maîtrise du seul gouvernement ou de la seule majorité au Parlement (ou du moins à l'Assemblée issue du suffrage direct).

A. Une telle conjoncture n'est évidemment pas conce-

---

73. Cette conjoncture a cependant conduit certains hommes politiques à qualifier, à tort, l'alternance de « changement de régime », ce qui a incité le Premier ministre, en réponse à une question écrite, à souligner cette impropriété juridique (cf. Pierre Avril, Jean Gicquel, *Chroniques constitutionnelles françaises, 1976-1982*, Paris, PUF, 1983, p. 424).

vable en régime parlementaire – et *a fortiori* en régime d'assemblée – dans la mesure où, dans de tels régimes, le gouvernement procède du Parlement. Il est donc naturel que l'on ne trouve des exemples d'alternance relative qu'en régime présidentiel, à travers l'histoire des États-Unis, et en régime semi-présidentiel, comme l'attestent les expériences portugaise de 1980 à 1983 et autrichienne de 1992 à 1999, et comme en a témoigné l'élection à l'Assemblée nationale française d'une majorité hostile au président de la République, en 1986, en 1993 et en 1997.

L'alternance absolue n'est pas, pour autant, exclue sous ces régimes. Elle est intervenue en France en 1981. Et, depuis 1945, elle s'est produite une fois aux États-Unis avec l'élection simultanée en 1952 du président Eisenhower et d'une majorité républicaine au Congrès.

Mais depuis 1956, la présence continue d'une majorité démocrate à la Chambre des représentants a conduit les présidents républicains à « cohabiter » avec elle, soit qu'ils disposent d'une majorité républicaine au Sénat (comme R. Reagan de 1980 à 1986), soit qu'ils doivent composer également avec une majorité démocrate dans cette assemblée (comme R. Reagan et G. Bush de 1986 à 1992). Et, dans une situation inverse, il en a été de même de 1994 à 2000 pour Bill Clinton.

D'ailleurs l'absence de discipline de vote au sein des groupes parlementaires américains, associée à la séparation des pouvoirs entre l'Exécutif et le Législatif, n'offre jamais au président des États-Unis un soutien parlementaire équivalent de celui dont bénéficie à la Chambre des communes le Premier ministre britannique ou même à l'Assemblée nationale le président français. Ainsi, le 17 novembre 1993, la ratification du Traité de libre-échange nord-américain conclu avec le Canada et le Mexique n'a-t-elle été obtenue par le président démocrate Clinton qu'avec le vote favorable de 40 % des députés démocrates et 75 % des députés républicains. En fait, il n'existe pas, au sein du Congrès, de clivage permanent entre une majorité à l'européenne et une opposition.

Ainsi lorsque le président Nixon a donné prise, par son

Tableau 3
L'alternance présidentielle aux États-Unis

Date de l'alternance	Parti majoritaire au bénéfice duquel joue l'alternance	Durée de l'exercice du pouvoir du parti majoritaire
1944	Démocrate	8 ans
1952	Républicain	8 ans
1960	Démocrate	8 ans
1968	Républicain	8 ans
1976	Démocrate	4 ans
1980	Républicain	12 ans
1992	Démocrate	8 ans (jusqu'en 2000)

Nombre d'alternances en 56 ans : 6.
Durée de l'exercice du pouvoir en 56 ans :
– démocrates : 28 ans ;
– républicains : 28 ans.

comportement, à la procédure d'*impeachment,* l'opposition au président a largement transcendé le clivage partisan ; et sa démission anticipée a évité la dramatisation du conflit qu'eût engendrée le déclenchement de cette procédure.

Dans les jours ordinaires, le système des *checks and balances* et la structure souple des partis amortissent les chocs produits par l'alternance relative. La cohabitation entre un président républicain et une majorité démocrate puis, de 1994 à 2000, d'un président démocrate et d'une majorité républicaine au Congrès, en ralentissant le rythme du processus de décision, n'a pas paralysé pour autant le fonctionnement du régime. Tout au plus en a-t-elle provisoirement supprimé certaines commodités.

B. En France, le doute a longtemps plané sur la question de savoir si l'alternance relative déboucherait ou non sur une éventuelle *cohabitation* de ce type. Une telle conjoncture a failli se produire en 1973. Elle serait arrivée en 1978, si,

Tableau 4
L'alternance congressionnelle aux États-Unis

Date de l'alternance présidentielle	Parti majoritaire à la Maison-Blanche	Dates	Chambre	Sénat
1944	Démocrate	1944	C	C
	Roosevelt	1946	NC	NC
	(depuis 1932)	1948	C	C
	Truman	1950	C	C
1952	Républicain	1952	C	C
	Eisenhower	1954	C	NC
		1956	NC	NC
		1958	NC	NC
1960	Démocrate	1960	C	C
	Kennedy	1962	C	C
	Johnson	1964	C	C
		1966	C	C
1968	Républicain	1968	NC	NC
	Nixon	1970	NC	NC
	Ford	1972	NC	NC
		1974	NC	NC
1976	Démocrate	1976	C	C
	Carter	1978	C	C
1980	Républicain	1980	NC	C
	Reagan	1982	NC	C
	Bush	1984	NC	C
		1986	NC	NC
		1988	NC	NC
		1990	NC	NC
1992	Démocrate	1992	C	C
	Clinton	1994	NC	NC
		1996	NC	NC
		1998	NC	NC

Légendes : C : concordance - NC : non-concordance.

l'année précédente, l'Union de la gauche n'avait pas connu une rupture.

C'est dans cette perspective que le président Giscard d'Estaing avait déclaré aux Français à Verdun-sur-le-Doubs, le 8 novembre 1977 : « Vous pouvez choisir l'application du programme commun. C'est votre droit. Mais si vous le choisissez, il sera appliqué, ne croyez pas que le président de la République ait, dans la Constitution, les moyens de s'y opposer [...]. » De son côté, François Mitterrand, conversant avec les journalistes à l'occasion des vœux, admettait le 4 janvier 1985, à propos de la cohabitation : « Cela arrivera un jour. Je le disais en 1974. Je le disais en 1978. Mais je ne me place pas dans cette hypothèse. »

L'échéance est survenue le 16 mars 1986 avec le succès remporté par la majorité RPR-UDF aux élections législatives. Pour la première fois, depuis le début de la Ve République, une discordance a opposé la majorité parlementaire, Sénat compris, à la majorité présidentielle formée en 1981. Et, pendant deux ans, sous le nom de *cohabitation*, la France a été gouvernée par un président de la République de gauche et un gouvernement de droite.

Cette coexistence, fondée sur la lettre de la Constitution, a conduit à une véritable dyarchie. Et elle a mis en cause le principe selon lequel le gouvernement procède du chef de l'État pour lui substituer provisoirement un système parlementaire aux termes duquel la légitimité du Premier ministre se fonde sur la confiance que lui expriment l'Assemblée nationale et le Sénat.

Déjà, à la veille des élections législatives de 1978, Maurice Duverger avait théorisé cette situation en montrant qu'au-delà de ses pouvoirs propres, tirés de l'article 19 de la Constitution, le pouvoir présidentiel serait tributaire du soutien de la majorité parlementaire[74].

En fait, la réalité française, telle qu'elle s'est présentée de 1986 à 1988, a témoigné de la capacité du chef de l'État à

---

74. Maurice Duverger, *Échec au roi*, Paris, Albin Michel, 1978 ; *Bréviaire de la cohabitation*, Paris, PUF, 1986 ; *La Cohabitation des Français*, Paris, PUF, 1987 ; Revue *Pouvoirs*, n° 91, La Cohabitation.

conserver l'essentiel de ses prérogatives en matière de politique extérieure et de défense. En revanche, en politique intérieure, la réalité du pouvoir a été exercée par le gouvernement, soutenu par l'Assemblée nationale. Et le président n'a disposé que d'un pouvoir de veto suspensif à l'égard des ordonnances et des décrets délibérés en Conseil des ministres.

Les élections de 1988 ont donné lieu à un autre cas de figure. La réélection de F. Mitterrand à l'Élysée l'a conduit à dissoudre l'Assemblée nationale et à mettre fin à la cohabitation. Mais l'élection législative anticipée n'a donné au parti socialiste qu'une majorité relative. Et à défaut de réaliser l'ouverture, il a fallu recourir au parlementarisme rationalisé.

En 1993, le succès remporté par la majorité RPR-UDF à l'Assemblée nationale a rétabli la coexistence de majorités opposées. Mais la « cohabitation douce » qui s'est instaurée entre le président Mitterrand et le gouvernement Balladur a transformé le domaine de la diplomatie et de la défense en champ d'exercice du « pouvoir partagé ».

En 1997, les élections législatives anticipées provoquées par la dissolution prononcée par Jacques Chirac ont ouvert la voie à une troisième cohabitation. Et, à la différence des deux précédentes, sa vocation à durer cinq ans a soulevé le problème d'une révision constitutionnelle destinée à instituer le quinquennat et à mettre fin à une telle « dyarchie ».

3. *L'alternance médiatisée*

La situation de l'Allemagne fédérale apparaît irréductible aux deux modèles précédents. Certes, lorsque l'alternance intervient, elle produit un effet absolu et la nouvelle coalition formée au Bundestag entraîne l'investiture d'un chancelier conforme à sa composition. Elle se rapproche, en ce sens, de la pratique britannique. Mais, sauf en 1998, l'alternance à l'allemande n'a pas toujours été la conséquence nécessaire et immédiate d'une élection législative ; parfois elle a été provoquée par des renversements d'alliance entre les partis représentés au Parlement. C'est pourquoi l'on proposera de la qualifier ici d'« alternance médiatisée ».

La république fédérale d'Allemagne a-t-elle connu trois ou quatre alternances ? Von Beyme, dans le tableau reproduit ci-contre, compte celle qui a permis, en octobre 1969, la formation d'un gouvernement social-démocrate/libéral sous la direction de Willy Brandt, alors même que le parti chrétien-démocrate disposait de la majorité relative des sièges au Bundestag ; cette coalition dura treize ans. Et il retient aussi celle qui a entraîné, du fait du revirement des libéraux, la constitution, en 1982 – c'est-à-dire en marge de toute élection –, d'une coalition chrétienne-démocrate/libérale sous l'autorité du chancelier Kohl, coalition qui fut seulement ratifiée *a posteriori* par les électeurs le 6 mars 1983 (cf. *tableau 5*) [75].

Pour notre part, nous ne croyons pas pouvoir faire abstraction de la grande coalition qui unit au gouvernement, en 1966, pendant deux ans et demi, les deux grandes formations politiques dominantes. Peu importe, d'ailleurs, qu'on qualifie cette grande coalition d'alternance par rapport au « règne » précédent, ou de transition dans la perspective de la véritable alternance opérée en 1969. Toujours est-il que, sans elle, l'accession au pouvoir du parti social-démocrate eût été impossible. En l'associant au pouvoir, le parti chrétien-démocrate lui a permis de faire preuve de sa capacité à gouverner, qu'il confirmera par la suite. Si, donc, la grande coalition n'a pas produit, en elle-même, l'alternance, la cohabitation qu'elle a temporairement réalisée en a été la condition préalable, en même temps qu'elle offrait au monde occidental un exemple assez rare de tolérance politique pour qu'il soit ici même souligné.

En revanche, l'alternance de 1998 est le résultat direct et immédiat des élections au Bundestag du mois de septembre. Elles s'inscrivent, par conséquent, davantage dans le schéma classique de l'alternance absolue que dans celui de l'alternance médiatisée.

---

75. Cf. Henri Ménudier, *Système politique et élections en République fédérale d'Allemagne*, Peter Lang, Berne, 1986 ; et les chroniques publiées par Michel Fromont à la *Revue du droit public*.

Tableau 5
République fédérale d'Allemagne

Date de l'alternance	Parti majoritaire au bénéfice duquel joue l'alternance	Durée de l'exercice du pouvoir du parti majoritaire
Août 1949 *Adenauer*	CDU, seule ou coalisée avec divers partis dont le FDP	17 ans et 4 mois
Décembre 1966 *Kiesinger*	Grande coalition CDU-SPD	2 ans et 10 mois
Octobre 1969 *Brandt* *Schmidt*	SPD-FDP	13 ans
Octobre 1982 *Kohl*	CDU-FDP	16 ans
Septembre 1998 *Schröder*	SPD-Verts	2 ans jusqu'à septembre 2000

Nombre d'alternances en 50 ans : 3
(ou 4, si l'on compte la grande coalition).
Durée de l'exercice du pouvoir en 39 ans :
– CDU : 36 ans environ ;
– SPD : 18 ans environ.
Différence au profit de la CDU : 18 ans.

4. Le cas italien

Les élections législatives des 27-28 mars 1994 n'ont pas opéré une alternance classique entre la droite et la gauche. Mais elles ont réalisé pour la première fois une rupture entre le système antérieur fondé sur la conjonction des centres (et qualifié abusivement de « Première République ») et une nouvelle tendance à la bipolarisation dont a profité le « Pôle des libertés » conduit par Silvio Berlusconi.

En revanche, les élections anticipées de 1996 où se sont affrontées deux coalitions : le Pôle des libertés, réduit à Forza Italia et à l'Alliance nationale, après la défection de la Ligue du Nord, et le « Pôle de l'Olivier » conduit par Romano Prodi, ont provoqué une véritable alternance en portant une coalition de gauche au pouvoir gravitant autour du PDS.

Toutefois, la démission de Romano Prodi en octobre 1998 remplacé par Massimo d'Alena, puis la démission de ce dernier en avril 2000, en fragilisant la majorité au pouvoir n'ont pas assorti le système nouvellement introduit de l'alternance de la stabilité qui puisse en assurer la pérennité.

2. La permanence au pouvoir et ses variantes

Si le phénomène de l'alternance a débordé les frontières du bipartisme, il n'a pas, pour autant, recouvert tout l'espace politique des démocraties occidentales. Là où il a gagné du terrain aujourd'hui, il fut souvent précédé hier par un mode d'exercice du pouvoir différent ; et il pourrait demain faire place à un nouvel équilibre. Et là où la tendance à la bipolarisation n'a jamais pu s'imposer, il faut bien que la démocratie occidentale se gouverne autrement. Alors, la présence continue au pouvoir d'une même force politique ou d'une même coalition doit s'efforcer de trouver par une ouverture successive sur sa gauche et sur sa droite un élément de compensation.

La permanence au pouvoir, en tant qu'alternative à l'alternance, comporte, par conséquent, plusieurs issues. Sans prétendre en établir la classification, on en retiendra, pour la clarté de l'exposé, trois variantes : l'une, fondée sur la tradition historique française, que l'on appellera la polarisation ; une autre, caractérisée par la pesanteur exercée par un parti dominant, qu'on qualifiera, pour cette raison, de domination ; une autre, enfin, inspirée du centrisme, que l'on désignera sous le terme de concentration.

1. La *polarisation du pouvoir* au profit d'une tendance prépondérante (sans que celle-ci s'incarne dans un parti déterminé) a profondément marqué la IIIe République française et, dans une certaine mesure jusqu'en 1978, la Ve République[76].

A. Sous la IIIe République, la polarisation des forces politiques occupant le gouvernement s'est principalement effectuée à gauche. D'où l'appellation qui lui est restée de *sinistrisme,* expression employée par Albert Thibaudet pour désigner la « valorisation de la gauche ». Mais, comme le note René Rémond, le sinistrisme désigne également la présence au pouvoir « sans interruption de 1879 à 1914 » de la gauche républicaine et radicale[77]. Ainsi, pendant trente-trois ans, sous la conduite des républicains de gouvernement, puis du parti radical, la France fera l'expérience de la polarisation du pouvoir autour, sinon d'un même parti, du moins d'une seule tendance : la gauche républicaine, identifiée, selon l'expression due à François Goguel, avec le « parti du mouvement[78] ».

---

76. La polarisation – il vaudrait mieux écrire : l'« unipolarisation » – ne fera place, sous la IIIe et la Ve République, à la *bipolarisation* que lorsqu'une seconde tendance paraîtra assez forte – comme en 1919 avec la Chambre « bleu horizon », et, à partir de 1978, avec l'Union de la gauche – pour prétendre au pouvoir.

77. René Rémond, *Les Droites en France, op. cit.*, p. 22.

78. François Goguel, « La Politique des partis sous la IIIe République », Paris, Éditions du Seuil, *Esprit*, 1946.

Ce parti du mouvement aura pour ciment la défense républicaine, puis la laïcité. Mais, rassemblant, en fait, plusieurs groupes parlementaires, et davantage encore de comités électoraux, il n'engendrera jamais un système de partis cohérent. Aussi ne faut-il pas s'étonner d'observer que sa longévité s'est accompagnée – sauf du 22 juin 1899 au 18 janvier 1906, période pendant laquelle gouvernent successivement Waldeck-Rousseau, Combes et Rouvier – de l'instabilité ministérielle qui persistera, en s'amplifiant, jusqu'à la fin du régime.

Certes, le parti radical, fondé en 1901, dominera progressivement cette coalition qu'il cherchera à prolonger. Mais, n'ayant jamais obtenu la majorité des sièges à la Chambre des députés, il ne jouera le rôle de parti dominant que par référence à la définition large que Maurice Duverger a établie à son usage : « un parti plus grand que les autres, qui vient en tête de tous, et qui distance assez nettement ses rivaux pendant un certain temps… Un parti qui s'identifie à une époque, dont les doctrines, les idées, les méthodes, le style en quelque sorte, coïncident avec ceux de l'époque. On disait la République radicale bien que beaucoup de Français et de républicains ne fussent pas radicaux : mais le parti radical a réellement incarné la République, à une certaine époque de son histoire [79] ».

B. Au sinistrisme de la IIIe République, qui s'achèvera avec l'Union sacrée en 1914, on serait tenté d'opposer mot pour mot le *dextrisme* qui a prévalu pendant les vingt premières années de la Ve République. Mais, s'il réussit à polariser, surtout à partir de 1962, les deux plus forts courants de la droite : le gaullisme et la droite modérée, devenue en 1974 « giscardienne », il rompt le parallélisme que l'on a tenté d'établir avec le sinistrisme sur deux points importants.

D'une part, il serait excessif d'assimiler sans précautions le gaullisme à la droite. Jean Touchard a eu raison de rappeler qu'« en décembre 1965, 3 millions d'anciens électeurs de gauche avaient voté pour le général de Gaulle » et de

79. Maurice Duverger, *Les Partis politiques, op. cit.*, p. 341.

citer à l'appui la phrase célèbre du Général : « La France, c'est tout à la fois, c'est tous les Français. Ce n'est pas la gauche, la France ! Ce n'est pas la droite, la France[80] ! » Cependant, l'auteur a été amené à conclure : « Le général de Gaulle ne peut être classé que du côté de la droite, et c'est évidemment du côté de la droite que lui est venu le plus grand nombre de ses partisans, du moins lorsqu'il y avait peu de risques à courir[81]. »

D'autre part et surtout, sans que le Général l'ait initialement cherché, dès 1958 mais surtout à partir de 1962, le mouvement gaulliste réussira à se muer en parti. Et ce parti deviendra, au fil des mois, un parti dominant creusant l'écart avec tous les autres, puis, de 1968 à 1973, un parti majoritaire à l'Assemblée nationale. Voilà qui différencie essentiellement le dextrisme de la Ve République du sinistrisme de la IIIe, et qui doit plutôt nous conduire à classer cette période sous la rubrique de la domination.

2. Par *domination du pouvoir*, on entendra, en effet, la présence continue au pouvoir d'une même tendance, animée par la présence active, voire hégémonique, d'un *parti dominant*.

Plus exigeante que celle proposée pour le parti radical par Maurice Duverger, la définition contemporaine du parti dominant a été ainsi précisée par Jean Charlot : « Ce n'est pas une question de dimension absolue du parti – encore qu'en dessous d'un certain seuil, que l'on peut fixer entre 30 et 35 % des suffrages exprimés, aucun parti n'a évidemment aucune chance d'acquérir une position privilégiée [...]. Le parti dominant est affaire de dimension relative : il se définit par l'écart qui le sépare des autres formations qui le suivent[82]. »

A. Or, tel est bien le cas de l'UNR, puis de l'UDR, en France, sous la Ve République, à partir de 1962. L'écart qui la sépare, en pourcentage de suffrages exprimés, du parti qui

---

80. Jean Touchard, *Le Gaullisme,* Paris, Éditions du Seuil, 1978, p. 303 et 350.
81. *Ibid.*, p. 304-305.
82. Jean Charlot, *Les Partis politiques,* Paris, A. Colin, « U2 », 1971.

la suit est, aux élections législatives de 1962, de 10 points (par rapport au parti communiste) ; aux élections de 1967, de 15 points (vis-à-vis du même parti) ; à celles de 1968 – à l'occasion desquelles elle devient majoritaire –, de 23 points ; mais, à celles de 1973, de 2 points et demi seulement, ce qui ne l'empêchera pas, avec l'appoint des républicains indépendants et d'une partie des centristes, de continuer à diriger la majorité. Aux élections de 1978, le RPR, qui a succédé à l'UDR, ne distance plus le parti suivant – qui est devenu pour la première fois le parti socialiste – que de 0,4 point. Mais, surtout, il partage à peu près le même score à la fois avec celui-ci, avec l'UDF et avec le parti communiste ; ce qui atteste qu'il ne remplit plus, désormais, les conditions mises à l'existence d'un parti dominant.

Aux élections législatives de 1981, il sera relayé dans ce rôle par le parti socialiste, qui sera également majoritaire. Ainsi, pendant près de vingt ans, sous des appellations diverses, le mouvement gaulliste, transformé en parti, aura exercé sa domination, voire son hégémonie, sur la vie politique française. Et, contrairement à son homologue italien, il ne l'aura compensée que par une très faible ouverture : dès 1962 et sans interruption au profit des républicains indépendants, et à partir de 1969 à l'adresse d'une fraction des centristes[83].

B. Ce que le *Zentrum* allemand n'avait pas réussi sous la République de Weimar, la *démocratie chrétienne* italienne parviendra à le réaliser après la chute du fascisme. La DC italienne répond assez exactement à la définition du parti dominant. Car, non seulement elle s'identifiera au régime dont elle constituera le pivot, mais surtout, d'avril 1948 à juin 1979, elle n'obtiendra jamais moins de 38 % de suffrages exprimés à chaque élection à la Chambre des députés, et elle maintiendra pendant toute cette période l'écart qui la séparera du parti communiste au-delà de 8 points[84].

83. Jacques Chapsal, *La Vie politique sous la Vᵉ République,* Paris, PUF, « Thémis », 3ᵉ éd., 1987.
84. Geneviève Bibes, *Le Système politique italien*, Paris, PUF, 1974.

Toutefois, deux élections législatives ont mis en cause ce privilège en faisant émerger un second parti dominant. Il s'agit des scrutins de juin 1976 et de juin 1983. Dans les deux cas, en effet, l'écart entre la DC et le PCI s'est amenuisé en s'établissant respectivement à 4,3 et 3 points. Cependant, jusqu'à 1994, ni le PCI ni son principal successeur, le parti démocrate de la gauche (PDS), ne parviendront à exercer le pouvoir au plan national. Et ce ne sera pas l'alternance au profit de ce dernier, mais l'effondrement du système de partis, sous le poids de la corruption, qui mettra fin en 1992 au monopole de la DC et qui en confirmera la disparition en 1994.

Sauf à l'époque où, sous De Gasperi, la DC disposa, le temps d'une législature, de la majorité à la Chambre, ce monopole a eu pour contrepartie l'ouverture dont le parti dominant n'a cessé de faire preuve. Bénéficiant d'abord au centre droit, formé des partis laïcs, et au parti social-démocrate, cette ouverture s'est ensuite élargie, sous Aldo Moro, au parti socialiste. Et, compte tenu du soutien accordé au gouvernement par le parti communiste à l'époque du « compromis historique », elle a bénéficié à l'ensemble des partis de l'« arc constitutionnel » italien. Plus tard, la politique d'ouverture de la DC l'a même conduite à tolérer la présence à la présidence du Conseil de leaders extérieurs au parti dominant : Giovanni Spadolini, leader du parti républicain, en juin 1981, et Bettino Craxi, leader socialiste, de 1983 à 1987, sous réserve qu'elle conserve la majorité des portefeuilles ministériels. Le prix de ce jeu de bascule a, cependant, été payé par l'instabilité ministérielle : 50 gouvernements en 40 ans ! En attendant qu'il conduise à l'effondrement du système.

3. La *concentration du pouvoir* constitue la troisième variante de l'alternance. D'une certaine manière, elle peut aussi servir de clé à la lecture du système politique italien. Mais, outre le fait que la concentration n'implique pas l'existence au sein de la coalition gouvernementale d'un parti dominant, elle repose sur un parti pris stratégique que les uns considèrent comme l'illustration d'une tendance, les autres comme l'expression d'un mythe : le *centrisme*.

A. Par rapport à la pratique de la polarisation et surtout à l'idéologie de l'alternance, le centrisme repose sur deux *a priori* complémentaires : le refus de voir accéder au gouvernement les extrêmes, et la volonté de réaliser la conjonction des centres. Sa version tactique a été admirablement résumée par le président Edgar Faure quand il écrit que « la démocratie française a sécrété de longue date son propre modèle qui répond aux effets de l'alternance, à savoir : tenir compte des aspirations de l'électorat, éviter la sclérose, le vieillissement, l'entropie. Ce modèle consiste dans la combinaison de deux mécanismes [...] : l'inflexion spontanée et la géométrie variable[85] ». En effet, la plasticité du centrisme (ou du recentrage) lui permet à la fois d'infléchir la politique gouvernementale au rythme des indications données par les électeurs et d'ouvrir, en fonction de ces résultats, la coalition gouvernementale, tantôt à gauche, tantôt à droite, sans jamais y inclure les extrêmes.

D'un point de vue stratégique, le centrisme a été plus récemment analysé par l'ancien président de la République Valéry Giscard d'Estaing. Alors même qu'il était encore au pouvoir, il s'était efforcé de donner, dans *Démocratie française,* une base sociologique au centrisme, en justifiant cette formule par l'extension des classes moyennes résultant de l'avènement des sociétés industrielles, fruit, elles-mêmes, de la croissance économique. Et il a repris cette idée dans un nouvel essai destiné à servir de plate-forme à l'opposition[86].

On étudiera dans la troisième partie de ce livre, à propos des systèmes de partis, la pratique de la conjonction des centres telle qu'elle s'est développée en France notamment

---

85. Edgar Faure, « L'alternance ou la noix creuse », *Pouvoirs,* n° 1, 1977, p. 16.
86. Valéry Giscard d'Estaing, *Deux Français sur trois,* Paris, Flammarion, 1984 ; cf. également la revue *Paradoxes,* n° 51, « La Place du centre dans la vie politique française », 1984.

entre les deux guerres et sous la IVe République. Qu'il suffise de rappeler ici que, sous la forme des gouvernements de
concentration ou de « troisième force », elle a contribué à
installer, si ce n'est l'immobilisme, qui fut illustré par Henri
Queuille, du moins la « démocratie médiatisée ». Si bien que
le centrisme n'a jamais échappé à la critique acerbe de ceux
qui, à la suite de Maurice Duverger, le considèrent sous les
traits de « l'éternel marais[87] ».

B. Au-delà de ces diverses variantes, incluant la formule
de la « grande coalition » à l'allemande, dont il sera traité
plus loin, existe-t-il d'autres issues à l'alternance ? En temps
de guerre ou en temps de crise, des solutions ont été imagi-
nées et parfois mises en œuvre pour associer au gouvernement la totalité ou la quasi-totalité des familles politiques.
Cet effort a pris le nom d'union nationale ou d'union sacrée.

L'*union sacrée* fut pratiquée en France pendant la plus
grande partie de la guerre de 1914-1918, au point qu'elle
inclut dans la coalition gouvernementale la participation
de ministres socialistes, dont le parti s'était refusé jusque-là
à toute association à des « gouvernements bourgeois ». Sous
l'appellation d'union nationale, on la trouve également en
Grande-Bretagne où elle met en sommeil le fonctionnement
normal du bipartisme. Elle se réalisera une première fois en
1916, sous Lloyd George, et une seconde fois, de 1940 à
1945, sous Churchill. Au sein du Cabinet sont alors formés
des Cabinets de guerre restreints à quelques membres, tandis qu'au Parlement quelques députés travaillistes sont invi-
tés à maintenir au premier rang des bancs de l'opposition la
flamme du parlementarisme.

En France, l'*union nationale* évoque davantage un type de
coalition orientée à droite, mais ouverte au centre gauche,
telle que l'ont pratiquée Poincaré en 1926 et Doumergue en
1934. Car Léon Blum échouera dans sa tentative de former
en 1938, sous le nom d'unanimité nationale, un grand ministère « allant de Thorez à Louis Marin ». Quoi qu'il en soit,

87. Maurice Duverger, « L'éternel marais. Essai sur le centrisme français », *Revue française de science politique*, vol. 14, n° 1, 1964, p. 33-51.

de par leur nature même, ces gouvernements de crise ne pouvaient répondre qu'à une conjoncture temporaire.

Citons, enfin, une dernière tentative moins directement liée à cette conjoncture : celle du *rassemblement*. Elle retint particulièrement l'attention du général de Gaulle, même s'il ne put effectivement la réaliser ni au pouvoir, sauf peut-être avec le tripartisme de 1945 à 1946, ni dans l'opposition à la suite de l'échec du Rassemblement du peuple français (RPF)[88].

L'idée du rassemblement a toujours, en effet, inspiré le gaullisme authentique. Et déjà, en 1945, à René Mayer qui lui suggérait de rétablir le scrutin d'arrondissement en envoyant des lettres d'encouragement aux candidats de son choix afin de s'assurer d'une majorité à l'Assemblée constituante, le général de Gaulle avait vertement répondu : « Quand donc comprendrez-vous, Mayer, que mon ambition n'a jamais été d'être le chef de la majorité ? » Au cours du colloque organisé par l'Association française de science politique à l'occasion du vingt-cinquième anniversaire de la Ve République, Michel Debré a confirmé avec franchise ce point de vue en évoquant l'esprit du régime : « La logique majoritaire, je la voulais. Le Général, lui, voulait le rassemblement. C'est le point sur lequel il y avait discussion entre nous. »

A vingt-sept ans de distance, après avoir joué à fond la logique majoritaire, le président François Mitterrand a esquissé à son tour, en recourant à la représentation proportionnelle, un processus de rassemblement[89]. Le résultat des élections législatives de 1986 ne lui ayant pas permis de le mettre en œuvre du fait de la cohabitation, il en a repris l'idée

---

88. Jean Charlot, *Le Gaullisme d'opposition, 1946-1958*, Paris, Fayard, 1983.

89. Dans son discours de Rennes, François Mitterrand a déclaré en 1985 : « Va-t-on laisser le tissu de la France se déchirer ? Cette patrie que nous aimons, cet admirable visage de la patrie. La nôtre, à tous. A tous ceux qui y sont nés et à tous ceux qui y sont venus. Aucun n'est exclu. Je sais bien que les passions idéologiques vont loin, que les antagonismes raciaux emportent bon nombre. Mais nous au moins, nous irons partout en disant que nous sommes ouverts à l'unité, au rassemblement [...]. Mon devoir est partout le même : rassembler les Français. »

à la faveur de la campagne présidentielle de 1988 dans sa « Lettre à tous les Français ». Mais l'ampleur de son succès électoral l'ayant conduit à préférer la dissolution, et s'étant aliéné la sympathie du nouveau groupe parlementaire de l'Union du centre, il a contraint le gouvernement Rocard à revenir à la bipolarisation.

En 1993, celle-ci a donc présidé à nouveau au déroulement des élections législatives, contribuant au triomphe de la droite. Si bien que, sous la Ve République, le centrisme n'aura été jusqu'à présent qu'un mythe porteur du rêve d'une fraction minoritaire de la classe politique, les contraintes de la réalité obligeant, à tour de rôle, la droite et la gauche à « gouverner au centre ».

C'est donc en Suisse, depuis 1959, que le « gouvernement par le centre » a connu son degré d'institutionnalisation le plus avancé. Après plusieurs décennies d'hégémonie du parti radical, le renouvellement intégral du Conseil fédéral a donné lieu, en 1959, à la mise en place de la « *formule magique* ». Au terme de celle-ci, chacun des trois partis de gouvernement détient 2 sièges, le 7e revenant à l'union démocratique du centre. Or cette formule, qui associe au gouvernement le parti radical, le parti démocrate chrétien et le parti socialiste est toujours en vigueur depuis lors.

Au regard de cette continuité, la « *grande coalition* » allemande des années 1966-1969 ne saurait apparaître que comme conjoncturelle. Et il en va de même de celle, plus durable, qu'a pratiquée l'Autriche, de 1990 à 1999.

En revanche, même si elle en est, parfois, un succédané dans l'esprit des électeurs, l'on ne saurait assimiler sans contresens la cohabitation à la française à un phénomène de concentration dans la mesure où les partis soutenant le président en exercice se situent clairement dans l'opposition. Il est, cependant, un domaine où la bipolarisation rencontre en France ses limites. Il s'agit de la politique européenne, le clivage entre européistes et eurosceptiques traversant les différents partis de gouvernement. Mais ce second clivage n'a pas réussi, jusqu'à présent, à effacer l'opposition irréductible entre la gauche et la droite.

4

De la démocratie médiatisée
à la démocratie directe

Si la démocratie occidentale se définit comme le gouvernement de la majorité dans le respect de la minorité, son exercice suppose remplies deux conditions.

D'une part, il implique la reconnaissance par la minorité de la validité du choix effectué par la majorité. Et cette reconnaissance a pour corollaire l'obligation à la charge de l'opposition de ne pas remettre en cause, même à la suite d'élections intermédiaires (partielles ou locales) contradictoires, la légitimité des titulaires du pouvoir jusqu'à l'échéance normale de leur mandat. De ce point de vue, la distinction proposée par Maurras entre le « pays réel » et le « pays légal » est antidémocratique. Dans la pratique, il n'en va pas toujours ainsi. En 1969, à la suite de l'alternance qui s'est produite à Bonn, « la CDU [...] n'a pas seulement manifesté de la déception et de la rancœur. Elle s'est montrée offensée, comme si l'exercice du pouvoir était pour elle un droit acquis, comme si un chancelier chrétien-démocrate disposait d'une légitimité supérieure à celle d'un socialiste. En 1981, des réactions analogues se sont produites en France lorsque l'alternance est intervenue après vingt-deux ans de présence au pouvoir de la même majorité[90] ».

D'autre part, dans les limites que l'on vient d'indiquer, la majorité doit à son tour respecter les droits de la minorité. Ce qui confère à l'opposition à la fois le droit de critiquer la poli-

---

90. Alfred Grosser, *L'Allemagne en Occident, op. cit.*, p. 157.

tique adoptée et celui de présenter des contre-propositions. Ce qui oblige le parti ou la coalition majoritaire à ne pas considérer sommairement « que la minorité a juridiquement tort parce qu'elle est politiquement minoritaire ».

De la combinaison de ces deux rôles politiques doit découler un dialogue démocratique permettant aux électeurs d'arbitrer. Or, pendant longtemps, ce dialogue a été limité aux lecteurs de la presse et restreint à l'enceinte du Parlement. Dès 1867, dans son célèbre ouvrage sur *La Constitution d'Angleterre*, Bagehot décelait l'existence de trois fonctions parlementaires essentielles : « la fonction expressive (exprimer l'état d'esprit du peuple sur toutes les questions évoquées), la fonction pédagogique (enseigner à la Nation ce qu'elle ne sait pas) et la fonction d'information (permettre au pays d'entendre ce qu'autrement il n'entendrait pas)[91] ». Et tout le XIXe siècle est riche de débats sur la presse.

Mais, depuis plus d'un demi-siècle, le dialogue s'est élargi au-delà de ce double horizon. En utilisant la diversité des médias, il s'est étendu à des couches de plus en plus larges de la population. Et, en relayant les partis de cadres, les partis de masse ont ouvert le champ à la fois à la contestation et à la discussion. Il en est résulté le « gouvernement d'opinion ». Ou, pour emprunter la terminologie proposée par Georges Burdeau, la « démocratie gouvernée » a fait place à la « démocratie gouvernante ». Dès lors, le peuple a réagi à l'encontre de la confiscation du pouvoir par les notables. Et, par-delà l'élection tous les quatre ou cinq ans de ses députés, il a voulu porter son regard sur la manière dont il était gouverné. A tel point qu'aujourd'hui, selon la distinction opérée par Maurice Duverger, les électeurs répugnent à se laisser cantonner dans le cadre de la « démocratie médiatisée » et cherchent à imposer, en intervenant dans le choix du gouvernement, la pratique de la « démocratie directe ».

Avant d'analyser les réalités que recouvrent ces deux expressions, encore convient-il d'éliminer à l'avance toute

---

91. Cité par Pierre Avril, *Les Français et leur Parlement*, Paris, Casterman, 1972.

confusion inutile. Pendant longtemps, le mot démocratie directe a signifié, par référence à l'Antiquité, le gouvernement du peuple exercé sur l'agora ou certaines assemblées populaires tenues dans les cantons suisses. La théorie constitutionnelle opposait alors la démocratie directe, ainsi entendue, à la « démocratie représentative ». La pratique, de son côté, a rodé un certain nombre de procédures tendant à organiser, par des votations populaires, la participation des électeurs à la prise de décision. Et elle les a qualifiées de « démocratie semi-directe ».

Il apparaît dès lors nécessaire, avant de traiter de l'évolution de la démocratie médiatisée à la démocratie directe dans les régimes politiques occidentaux contemporains, de lever cette ambiguïté. Aussi devra-t-on, préalablement, rappeler ce que la doctrine constitutionnelle classique entendait signifier lorsqu'elle opposait, il y a un demi-siècle, la démocratie représentative à la démocratie directe.

1. L'opposition traditionnelle entre la démocratie représentative et la démocratie directe

Sauf en Suisse et dans plusieurs États fédérés des États-Unis, l'unique forme prise initialement par la démocratie occidentale fut celle de la démocratie *représentative*. Faute de pouvoir se gouverner lui-même, le peuple devait élire périodiquement des représentants. Et, à l'opposé des agents chargés de l'administration, ceux-ci étaient censés disposer pendant la durée de leur mandat du monopole de l'expression de sa volonté[92].

Cette conception de la démocratie représentative a succédé, sans solution de continuité, aux régimes représentatifs de type oligarchique fondés sur la souveraineté nationale. Mais, alors que ces derniers ne reconnaissaient aux citoyens actifs, plus ou moins nombreux, qu'un « électorat-fonction »,

---

92. Bernard Manin, *Principes du gouvernement représentatif*, Calmann-Lévy, 1994.

la démocratie représentative a reconnu, avec le suffrage universel, l'« électorat-droit ». Elle a admis, par conséquent, en même temps la souveraineté populaire et l'incapacité des électeurs à se gouverner directement.

En fait, la démocratie représentative a servi à légitimer – ou à camoufler –, pendant la seconde moitié du XIXe siècle et la première partie du XXe, le pouvoir des députés. Aussi, dès 1920, un constitutionnaliste classique, Raymond Carré de Malberg, dénonçait-il la souveraineté parlementaire et préconisait-il de l'équilibrer par le recours au référendum[93]. Or, en France, l'idée de l'appel au peuple évoquait la pratique plébiscitaire des régimes impériaux. En Grande-Bretagne et dans les démocraties septentrionales, la souveraineté du Parlement était considérée comme un dogme et l'est demeurée théoriquement. Et, aux États-Unis, le double circuit électoral, présidentiel et congressionnel, suffisait à l'expression de la volonté populaire.

Ce n'est donc que progressivement que les techniques de démocratie semi-directe ont pénétré dans les démocraties occidentales. Théoriquement, elles ont donné lieu à une distinction entre trois procédures : l'*initiative populaire*, qui tend à ouvrir le droit à une fraction des électeurs de proposer un projet de loi ; le *veto populaire*, qui confère à une minorité le droit de remettre en cause une loi en cours d'adoption ou déjà adoptée par le Parlement ; et le *référendum*, qui constitue le vote par les électeurs d'un projet de loi établi par le gouvernement ou le Parlement, ou bien encore proposé à la suite d'une initiative populaire.

Les deux premières techniques, qui relèvent du droit de pétition, ne produisent leur effet que si elles conduisent finalement à l'organisation d'un référendum ; on s'en tiendra par conséquent à l'analyse sommaire de celui-ci.

---

93. Raymond Carré de Malberg, *Contribution à la théorie générale de l'État,* Paris, Sirey, 1920-1922, 2 vol. ; rééd. CNRS, 1962.

1. Les référendums obligatoires

Ce sont ceux dont la Constitution requiert l'organisation pour rendre régulière une décision. L'article 123 de la Constitution helvétique les impose, au niveau fédéral, en matière de révision constitutionnelle. L'article 53 de la Constitution française de 1958 pose également en principe que « nulle cession, nul échange, nulle adjonction de territoire n'est valable sans le consentement des populations intéressées ». Et il en va de même en République fédérale d'Allemagne en ce qui concerne les mesures de restructuration du territoire fédéral (article 29 de la Loi Fondamentale).

En matière de révision constitutionnelle, la Constitution de la Ve République ne rend le référendum obligatoire que dans l'hypothèse où l'initiative de la révision est d'origine parlementaire. Autrement, elle donne la faculté au président de la République de faire ratifier le projet voté par le Parlement en le réunissant en congrès.

2. Les référendums d'initiative gouvernementale

Différents types de référendums peuvent être organisés à l'initiative d'un gouvernement. Une première distinction oppose les *référendums constituants* aux *référendums législatifs*. A cet égard, la répartition établie dans la Constitution française de 1958 entre les articles 11 et 89 n'est pas claire. Le général de Gaulle a entrepris de faire modifier par deux fois la Constitution en recourant à l'article 11, dont la majorité des juristes estime qu'il concerne seulement le référendum législatif. La première fois, en octobre 1962, il a réussi à instituer l'élection du président de la République au suffrage universel direct ; la seconde fois, en avril 1969, il n'est pas parvenu à imposer la promotion des régions et la réforme du Sénat, ce qui l'a conduit à démissionner.

Une seconde différenciation tend à distinguer les *référendums décisoires* des *référendums consultatifs*. Les premiers, comme ceux visés ci-dessus, ont en eux-mêmes force de loi ;

les seconds constituent seulement une consultation donnée par le peuple au gouvernement ou au Parlement. Tels furent les deux référendums britanniques organisés le 5 juin 1975 à propos du maintien du Royaume-Uni dans la Communauté économique européenne, et à deux reprises sur le projet de dévolution de compétences élargies à l'Écosse et au Pays de Galles.

Il est très difficile de dissocier, à l'occasion d'un référendum d'origine gouvernementale, l'approbation ou le rejet d'un texte de la confiance ou de la défiance manifestée par les électeurs à l'égard de son auteur[94]. Ainsi, sous la République gaullienne, a-t-on qualifié, non sans raison, la plupart des votes référendaires de « référendums-plébiscites ». L'exemple, déjà cité, du référendum du 27 avril 1969, suivi de la démission immédiate du général de Gaulle, souligne le caractère de question de confiance populaire qu'a revêtu la consultation.

3. Les référendums d'initiative parlementaire

Il faut en distinguer deux sortes. Ou bien l'initiative est prise par une loi votée à la majorité ; et la plupart du temps de tels référendums sont, en fait, d'initiative gouvernementale, comme l'ont été les référendums britanniques, sous réserve du fait que cette initiative est ratifiée par le Parlement. Jusqu'à présent, le Parlement français n'a pas usé du droit que lui confère l'article 11 de la Constitution de proposer au président de la République un référendum ; ainsi, la motion adoptée par le Sénat le 5 juillet 1984 visant à organiser un référendum sur le projet de loi Savary, relatif à l'école privée, n'a pas recueilli l'accord de l'Assemblée nationale.

Ou bien l'initiative référendaire appartient à une minorité seulement des députés. Et, dans ce cas, elle constitue un droit reconnu à l'opposition en vue d'organiser un référendum

---

94. Jean-Marie Denquin, *Référendum et plébiscite, essai de théorie générale*, LGDJ, 1976. Michèle Guillaume-Hofnung, *Le Référendum*, PUF, « Que sais-je ? », 1987 ; Francis Hamon, *Le référendum*, étude comparative, LGDJ, 1995.

d'abrogation à l'encontre d'une loi votée par la majorité. Cette possibilité existe en Irlande et au Danemark au profit du tiers des députés. Et elle a été utilisée en 1963 et en 1978 dans ce dernier pays, avec des résultats contrastés.

4. *Les référendums d'initiative populaire*

Comme dans la précédente hypothèse, les référendums d'origine populaire sont toujours, en fait, des référendums *d'initiative minoritaire*. Ils s'exercent sous la forme d'un droit de pétition reconnu à une fraction de la population ou à un nombre déterminé de régions.

On distingue les référendums de proposition, d'initiative populaire, largement pratiqués en Suisse au niveau fédéral en matière constitutionnelle, des *référendums d'abrogation* que la Constitution et la législation italiennes instituent au profit de cinq cent mille électeurs ou de cinq conseils régionaux et qui ont donné lieu, de 1974 à 2000, à dix séries de consultations populaires[95].

L'obstacle, en matière de référendum, tient à la difficulté de dissocier l'approbation ou le rejet d'un texte par le peuple de la question de confiance, explicite ou implicite, posée à celui-ci par le gouvernement en place.

L'expérience italienne montre que, depuis 1985, la pratique n'a cessé d'évoluer en ce sens[96]. Ainsi, les référendums de 1991 et de 1993 ont servi de détonateurs à l'implosion, dans la péninsule, du système de partis qui tenait lieu de régime politique. Mais depuis lors, l'abstentionnisme en a réduit la portée.

---

95. Laurence Morel, « Le référendum, état des recherches », *Revue française de science politique*, vol. 42, n° 5, octobre 1992. Yannis Papadopoulos, *Démocratie directe*, Economica, 1998.

96. Ainsi en Italie, le référendum d'abrogation intervenu en 1985 à l'initiative du parti communiste, qui portait sur la suppression de l'échelle mobile des salaires, a donné lieu à l'engagement de la question de confiance populaire par le Premier ministre B. Craxi ; et celui du 18 avril 1993 a mis en cause la classe politique tout entière.

2. La démocratie médiatisée
ou le gouvernement des députés

« La démocratie médiatisée, écrit Maurice Duverger, c'est celle dans laquelle le Parlement est à la base de tout, il constitue le seul fondement du pouvoir politique, la seule expression du suffrage universel[97]. » Précisons que la démocratie médiatisée a pour conséquence le fait que l'Assemblée élue au suffrage universel est maître de la formation et de la révocation du gouvernement, sans que les électeurs interviennent directement à un moment quelconque de ce processus.

La démocratie médiatisée est donc le régime que la France a connu pendant trois quarts de siècle. C'est celui que pratiquent la Belgique, la Hollande et, dans une certaine mesure, compte tenu du rôle des petits partis, l'Allemagne et l'Italie.

Pour en décrire les deux versions (l'une forte et l'autre atténuée), on prendra successivement pour exemple la pratique française antérieure à 1958 et l'expérience allemande contemporaine.

1. La version française, ou la médiation absolue

A. Les *principes* sur lesquels reposait la version française étaient très simples : seule la Chambre basse du Parlement est élue au suffrage universel direct ; le président de la République est élu par le Parlement, et le président du Conseil, désigné par le chef de l'État, est investi par l'Assemblée élue au suffrage universel. A ces deux principes s'en ajoutait un troisième : le système de partis est impuissant à répercuter clairement le choix des électeurs effectué à l'occasion des élections législatives sur la composition et la direction du gouvernement.

---

97. Maurice Duverger, *La République des citoyens,* Paris, Ramsay, 1982, p. 41.

Comme l'écrit Maurice Duverger, « les électeurs se contentent de distribuer les cartes, dont les élus disposent au gré des états-majors des partis. Les mandataires reçoivent de leurs mandants toute sorte de blancs-seings qui les laissent pratiquement libres d'agir à leur guise. Les majorités et les gouvernements changent, pendant une même législature, tantôt d'un côté, tantôt de l'autre, quand ils ne sont pas écartelés entre les deux ou enlisés dans le marais du centre. La France a connu ce régime de 1875 à 1958, l'Allemagne de 1919 à 1933 ; l'Italie, la Belgique, les Pays-Bas, le Danemark, la Norvège, la Finlande le pratiquent aujourd'hui ; quelques pays oscillent entre les deux ».

Le système de partis est alors caractérisé par deux traits : d'une part, c'est un système constitué de partis multiples, dont aucun ne possède la majorité absolue des sièges à l'Assemblée, même s'il est en état de constituer un parti dominant ; il y a donc pulvérisation des partis quant à leur nombre ; d'autre part, c'est un système de partis indisciplinés (nous verrons que la science politique appelle ces partis « partis à structure souple »), de telle sorte que l'absence de discipline à l'intérieur des groupes parlementaires aboutit à ce que les choix des partis ne sont pas nécessairement répercutés à travers les votes de leurs députés.

En d'autres termes, quand un électeur, à l'occasion des élections législatives, met son bulletin dans l'urne en faveur d'un candidat ou d'une liste de candidats-députés, il ne sait pas en faveur de quel leader ces députés voteront comme chef de gouvernement. La « démocratie médiatisée » permet donc aux élus, au lieu d'être transparents par rapport aux choix effectués par la majorité des gouvernés, de faire preuve d'opacité ; la IIIe et la IVe République française nous offrent une multitude d'exemples de ce manque de communication.

B. Les *conséquences* de cette démocratie médiatisée sont aisément perceptibles. Elles entraînent, tout d'abord, l'*infidélité des députés à leurs alliances électorales*. Ainsi, en 1924, les Français élisent en majorité des députés de gauche : et il en résulte une majorité dite de « cartel des gauches », fruit d'un accord électoral passé entre le parti radical-socialiste et la SFIO ; ces deux formations sont donc majoritaires à la Chambre des députés. Mais, lorsque se forme le gouvernement Herriot, leader du parti radical-socialiste, celui-ci obtient le soutien mais non la participation des socialistes. Le gouvernement sera donc un gouvernement de minorité. Or, à mesure que l'expérience se déroule, les tensions naissent entre le parti radical, qui participe au gouvernement, et le parti socialiste qui n'y participe pas. Le gouvernement radical sera donc amené à chercher des soutiens au centre droit : et Édouard Herriot sera finalement obligé de renoncer. Si bien que cinq gouvernements situés plus à droite, mais auxquels participent des ministres radicaux, vont lui succéder, jusqu'à ce qu'en 1926, sous couleur d'union nationale, le président de la République fasse appel à Raymond Poincaré, leader du centre droit. De 1926 jusqu'aux élections suivantes de 1928, c'est donc la droite qui gouvernera la France, avec l'appui d'une Assemblée qui a été élue à gauche.

Même opération en 1932 : c'est également le cartel des gauches qui l'emporte aux élections législatives, en vertu d'une alliance électorale restaurée entre les radicaux et les socialistes. Mais ces derniers ne participent pas davantage au gouvernement. Si bien qu'en 1934 Daladier, ayant à faire face aux émeutes du 6 février, laisse à nouveau la place à un gouvernement d'union nationale, dirigé par un homme de droite, Gaston Doumergue, ancien président de la République. Une deuxième fois la majorité des électeurs qui avait voté à gauche observe que l'Assemblée, après avoir d'abord soutenu un gouvernement de gauche, cautionne un gouvernement de droite.

Le phénomène sera encore plus sensible en 1936. Les électeurs portent au pouvoir une majorité de Front populaire. Or, cette fois, l'alliance électorale s'étend à toute la gauche, parti communiste compris. Pour la première fois, les socialistes recueillent davantage de voix et obtiennent davantage de sièges que les radicaux. Par conséquent, le parti socialiste participe au gouvernement et fournit le président du Conseil, Léon Blum. Naturellement, les radicaux participent également ; mais le parti communiste se contente de le soutenir. Et des divergences intervenant entre ses partenaires, le gouvernement ne durera qu'un an. Pendant quelques mois des cabinets à direction radicale lui succéderont, jusqu'à ce que la droite dirige le gouvernement avec Paul Reynaud, et que l'Assemblée élue sur la base du Front populaire en 1936 cède le pouvoir ou, plus exactement, abdique le 10 juillet 1940, en faveur du maréchal Pétain.

Ainsi donc – et c'est le point essentiel –, *l'alliance électorale* conclue par les partis dans le cadre de la « démocratie médiatisée » *n'a pas pour conséquence l'alliance gouvernementale*. Si bien que le parti pivot – le parti radical – oscillera entre la gauche et la droite, et que les électeurs, en élisant leurs députés, ne sauront jamais à l'avance quel gouvernement il en résultera.

Même phénomène, encore plus accusé, sous la IVᵉ République. En 1956, la guerre d'Algérie atteint un point de non-retour et une majorité relative l'emporte, sous la conduite de Pierre Mendès France et sous l'appellation du Front républicain, en vue de faire prévaloir une politique libérale outre-mer. Cette majorité est constituée du parti radical rénové et du parti socialiste. Mais le président de la République ne choisit pas Pierre Mendès France comme président du Conseil et désigne Guy Mollet. Or, le gouvernement Guy Mollet, au lieu d'être fidèle à la plate-forme de l'alliance électorale, poursuit et développe une politique répressive en Algérie, au point de conduire la IVᵉ République à l'échec. Et, le 1ᵉʳ juin 1958, l'Assemblée élue deux ans auparavant au centre gauche investit le général de Gaulle. Une fois encore, les électeurs ont le sentiment qu'en choisissant démocratiquement leurs députés le système les a placés dans l'incapacité de peser sur le choix réel du président du Conseil et du gouvernement.

2. La version allemande, ou la médiation atténuée

La médiation exercée par les partis allemands peut être qualifiée de médiation atténuée, parce que l'Allemagne fédé-

rale a connu depuis 1949 – elle en bénéficie toujours aujour-
d'hui – l'existence de deux grands partis, le parti chrétien-
démocrate et le parti social-démocrate. Or, ces partis ont
joué successivement le rôle de « partis dominants ». Aux
élections de septembre 1957, l'un d'entre eux, l'Union chré-
tienne-démocrate, a même remporté la majorité absolue des
sièges au Bundestag. Si bien que, jusqu'en 1963, le parti
dominant étant très fort et le principal parti d'opposition pro-
gressant régulièrement, on a pu croire que la République
fédérale s'orienterait vers le bipartisme à l'anglaise.

Néanmoins, sauf au cours de la législature commençant en
1967, les gouvernements Adenauer eurent toujours besoin de
faire appel à l'appoint de petits partis aujourd'hui disparus.
Et, à partir de 1961, le parti libéral (FDP) sera appelé à jouer
un rôle charnière, sauf de décembre 1966 à octobre 1969,
période pendant laquelle gouvernera la « grande coalition »
réalisée par les deux grands partis chrétien-démocrate et
social-démocrate.

Or, lorsque à l'issue de la coalition et à la suite des élections de 1969 les sociaux-démocrates formeront, sans les
chrétiens-démocrates, le gouvernement fédéral, il leur faudra
obtenir la participation des libéraux. Non seulement, sans
eux, ils n'auraient pas bénéficié de la majorité absolue au
Bundestag, mais encore le nombre de sièges dont ils dispo-
saient à l'assemblée (224) était inférieur à celui de leurs
adversaires (242) !

Ainsi, les électeurs allemands, ignorant parfois au
moment du vote les coalitions gouvernementales qui seront
amenées à se former, ne savent pas toujours, eux non plus,
lorsqu'ils déposent leurs bulletins dans l'urne, quel gouvernement va en résulter. Certes, dans ce système « à deux
partis et demi », le rôle du tiers-parti ne peut être que
d'appoint – qu'il s'agisse du parti libéral ou en 1998 des
Verts – et il n'a jamais dirigé la chancellerie. Mais cet
appoint peut être décisif et, selon le côté vers lequel il se
porte, il peut décider de la constitution du gouvernement.
Telle est l'impression qui résulte de l'analyse des lendemains des élections législatives de 1976 et de 1980.

En 1976, les sociaux-démocrates n'obtiennent que 42,6 % des voix et 214 sièges ; les chrétiens-démocrates recueillent 48,6 % des voix et 243 sièges. Or, c'est le leader social-démocrate qui sera élu chancelier parce qu'avec 7,9 % des voix et 39 sièges le parti libéral décidera de s'allier avec les socialistes.

Aux élections de 1980, si la force relative des sociaux-démocrates est plus grande, elle n'atteint toujours pas celle des chrétiens-démocrates : 42,9 % des voix vont aux premiers, 44,5 % aux seconds. Mais l'alliance sociaux-démocrates/ libéraux maintient au pouvoir le chancelier Schmidt. En revanche, en 1982, le changement de stratégie des libéraux entraînera l'éclatement de la coalition sociaux-démocrates/ libéraux, au profit d'une coalition chrétiens-démocrates/ libéraux. Il s'opère à la faveur du vote de censure constructive qui renverse Helmut Schmidt et porte à la chancellerie Helmut Kohl. Or, cette alternance, due au jeu des partis, ne sera ratifiée par les électeurs que quatre mois plus tard, à l'occasion des élections législatives anticipées du 6 mars 1983.

En d'autres termes, la présence d'un tiers parti, le parti libéral, provoque un jeu de bascule, qui place la majorité des électeurs devant le fait accompli à la suite du choix effectué par le parti minoritaire quant à la formation du gouvernement. Il s'agit cependant d'une version atténuée de la démocratie médiatisée car les Allemands savent, au moins lorsqu'ils votent chrétien-démocrate ou social-démocrate, en faveur de quel candidat à la chancellerie ils optent. Ainsi, en 1998, les sociaux-démocrates ayant obtenu la majorité relative des sièges au Bundestag, l'incertitude n'a porté que sur le partenaire qui permettait à leur candidat à la chancellerie : Gerhard Schröder, de gouverner. Car si les Verts s'étaient finalement récusés, les ex-communistes paraissant hors jeu, il eût fallu envisager de recourir à une grande coalition.

Une situation analogue a pu être observée en Espagne, tant en 1993 qu'en 1996, le Parti socialiste ouvrier espagnol et le Parti populaire ayant eu besoin respectivement de solliciter l'appoint des autonomistes catalans.

3. La démocratie directe
ou la république des citoyens

Maurice Duverger estime qu'il y a « démocratie directe » quand les gouvernés pèsent réellement sur le choix et l'orientation du gouvernement. Dans la démocratie médiatisée, les citoyens « sous-traitent » aux députés le soin de choisir les gouvernants ; dans la démocratie directe, ils opèrent eux-mêmes. Maurice Duverger distingue deux types de démocratie directe, selon que le choix des électeurs s'effectue par l'intermédiaire du système de partis ou qu'il résulte de l'élection au suffrage universel direct du chef de l'État ou du chef du gouvernement.

1. *Le recours au système de partis*

Il nous est apparu que la démocratie médiatisée résultait ou bien d'un système de partis multiples et peu structurés (comme sous les IIIe et IVe Républiques), ou bien (comme en Allemagne fédérale) d'un système de partis réduits, relativement disciplinés, mais incluant un parti minoritaire capable d'arbitrer entre deux formations, dont aucune ne dispose de la majorité absolue des sièges au Bundestag.

Il faut donc, pour que le système de partis permette aux électeurs de choisir en même temps leurs députés et le chef du gouvernement, d'une part, que fonctionne un bipartisme parfait, c'est-à-dire qu'il existe effectivement deux partis ayant la capacité de gouverner seul, et, d'autre part, que ces partis imposent une discipline de vote rigoureuse à leurs élus. C'est ce qui se passe en Grande-Bretagne, dans la mesure où, sauf exception, chaque parti accédant au pouvoir est assuré du soutien de la majorité de ses propres députés et, par là même, n'a pas besoin de l'appoint de partis minoritaires pour constituer le gouvernement. Si bien que, lorsque les Britanniques déposent leur bulletin dans l'urne, ils savent à l'avance qui sera Premier ministre si leur parti l'emporte. C'est en effet le parti qui obtiendra la majorité absolue des sièges qui formera nécessairement le gouvernement – la marge de choix du monarque pour désigner le Premier ministre, de ce fait, étant nulle.

2. Le recours à l'élection directe du chef de l'exécutif

Si le chef de l'exécutif doit être élu au suffrage universel en régime parlementaire, doit-il s'agir du chef de l'État ou du Premier ministre ?

Lorsque la Constitution de 1958 a prévu que le président de la République serait élu par quelque quatre-vingt mille notables, beaucoup d'observateurs pensaient qu'un tel système, intermédiaire entre l'élection par le Parlement et l'élection par le peuple, ne pourrait constituer qu'une solution transitoire. Aussi un large débat fut-il ouvert – notamment à l'intérieur d'une série de clubs politiques, tel le club Jean-Moulin. Et deux grandes tendances se manifestèrent.

La première, animée par Maurice Duverger, militait en faveur de l'élection du Premier ministre au suffrage universel direct : effectivement, la logique du système parlementaire aurait voulu que ce soit l'homme en charge de la direction du gouvernement et responsable politiquement devant l'Assemblée nationale qui fût désigné au suffrage universel direct. Observons cependant que, hormis dans l'État d'Israël depuis 1996, aucune expérience de ce type n'existe, bien qu'indirectement, par le système de partis, la pratique britannique y conduise. Pourquoi ne pas formaliser cette pratique et ne pas instituer l'élection du Premier ministre au suffrage universel ?[98]

Tel n'est pas le choix que fit le général de Gaulle en 1962. Il opta pour l'élection du chef de l'État au suffrage universel direct. Or, cette mesure a concouru à faire du président de la République le véritable chef du gouvernement.

Il n'en reste pas moins que l'effet produit par cette élection n'a pas exactement répondu à l'attente de son initiateur. Celui-ci escomptait que les partis, maîtres de l'organisation

---

98. L'idée semble faire son chemin depuis quelques années en Italie.

des élections législatives, seraient tenus à l'écart de l'élection présidentielle et que le chef de l'État serait élu par les Français sans considération d'appartenance partisane. Or, le système de partis a récupéré l'élection présidentielle à son profit. Et il n'existe plus aujourd'hui de formation politique française digne de ce nom qui ne compte dans ses rangs un ou plusieurs « présidentiables », naturels ou virtuels.

On a déjà soutenu que la Ve République connaissait ainsi, depuis 1974, une nouvelle forme de « démocratie médiatisée ». Pendant de longues années, les députés auraient capté la souveraineté des citoyens par l'élection législative. En réaction, l'élection présidentielle aurait permis aux électeurs de s'en affranchir. Mais, maintenant, les partis ayant pris en main l'élection présidentielle, les Français se trouveraient court-circuités à nouveau, et leurs suffrages seraient manipulés par la médiation des partis. L'auteur de cette interprétation, au nom de la tradition jacobine, n'a pas de mots trop sévères pour fustiger l'intervention de ces « corps intermédiaires » : il la qualifie de captation, d'usurpation et de trahison[99].

Comme toute thèse excessive, cette analyse ne saurait être suivie dans toutes ses conclusions. Bien que très réelle, l'intervention des partis politiques dans l'élection présidentielle n'empêche pas l'électeur de faire la part des personnalités en compétition. Il n'en est pas moins vrai qu'au stade du choix des candidats, en France comme aux États-Unis, le rôle des appareils est devenu très pesant. Chassez l'oligarchie, elle revient au galop !

Pour pallier cette dérive, l'idée a été avancée en France, notamment par Charles Pasqua, d'organiser des « primaires ». Mais à la différence de la pratique américaine, elles devraient déborder la limite des partis pour s'étendre à une tendance dans son ensemble, en l'occurrence la droite. Or si la proposition paraît recueillir la faveur d'une large fraction du RPR, elle heurte la sensibilité de l'UDF. Et l'aménage-

99. René de Lacharrière, *La Ve, quelle République ?*, Paris, PUF, « Politique aujourd'hui », 1983.

ment pratique de primaires à la française n'a pas produit, jusqu'à présent, de projet convaincant.

En procédant à l'élection du président de la République, les électeurs français sont attachés à choisir un *homme d'État* capable de faire prévaloir, s'il le faut, l'intérêt national sur celui de son parti. Mais encore faut-il qu'il dispose du soutien de celui-ci pour être en mesure de mener campagne. À sa manière, Raymond Barre a montré *a contrario*, par son échec de 1988, que ces deux conditions doivent être simultanément remplies. Or si les électeurs italiens devaient être appelés, dans l'avenir, à élire au suffrage universel leur chef de gouvernement, elles aussi s'imposeraient. A tel point qu'on voit mal comment le candidat victorieux pourrait demeurer politiquement responsable devant une majorité parlementaire qui, en le renversant, contredirait le verdict d'une majorité populaire ! Cette interrogation ne milite-t-elle pas plutôt en faveur de l'élection directe du chef de l'État ?

DEUXIÈME PARTIE

Les institutions politiques

Résultat de processus historiques, les régimes politiques occidentaux sont également l'œuvre du Droit.

Le principe majoritaire a pour limite la liberté de l'opposition. Mais cette limite elle-même a pour fondement l'État de droit. S'inspirant de Montesquieu, la Déclaration des droits de l'homme et du citoyen de 1789 proclame en son article 16 que « toute société dans laquelle la garantie des droits n'est pas assurée, ni la séparation des pouvoirs déterminée, n'a point de Constitution ».

L'*État de droit* consiste dans la soumission au droit des pouvoirs publics constitutionnels et administratifs et dans l'existence d'un contrôle juridictionnel appelé à la sanctionner. Remontant le cours de l'histoire des institutions, Blandine Barret-Kriegel a opposé l'État despote à l'État de droit[1]. Cette opposition marque incontestablement une frontière entre la démocratie occidentale et les régimes autoritaires. Elle fonde la doctrine anglo-saxonne du constitutionnalisme[2].

Mais la structure des démocraties occidentales repose également, en principe, sur la *séparation des pouvoirs*. Outre l'indépendance de l'autorité judiciaire, ce principe a longtemps justifié l'autonomie respective du pouvoir légis-

1. Blandine Barret-Kriegel, *L'État et les Esclaves*, Paris, Calmann-Lévy, 1979.
2. Karl Friedrich, *La Démocratie constitutionnelle*, Paris, PUF, 1958.

latif et du pouvoir exécutif. A tel point que la doctrine a fondé sur le degré d'intensité de leur séparation la classification traditionnelle des régimes politiques. Mais, si cette classification permet toujours de distinguer le régime présidentiel du régime d'assemblée, l'apparition des systèmes de partis lui a fait perdre une part de son pouvoir discriminant en ce qui concerne l'analyse des régimes parlementaires.

Quand un parti majoritaire, ou un parti dominant, contrôle à la fois la majorité parlementaire et le gouvernement qui en procède, la séparation des pouvoirs ne conserve plus, en effet, qu'une vertu symbolique. Pour qu'elle redevienne opératoire, il faut – comme l'avait observé dès 1946 le général de Gaulle – que le gouvernement procède du chef de l'État. Et, même dans ce cas, si l'exécutif dispose du soutien permanent d'une majorité parlementaire conforme à la majorité présidentielle, la séparation des pouvoirs s'en trouve fortement atténuée. Il reste, en toute hypothèse, que l'absence de monopole du pouvoir au profit d'un seul organe politique demeure une condition nécessaire à l'existence de la démocratie occidentale. Aussi, là où pouvoir exécutif et pouvoir législatif sont devenus indistincts, doivent être en mesure de se développer des *contre-pouvoirs*. Alors, la séparation entre la *majorité* et l'*opposition* prend le relais de la séparation des pouvoirs. S'y ajoutent dans les États fédéraux et décentralisés l'autonomie par rapport au pouvoir central des *États fédérés* ou des *régions autonomes*, ainsi que, dans la plupart d'entre eux, l'existence d'une cour constitutionnelle indépendante.

Cette permanence du pluralisme, que Robert Dahl a qualifié de polyarchie, demeure donc l'une des constantes des institutions politiques que nous allons étudier. Elle autorise plusieurs variantes, chaque pays constituant, en fonction de sa culture propre, un cas singulier, même si le particularisme de sa vie politique ne suffit pas toujours à façonner un régime inédit.

Il serait trop long et fastidieux d'analyser les unes après les autres les institutions politiques des quinze à vingt pays qui, selon les époques, pratiquent le pluralisme[3]. Dans un souci comparatif, on en dégagera seulement quelques traits permanents qui s'ordonneront autour de quatre thèmes :

— le constitutionnalisme et l'État de droit ;

— la séparation des pouvoirs et l'émergence de contre-pouvoirs ;

— le principe majoritaire et les modes de gouvernement ;

— les principaux modes de scrutin.

3. Seront privilégiées, dans cette analyse, les institutions politiques de la France, du Royaume-Uni, des États-Unis, de la République fédérale d'Allemagne, de l'Espagne, de l'Italie et de la Suisse.

1

Le constitutionnalisme et l'État de droit

Principe majoritaire et État de droit sont donc les deux axiomes de la démocratie occidentale. Le premier a long-temps prévalu en France, conforté par l'idéologie républi-caine de la souveraineté parlementaire. Et, bien qu'atténué dans ses effets par la pratique de l'alternance, il inspire tou-jours, en Grande-Bretagne, le pouvoir sans partage de la Chambre des communes. Cependant, il ne faut pas oublier que c'est en conquérant, aux élections du 5 mars 1933, 43,9 % des voix auxquelles s'ajoutèrent les 8 % obtenues par le parti national allemand qu'Hitler put instaurer légalement la dictature ! « Quelle inéluctable nécessité de limiter la toute-puissance de la majorité parlementaire par des prin-cipes et des règles dont l'interprétation et l'application sont confiées à une institution particulière », en déduit avec force Alfred Grosser[4] !

Répondant à l'avance à cette exigence fondamentale, le constitutionnalisme a surtout inspiré la doctrine anglo-saxonne, et il a depuis longtemps fondé, outre-Atlantique, un véritable culte de la Constitution. Il implique une pratique plus constante de la tolérance, une plus grande autonomie de la société civile et une moindre intensité de la souverai-neté de l'État, car, écrit Karl Friedrich, « la notion de sou-veraineté est incompatible avec le constitutionnalisme[5] ».

4. Alfred Grosser, *L'Allemagne en Occident, op. cit.*, p. 105.
5. Karl Friedrich, *La Démocratie constitutionnelle, op. cit.*, p. 17.

Mais, depuis la fin de la Seconde Guerre mondiale, le constitutionnalisme signifie partout la limitation du pouvoir politique par la Constitution, et a pour corollaire la soumission
de l'État au droit. Et, aujourd'hui, principe majoritaire et
constitutionnalisme se rejoignent au panthéon des valeurs
essentielles de la démocratie occidentale pour engendrer la
démocratie constitutionnelle.

1. La garantie fondamentale des libertés publiques

Si la majorité politique, expression de la volonté générale,
ne peut donc pas exercer le pouvoir absolu, au nom de quoi
peut-elle légitimement rencontrer des limites ? A cette interpellation fondamentale, la démocratie occidentale offre une
réponse et une seule : au nom des garanties que la Constitution doit apporter à l'exercice des *droits de l'homme*. Or,
l'article 2 de la Déclaration de 1789 précisait déjà que « ces
droits sont la liberté, la propriété, la sûreté et la résistance à
l'oppression ». En termes contemporains, nous traduirons
volontiers : les *libertés fondamentales*[6].

Aujourd'hui intégrées dans le droit positif et sanctionnées
par la justice constitutionnelle, ces libertés sont le fruit d'une
longue évolution. Peu importe que les droits de l'homme
aient pour fondement la théorie des droits naturels ou qu'ils
soient placés au premier rang des normes supérieures de
l'ordonnancement juridique positif. L'essentiel est qu'ils
soient effectifs.

Ce résultat est le fruit d'une longue tradition qui a pris ses
titres de noblesse en Angleterre. Une série d'actes l'illustre :
de la Grande Charte octroyée en 1215 par Jean sans Terre, à
l'Acte d'établissement de 1701, sans oublier la Pétition des
droits de 1628, l'Acte d'*habeas corpus* de 1679 et le *Bill of
Rights* de 1689.

---

6. Jacques Robert, Henri Oberdoff, *Libertés fondamentales et droit de
l'homme*, 4e éd., Montchrestien, 1999.

Et, lorsque, paradoxalement, le Parlement de Westminster refusa de les leur appliquer, les Américains prirent aussitôt le relais. Il n'est, pour s'en convaincre, que de relire la Déclaration d'indépendance de 1776 et les Déclarations des droits de chacun des États (en particulier, la Déclaration de l'État de Virginie rédigée par Jefferson et aussitôt affichée dans son bureau par La Fayette), ainsi que les dix premiers amendements à la Constitution fédérale de 1787, qui en conditionnèrent la ratification.

En France, une évolution parallèle sera marquée par la célèbre Déclaration des droits de l'homme et du citoyen du 26 août 1789. Elle se poursuivra à travers différentes versions au rythme accéléré des constitutions ultérieures. Mais il faudra attendre 1971 pour que la Déclaration devienne partie intégrante du droit positif. Au contraire, dès 1803, le contrôle de la constitutionnalité des lois sera établi aux États-Unis par la Cour suprême ; et il permettra à sa jurisprudence de sanctionner progressivement le respect des libertés.

En Europe, les lendemains de la Seconde Guerre mondiale généraliseront cette pratique. Sous l'influence de la Déclaration universelle des droits de l'homme, adoptée par l'Assemblée générale des Nations unies en 1948, et en réaction à l'égard des crimes contre l'humanité commis au cours du sanglant conflit, la plupart des nouvelles constitutions créeront un organe compétent pour exercer le contrôle de la constitutionnalité des lois et faire respecter les principes fondamentaux inclus dans ces constitutions. Et dans le cadre du Conseil de l'Europe, sera adoptée le 4 novembre 1950 une Convention européenne de sauvegarde des droits de l'homme et des libertés fondamentales.

Dès la fin de la guerre, le Conseil d'État français s'était inspiré de la Déclaration de 1789 pour imposer à l'administration, en l'absence de texte législatif contraire, le respect des principes généraux du droit. Mais, d'une manière générale, les *garanties fondamentales des libertés publiques* apparaîtront de plus en plus, dans les démocraties occidentales, comme la réponse appropriée à l'observance d'un absolu : la dignité humaine, érigée comme tel par le Tribunal de Karlsruhe.

En découlera la légitimité progressivement reconnue de la présence d'une autorité dûment habilitée à imposer le respect des droits fondamentaux, même à l'égard des actes votés par le Parlement. Cette institution de contrôle, prévue dans les Constitutions italienne de 1948 et allemande de 1949, s'étendra à la France sous la Ve République et à l'Espagne en 1978. Ainsi, le contrôle de la constitutionnalité des lois jouera désormais, dans ces pays, un rôle presque aussi important qu'aux États-Unis.

Cette conséquence exigeante du constitutionnalisme s'oppose évidemment à l'idée qui prévalait dans les régimes inspirés du marxisme-léninisme. Elle suppose qu'au-delà de l'« enregistrement et de la consécration des conquêtes obtenues [7] » *le droit exprime des valeurs permanentes*. Elle implique même que ces valeurs transcendent la volonté générale souverainement dictée par une assemblée élective, fût-ce sous forme de loi. Et elle met en question le postulat affirmé à l'article 28 de la Déclaration française des droits de l'homme et du citoyen du 24 juin 1793, selon lequel : « Un peuple a toujours le droit de revoir, de réformer et de changer de constitution. Une génération ne peut assujettir à ses lois les générations futures. » Bref, la démocratie constitutionnelle s'oppose à la démocratie selon Rousseau. Cela explique pourquoi la France a mis beaucoup de temps à s'y rallier, tandis que l'Union européenne aujourd'hui la place à la source de sa légitimité.

2. La protection de l'ordre démocratique libéral

C'est en République fédérale d'Allemagne, en réaction au totalitarisme, que le souci de protéger l'ordre démocratique

7. Extrait d'une déclaration présentée en 1936 par Joseph Staline, citée par Michel Lesage, « La Constitution de l'URSS », 7 octobre 1977, *Notes et Études documentaires,* n°4, Paris, La Documentation française, 1978, p. 13-14.

libéral a pris, au lendemain de la dernière guerre, une importance considérable. L'« idée de démocratie à réaliser dans la liberté, écrit Alfred Grosser, n'a pas cessé de hanter la République fédérale depuis sa naissance, mais de deux façons fort distinctes [...]. D'un côté, on a trouvé une volonté de créer puis de maintenir un ordre démocratique et libéral incarné dans un système institutionnel traduisant et protégeant un ensemble de valeurs. De l'autre, s'est manifesté un désir de faire vivre la démocratie en dépit de contraintes imposées par les institutions et par les professionnels de la politique qui en étaient les animateurs et les principaux bénéficiaires[8] ».

Cette manière équilibrée de poser la question montre, s'il en était besoin, l'actualité du problème que soulève l'exercice de « la liberté par les ennemis de la liberté ». Traumatisés par un passé récent, les auteurs de la Loi fondamentale de 1949 entendaient écarter tout risque de restauration, même formellement légale, de l'État totalitaire. D'où une série de mesures, dont la première en date fut la disposition inscrite à l'alinéa 2 de l'article 21 de la Constitution : « Les partis qui, d'après leurs buts ou d'après l'attitude de leurs adhérents, cherchent à porter atteinte à l'ordre fondamental libre et démocratique, à le renverser ou à compromettre l'existence de la République fédérale d'Allemagne sont anticonstitutionnels. Le Tribunal constitutionnel fédéral statue sur la question de l'anticonstitutionnalité. »

A l'occasion de deux recours, le 23 octobre 1952 et le 17 août 1956, ledit tribunal proclama successivement l'inconstitutionnalité du groupement d'extrême droite *Sozialistische Reichspartei* et du parti communiste. Ce qui n'empêcha pas, cependant, celui-ci de réapparaître en 1968 sous le sigle DKP. Parallèlement, la situation de la fonction publique allemande est affectée par la défense de l'ordre démocratique libéral dans la mesure où le gouvernement fédéral exige des fonctionnaires un comportement en harmonie avec l'ordre étatique démocratique. En application

---

8. Alfred Grosser, *L'Allemagne en Occident, op. cit.*, p. 104.

d'une révision constitutionnelle effectuée en juin 1968, le Tribunal constitutionnel fédéral a rendu le 6 février 1975, à propos de l'accès à la fonction publique, une décision selon laquelle les « ennemis de la Constitution » peuvent être mis à l'écart par les gouvernements. Mais il serait absurde de considérer l'Office pour la protection de la Constitution – équivalent de la DST française – comme une police politique. Et, si la loi sur la fonction publique exige que tout candidat « offre toute garantie qu'il s'engagera à tout moment en faveur de l'ordre fondamental et démocratique », les 77 862 enquêtes entreprises en 1977 par l'administration fédérale concernant les « interdits professionnels » n'ont abouti qu'à un seul cas de refus[9].

Certes, la recrudescence du terrorisme a conduit le Bundestag à modifier à plusieurs reprises la législation pénale dans un sens répressif. Mais la révision constitutionnelle engagée en 1965 en vue d'organiser les pouvoirs publics en cas de crise n'ayant pas recueilli à l'époque la majorité des deux tiers, celle-ci a finalement abouti, le 30 mai 1968, sous le règne de la grande coalition, au vote d'un texte équilibré.

La Constitution française de 1958 prescrit seulement, dans son article 4, que les partis politiques « doivent respecter les principes de la souveraineté nationale et de la démocratie ». Mais le Conseil constitutionnel ne reçoit, à l'inverse du Tribunal de Karlsruhe, aucune compétence d'attribution pour faire respecter cette disposition. Tout au plus, les partis politiques qui sont régis par un statut analogue à celui des associations pourraient-ils, en vertu de la loi du 10 janvier 1936 concernant les associations susceptibles de porter atteinte à la forme républicaine de gouvernement, faire l'objet d'une dissolution administrative par le gouvernement. Mais, à ce jour, aucun parti n'a été visé sous la Ve République par ce texte.

Notons en revanche que, depuis la révision constitutionnelle du 14 août 1884, « la forme républicaine de gou-

9. Alfred Grosser, *ibid.*, p. 235-236.

vernement ne peut faire l'objet d'une proposition de révision ». Cette formule a été reprise par les Constitutions de 1946 et de 1958. Mais la Vᵉ République a inclus dans la Constitution une série de mesures instituant de véritables pouvoirs de crise. Outre la possibilité offerte au président de la République, de faire appel au référendum prévu à l'article 11, utilisé par deux fois pour résoudre le conflit algérien, et au gouvernement de recourir à l'article 38 permettant au Parlement de l'autoriser à légiférer par voie d'ordonnance, figure toujours dans le texte constitutionnel le célèbre *article 16.*

Il habilite le président de la République, « lorsque les institutions de la République, l'indépendance de la Nation, l'intégrité de son territoire ou l'exécution de ses engagements internationaux sont menacés d'une manière grave et immédiate et que le fonctionnement régulier des pouvoirs publics constitutionnels est interrompu », à prendre « les mesures exigées par les circonstances, après consultation officielle du Premier ministre, des présidents des assemblées et du Conseil constitutionnel ».

On aurait tort, cependant, d'assimiler l'article 16 à un moyen de défense de l'ordre constitutionnel démocratique, même si les mesures prises en application « doivent être inspirées par la volonté d'assurer aux pouvoirs publics, dans les moindres délais, les moyens d'accomplir leur mission ». En effet, dans l'esprit du général de Gaulle, cet article était destiné à permettre au président de la République de faire face à une crise internationale, du type de celle de mai 1940. Et, dans la pratique, son unique application, en 1961, répondit au souci de faire obstacle à la subversion provoquée par le putsch des généraux d'Algérie. Si l'on voulait absolument trouver dans la législation française des mesures tendant à armer les pouvoirs publics contre une atteinte à l'ordre démocratique libéral, c'est peut-être du côté des dispositions relatives à l'état d'urgence, institué par la loi du 3 avril 1955, qu'il faudrait les chercher. Par trois fois, en 1955 en Algérie, en 1958 en Algérie et en France, et en 1985 en Nouvelle-Calédonie, ce texte fut appliqué… et détourné.

Dans le même esprit, peuvent être recensés aux États-Unis les pouvoirs d'urgence dont dispose le président dans certaines circonstances exceptionnelles[10]. Il n'en est pas moins vrai que la défense de l'ordre démocratique libéral peut servir de prétexte à des mesures inquisitoriales ou répressives, dont l'effet pervers risque de porter atteinte à la démocratie et aux droits de l'homme. Le maccarthysme, aux États-Unis, en offre un exemple redoutable. Quant à l'état d'urgence provoqué par la guerre d'Algérie, il a entraîné, en chaîne, l'exercice de « pouvoirs spéciaux » qui, sur place, ont contribué à l'usage de la torture et qui, étendus au territoire français, ont eu pour conséquence de réduire l'exercice des libertés démocratiques, voire de mettre en danger la démocratie elle-même. La défense de la démocratie est donc, partout et toujours, un problème difficile à résoudre.

3. L'État de droit

L'État de droit présente deux caractéristiques : il exige, tout d'abord, que l'État et les collectivités publiques soient soumis, au même titre que les particuliers, au respect du droit positif ; il implique, ensuite, que ce respect soit sanctionné en dernier ressort par un juge[11].

Dans chaque pays où il s'applique, l'État de droit suppose l'existence d'un ordonnancement juridique hiérarchisé. Dans les pays de droit écrit, cet ordonnancement donne lieu à ce que l'on a coutume d'appeler la hiérarchie des textes. Ainsi, en France, selon un critère tantôt formel, tantôt matériel, cette échelle hiérarchique place aujourd'hui au sommet de la pyramide la loi constitutionnelle (élargie au « bloc de la constitutionnalité »), suivie de la loi organique, de la loi ordinaire, de l'ordonnance, du décret présidentiel, des décrets du Premier ministre et des arrêtés pris par les ministres et les diverses autorités administratives. Cette hiérarchie des textes

10. La doctrine des *emergency powers* est apparue au profit du président Abraham Lincoln, à l'occasion de la guerre de Sécession.
11. Jacques Chevallier, *L'État de droit*, Montchrestien, « Clefs », 1992.

se « croise » parfois avec d'autres sources de droit ; citons les principes généraux du droit dégagés par les jurisprudences du Conseil d'État et du Conseil constitutionnel, ou les traités internationaux auxquels l'article 55 de la Constitution confère, « dès leur publication, une autorité supérieure à celle des lois, sous réserve, pour chaque accord ou traité, de son application par l'autre partie [12] ».

Ce régime de l'État de droit s'oppose à celui de l'État de police dans lequel les autorités gouvernementales et administratives agissent à leur guise et où existe parfois une « police politique » habilitée à intervenir sans tenir compte de la loi et des règlements. Il n'est pas besoin de souligner l'incompatibilité absolue entre un régime de ce genre et la démocratie occidentale.

En France, la IIIe République a naturellement substitué à l'arbitraire du Second Empire le régime de l'État de droit. Mais son application a revêtu deux caractères spécifiques. Le premier, concernant l'immunité de juridiction accordée à la loi, en vertu de la souveraineté parlementaire, a disparu avec la « révolution juridique » opérée par la Constitution de 1958. Le second, au contraire, relatif à l'existence parallèle de deux ordres de juridiction, judiciaire et administratif, a été consacré par le Conseil constitutionnel.

Par rapport à beaucoup d'autres pays, en effet, en particulier les pays anglo-saxons, dont l'unité de juridiction reflète le règne de la *common law*, la France maintient en vigueur un *système de double juridiction*. Et ce legs de la Constitution de l'an VIII n'est pas sans influence sur le fait qu'elle ne dispose pas d'un véritable pouvoir judiciaire [13].

En réaction contre les excès des parlements d'Ancien Régime, qui constituaient de véritables cours souveraines et entravaient la marche de l'administration, l'Assemblée

---

12. Le droit communautaire, qui en constitue aujourd'hui l'essentiel, est censé respecter par nature cette exigence de réciprocité.

13. Le vocabulaire de nos constitutions successives reflète cette situation en n'employant jamais l'expression de « pouvoir judiciaire », mais celle d'« autorité judiciaire ». Ainsi, le titre VIII de la Constitution du 4 octobre 1958 est-il intitulé : « De l'autorité judiciaire ».

nationale constituante a voté la loi des 16-24 août 1790 selon laquelle « les fonctions judiciaires sont toujours distinctes et demeureront séparées des fonctions administratives ; les juges ne pourront, à peine de forfaiture, troubler de quelque manière que ce soit les opérations des corps administratifs ».

Il en est résulté que, jusqu'à 1799, l'administration fut son propre juge. Et, pour pallier ce déni de justice, la Constitution de l'an VIII prescrivit que, sous la direction des consuls, un Conseil d'État serait chargé « de résoudre les difficultés qui s'élèvent en matière administrative ». A cette « justice retenue », qui laissait en dernier ressort au chef de l'État le soin de statuer sur proposition du Conseil d'État, la IIIe République a aussitôt substitué, par la loi du 24 mai 1872, le système de la « justice déléguée », qui a transformé la Haute Assemblée en juridiction souveraine. Mais, dès lors, parallèlement à l'ordre judiciaire, un deuxième ordre de juridiction, l'ordre administratif, était créé, que vinrent rejoindre, par la voie de l'appel ou de la cassation, d'autres tribunaux, au premier rang desquels figurent aujourd'hui la Cour des comptes et surtout les tribunaux administratifs régionaux et les cours d'appel administratives.

Or, tandis que les tribunaux judiciaires sont appelés à résoudre les litiges entre particuliers – individus et sociétés – et à exercer la justice pénale, les tribunaux administratifs sont habilités à régler le contentieux qui oppose les particuliers à l'administration et les collectivités publiques entre elles. Ce double système permet à la juridiction administrative de statuer sur les recours dirigés contre tout acte illégal de l'administration et du gouvernement. Et le Conseil d'État a porté parfois très loin son indépendance envers celui-ci. N'a-t-il pas annulé, en 1962, une ordonnance prise par le général de Gaulle en vertu d'une habilitation référendaire qui avait pour objet la création d'une juridiction d'exception à l'encontre des généraux rebelles d'Algérie, en se fondant sur le fait que les décisions de cette Cour militaire de justice n'étaient sujettes à aucun recours en cassation ? Ce qui, au dernier moment, a sauvé la vie à quelques personnes, dont un certain M. Canal qui a donné son nom à l'arrêt, condamnées à mort par cette Cour ! Il n'empêche que, par sa puissance même, la juridiction administrative a porté ombrage à l'autorité judiciaire, et que celle-ci n'a jamais pu prétendre, dans la France républicaine, à l'exercice d'un véritable troisième pouvoir.

A cette dualité de juridiction s'ajoute, depuis 1958, le Conseil constitutionnel, dont il sera parlé plus loin. En outre, sont récemment apparus des « autorités » administratives indépendantes[14], telles que le médiateur, la Commission nationale « Informatique et libertés », et différents organismes chargés de la régulation de zones sensibles, inspirés des *independent regulatory agencies* américaines et des *quangos* britanniques.

4. Le contrôle de la constitutionnalité des lois

A. Comme l'État fédéral et le régime présidentiel, le contrôle de la constitutionnalité des lois est, à l'origine, une *invention américaine*. Il n'avait pas été prévu par la Constitution de 1787. Mais il surgit en 1803, à l'occasion d'un différend entre un juge en attente de nomination, Marbury, et l'attorney général Madison, au lendemain de l'avènement à la présidence de Thomas Jefferson. La Cour suprême veut alors éviter d'avoir à régler ce contentieux politique. Elle décide, par conséquent, d'écarter l'application de la loi fédérale qui lui attribue compétence pour le faire, au nom d'un principe supérieur contenu dans la Constitution : la séparation des pouvoirs. Ainsi se crée un précédent.

Or, ce précédent fera jurisprudence. A de nombreuses reprises, les tribunaux fédéraux et la Cour suprême seront amenés à apprécier la constitutionnalité de textes législatifs émanant des législatures des États et du Congrès des États-Unis. Ce « gouvernement des juges » a tantôt facilité l'évolution démocratique du pays (extension des compétences

14. Claude-Albert Colliard, Gérard Timsit, *Les Autorités administratives indépendantes*, Paris, PUF, 1988. Cf. sur le même sujet : Michel Gentot, Montchrestien, « Clefs », 1991 ; et Marie-José Guédan, LGDJ, 1991.

fédérales par le recours à la théorie des « pouvoirs implicites » ; affirmation, sous l'influence du *Chief Justice* Warren, des droits civiques des minorités noires), tantôt fait obstacle à cette évolution (reconnaissance du droit des États en matière d'esclavage par l'arrêt Dred Scott de 1857 ; opposition à la politique interventionniste du New Deal en 1935). Aussi, les appréciations portées sur son opportunité ont-elles souvent varié. Mais les décisions de la Cour suprême ont eu, en tout cas, un grand retentissement dans l'opinion [15]. Et, par son prestige et son autorité, la Cour contribue à renforcer l'autorité du pouvoir judiciaire à l'intérieur des États-Unis.

En Europe continentale, le contrôle effectif de la constitutionnalité des lois ne date, dans les principaux pays démocratiques, que de la fin de la Seconde Guerre mondiale. En Allemagne fédérale, il a été le corollaire de la volonté d'assurer la défense de l'ordre constitutionnel libéral ; et, en Italie, il a répondu, bien qu'à un moindre degré, à une préoccupation du même ordre. Dans les deux pays, il est apparu également comme la contrepartie indispensable à la structure fédérale ou régionale de l'État [16].

B. L'idée même de contrôle de la constitutionnalité des lois est restée longtemps étrangère, *en France,* à la tradition républicaine. La IIIe République et la jurisprudence du Conseil d'État avaient bien réussi à enraciner le contrôle juridictionnel de la légalité des règlements, y compris ceux du président de la République. Mais la haute juridiction administrative et la Cour de cassation s'étaient toujours refusées à examiner la validité d'une loi. Elles n'ont d'ailleurs jamais changé d'attitude sur ce point.

La IVe République n'avait consenti qu'à un contrôle limité, destiné à arbitrer d'éventuels conflits de procédure entre l'Assemblée nationale et le Conseil de la République.

---

15. Bernard E. Brown, *L'État et la politique aux États-Unis*, Thémis, PUF, 1994, p. 294 *sq.*

16. Louis Favoreu, *Les Cours constitutionnelles*, Paris, PUF, « Que saisje ? », 2e éd., 1992. Dominique Rousseau, *La Justice constitutionnelle en Europe*, Paris, Montchrestien, « Clefs », 1992 ; Jean Marcou, *Justice constitutionnelle et systèmes politiques*, Presses universitaires de Grenoble, 1997.

Et le Comité constitutionnel, établi à cet effet, n'eut à intervenir qu'une seule fois, en 1948.

A leur tour, les « pères fondateurs » de la Ve République cherchèrent moins à établir un contrôle effectif de la constitutionnalité des lois qu'à instituer un organe d'arbitrage appelé à sanctionner la nouvelle répartition des compétences législatives et réglementaires fixée aux articles 34 et 37 de la Constitution. Et les auteurs du texte constitutionnel n'eurent pas une claire vision de la portée du contrôle de constitutionnalité que leur dispositif entraînerait[17].

Il est devenu habituel de dater le tournant qui marque l'instauration effective du contrôle de la constitutionnalité des lois en France de deux événements successifs. Le premier tient à la décision prise par le Conseil constitutionnel lui-même le 16 juillet 1971. Elle avait pour objet la sauvegarde du régime applicable à la liberté d'association (qui sert également de statut à l'activité des partis politiques) que, sous l'impulsion du ministre Marcellin, le gouvernement voulait remettre en cause. C'est donc sur un recours intenté par le président du Sénat contre une loi d'initiative gouvernementale, adoptée en dernier ressort par l'Assemblée nationale, que le Conseil a solennellement reconnu à la liberté d'association et à la procédure libérale qui permet de l'exercer valeur constitutionnelle. Or, pour y parvenir, au-delà du texte proprement dit de la Constitution du 4 octobre 1958, mais en se fondant sur son préambule, sa jurisprudence a élargi le « bloc de la constitutionnalité » à la Déclaration des droits de l'homme et du citoyen de 1789, au Préambule à la Constitution de 1946 et aux principes fondamentaux contenus dans les lois de la République. Cette audace, digne de l'arrêt *Marbury v/Madison,* a permis au Conseil constitutionnel de s'arroger progressivement un pouvoir normatif[18].

17. Cf. le témoignage de Raymond Janot, cité par Jean-Louis Quermonne, « Le bilan juridique », *in* Olivier Duhamel, Jean-Luc Parodi (éd.), *La Constitution de 1958,* Paris, FNSP, 1985, p. 185.

18. François Luchaire, *Le Conseil constitutionnel,* Paris, Economica, 1980, *Pouvoirs,* n° 13, 1980 ; Louis Favoreu, Loïc Philip, *Les Grandes Décisions du Conseil constitutionnel,* Paris, Sirey, 1997 ; Pierre Avril, Jean Gicquel, *Le Conseil constitutionnel,* Montchrestien, « Clefs ».

Mais, pour que cette jurisprudence devienne effective, encore fallait-il qu'à l'avenir la saisine du Conseil ne soit pas limitée au président de la République, au Premier ministre et aux présidents de l'Assemblée nationale et du Sénat. Il convenait donc que survienne un deuxième événement. Ce fut la révision constitutionnelle du 29 octobre 1974, dont l'objet fut précisément d'élargir la saisine à soixante députés et à soixante sénateurs. Or, depuis la réforme, les députés et les sénateurs de l'opposition n'ont pas manqué d'user de ce droit. Tantôt à l'initiative de parlementaires socialistes et communistes (soixante saisines de 1974 à mai 1981), tantôt à l'initiative de parlementaires RPR et UDF (soixante-cinq saisines en moins de temps encore, de décembre 1981 à 1984), le Conseil constitutionnel a été amené à contrôler la constitutionnalité des lois les plus importantes votées depuis dix ans. C'est ainsi qu'il s'est prononcé sur la politique des nationalisations menée par le gouvernement de Pierre Mauroy et sur la politique de décentralisation conduite par Gaston Defferre. A tel point qu'aux yeux de certains observateurs il a accédé au rôle de « contre-pouvoir ».

Cependant, le Conseil constitutionnel n'a jamais – ou n'a pas encore – connu le degré de légitimité et de puissance du Tribunal constitutionnel de Karlsruhe. Au lendemain de l'examen de la première loi sur les nationalisations, le premier secrétaire du parti socialiste pouvait déclarer que « jamais les grands courants de réforme ne se sont laissé arrêter par une Cour suprême, quelle qu'elle soit [19] ». Et, même si l'opinion publique a pris la mesure de l'institution et lui a manifesté sa faveur [20], le parti communiste en a demandé la suppression. Surtout, le Conseil constitutionnel lui-même sait mesurer ses audaces, et il lui arrive de rappeler ce qu'il avait déjà formulé dans une décision du 15 janvier 1975 relative à la première loi sur l'interruption volontaire de grossesse, à savoir que la

---

19. *Le Monde*, 23 octobre 1981.
20. Ainsi, à l'occasion d'un sondage effectué lors du vingt-cinquième anniversaire de la Ve République, il est apparu que 80 % des personnes interrogées approuvaient l'existence et la pratique du Conseil constitutionnel (cf. SOFRES, *Opinion publique*, 1984, *op. cit.*, p. 105).

Constitution ne lui confère pas « un pouvoir général d'appréciation et de décision identique au Parlement ». Enfin, il ne lui appartient pas, comme à son homologue allemand, d'apprécier la constitutionnalité du comportement des partis politiques ni de répondre à la saisine d'un tribunal ou, en dernier recours, d'un citoyen.

Comparativement, l'étendue des pouvoirs du Tribunal constitutionnel de Karlsruhe, qui peut aussi statuer à l'égard d'une loi déjà promulguée, a conduit à lui reconnaître l'exercice d'un pouvoir d'une très haute intensité. Par rapport à la limitation des attributions que la Loi fondamentale confère au président fédéral, certains observateurs n'ont pas hésité à lui accorder ce que des constitutionnalistes placent entre les mains du président de la Ve République française sous le nom de « pouvoir d'État ».

Quoi qu'il en soit, au-delà des différences entre les cours constitutionnelles des pays occidentaux, il est de fait qu'elles ont presque toutes été conduites, au cours des dernières années, à prendre position sur des problèmes fondamentaux de société : le droit à la vie et l'interruption volontaire de grossesse, l'égalité des sexes, le respect de la vie privée, le droit de propriété et de nationalisation, la liberté d'association et de fonctionnement des partis, l'autonomie des collectivités territoriales et les principes fondamentaux du droit pénal.

Ainsi la finalité de ces institutions – et souvent leur sagesse – autant que les principes constitutionnels qui les régissent ont-ils progressivement établi dans l'esprit des citoyens leur légitimité. Sans être d'origine populaire, elles n'en constituent pas moins paradoxalement, aujourd'hui, l'une des pièces maîtresses de la démocratie occidentale [21].

En outre, tant qu'il n'existera pas de vraie constitution de l'Union européenne, les cours constitutionnelles demeureront, en Europe, les gardiennes des conditions d'exercice essentielles de la souveraineté des États membres.

---

21. Loïc Philip, « Les cours constitutionnelles », *in* Madeleine Grawitz et Jean Leca (éd.), *Traité de science politique,* Paris, PUF, 1985, t. III, « L'Action politique », p. 406-444. Louis Favoreu (éd.), *Cours constitutionnelles européennes et Droits fondamentaux,* Paris, Economica, 1982.

2

De la séparation des pouvoirs
à l'émergence de contre-pouvoirs

La structure des pouvoirs résulte des dispositions organiques des constitutions qui déterminent les principales instances de l'État et définissent leurs compétences respectives.

L'organisation des pouvoirs publics constitutionnels est commandée, dans les régimes politiques occidentaux, par la solution d'un débat de principe sur le choix entre la confusion et la séparation des pouvoirs. On l'illustrera en se référant à la France et aux États-Unis. Mais elle dépend également de l'aménagement des organes qui constituent le siège des pouvoirs publics effectifs. Les principaux aspects de cet aménagement seront étudiés en comparant les solutions adoptées en France et à l'étranger.

1. Le débat de principe :
confusion ou séparation des pouvoirs

La monarchie absolue, même si elle devait respecter les lois fondamentales du royaume et amorcer ainsi le système de l'État de droit, réunissait la totalité des pouvoirs entre les mains du roi. Le roi était à la fois législateur, chef de l'État, chef du gouvernement et juge suprême.

Il existait bien des contre-pouvoirs : les parlements, les ordres, les cités ; mais ils n'étaient que des corps intermédiaires. Le pouvoir politique proprement dit était monopolisé par le roi. Cette confusion des pouvoirs devait donc fonder l'accusation de despotisme portée contre la monarchie par les esprits éclairés. Elle devait conduire à rechercher une meilleure distribution des pouvoirs grâce à l'institution d'organes séparés. Mais, sauf aux États-Unis, l'équilibre réalisé par la séparation des pouvoirs souffrira d'instabilité, et l'avènement de la démocratie viendra ultérieurement réunifier au profit des assemblées l'exercice de la souveraineté. En France, ce n'est qu'en 1958 que, sous d'autres formes, le principe de la séparation des pouvoirs sera à nouveau instauré.

1. La philosophie des Lumières à l'origine de la séparation des pouvoirs

Dans son *Essai sur le gouvernement civil*, publié en 1690, Locke préconise déjà la distribution du pouvoir politique entre un pouvoir législatif, un pouvoir exécutif, et ce qu'il appelle assez curieusement un pouvoir confédératif, qui correspond en fait au pouvoir diplomatique. Mais, plutôt que d'établir une construction théorique, Locke rend compte des institutions politiques telles qu'elles fonctionnent alors en Angleterre à la fin du XVIIe siècle.

La construction théorique sera à la fois plus ferme et plus subtile chez Montesquieu, dans *L'Esprit des lois,* publié en 1748. Au chapitre XI intitulé : « Des lois qui forment la liberté politique dans son rapport avec la Constitution », figure ce grand texte qu'il convient de rappeler : « Tout serait perdu si le même homme ou le même corps des principaux ou des nobles ou du peuple exerçait les trois pouvoirs, celui de faire les lois, celui d'exécuter les résolutions publiques et celui de juger les crimes ou les différends des particuliers. » C'est la condamnation sans retour de la confusion des pouvoirs. « On peut craindre en effet [selon l'auteur] que le même monarque ou le même Sénat ne fasse des lois tyranniques pour les exercer tyranniquement. » N'est-il pas à redouter qu'un pouvoir établisse des lois d'exception (au XVIIIe siècle, on disait des lois tyranniques, au XIXe siècle, sous la IIIe République, on parlait de lois scélérates) pour les appliquer tyranniquement ? Montesquieu ajoute un argument supplémentaire, à ses yeux décisif : « C'est une expérience que tout homme qui a du pouvoir est porté à en abuser. Il va jusqu'à ce qu'il trouve des limites. Je dirai que la vertu elle-même a besoin de limites. » La vertu, qualité fondamentale requise pour l'exercice de la démocratie selon Rousseau, la vertu elle-même, lorsqu'elle s'exacerbe, risque donc de devenir tyrannique !

Dès lors, quelle solution doit permettre l'exercice du pouvoir dans le respect de la liberté ? Cette solution réside dans une petite phrase du chapitre II de *L'Esprit des lois* : « Il faut que par la disposition des choses le pouvoir arrête le pouvoir. » C'est sur la base de cet énoncé que les théoriciens du droit constitutionnel reconnaîtront plus tard Montesquieu comme « père de la séparation des pouvoirs ». D'ailleurs, dès les premières constitutions, la méthode fait recette. L'article 16 de la Déclaration des droits de l'homme et du citoyen de 1789, on l'a vu, fait de la séparation des pouvoirs un principe fondamental au même titre que la garantie des droits.

Par conséquent, les deux premières constitutions écrites du monde occidental, l'américaine de 1787 et la française de 1791[22], vont appliquer la séparation des pouvoirs jusqu'à une limite extrême, au point même de rendre difficile leur collaboration. Néanmoins, la Constitution américaine de 1787 permettra aux pouvoirs séparés de fonctionner, tandis que la Constitution française de 1791, par sa rigidité et dans le climat révolutionnaire qui l'entoure, aboutit au blocage. Ce précédent, confirmé par la pratique de la Constitution de l'an III, puis par le régime présidentiel de 1848, explique que, pendant des décennies, la tradition républicaine française ait répudié la séparation des pouvoirs au profit du régime d'assemblée[23].

---

22. En fait, la Constitution française ne fut que la troisième en date, après la Constitution polonaise du 3 mai 1791 qui ne fut pas appliquée.
23. Michel Troper, *La Séparation des pouvoirs et l'Histoire constitutionnelle française*, Paris, LGDJ, 1980.

2. La démocratie représentative,
justification de la réunification des pouvoirs

La Constitution de 1791 dure à peine un an. Or, l'usage du droit de veto par le roi déclenchera la journée du 10 août qui conduit l'Assemblée législative à suspendre la monarchie. Ne pouvant procéder, aux termes de la Constitution de 1791, à une révision constitutionnelle régulière avant 1801, l'Assemblée législative décide alors de passer outre et de convoquer une Convention qui sera élue au suffrage universel.

Même si le pourcentage d'abstentions est immense, la Convention entend réunir entre ses mains, au nom du Peuple, les pouvoirs que la Constitution de 1791 avait tenté de séparer. D'abord, elle gouverne à travers une série de comités, tels que le Comité de salut public et le Comité de sûreté générale ; puis elle exerce directement le pouvoir constituant, le pouvoir législatif, le pouvoir exécutif et le pouvoir judiciaire – au moins en matière criminelle –, et couvre la Terreur.

Elle essaie d'institutionnaliser ce cumul des pouvoirs dans différents projets constitutionnels, dont un seul aboutit : le projet jacobin, qui devient la Constitution de 1793. Mais celle-ci ne sera jamais appliquée. Peu importe, elle témoigne de manière symbolique de la conception jacobine de la démocratie qui répudie la séparation des pouvoirs au nom même de la légitimité démocratique, monopolisée par l'assemblée issue du suffrage universel, dont la volonté s'identifie à celle de la majorité.

Cette Constitution symbolique de 1793 sera plus influente sur la vie politique française jusqu'à la Ve République que si elle avait été appliquée. Car elle servira longtemps, sinon de modèle, du moins de mythe à la pensée constitutionnelle républicaine, puis à celle de la gauche. Ce sera, bien entendu, le mythe mobilisateur des assemblées constituantes, mais aussi celui qui justifiera les républicains à interpréter les lois constitutionnelles de 1875 dans le sens établi par la « République des députés ». Ainsi se forgera une conception latente de la légitimité aux termes de laquelle l'assemblée élue au suffrage universel constitue la source unique du pouvoir républicain, ainsi que l'expression de la souveraineté démocratique.

Dans la France républicaine, pendant longtemps, la légitimité sera monopolisée par la Chambre des députés. Le principe non écrit inspirera la IIIe République de 1879 à 1940 et la restauration républicaine de 1945. Il imprégnera la Constitution de 1946, au point d'engendrer un « gouvernement d'assemblée ». Mais il suscitera d'emblée la critique, la plus vigoureuse ayant été formulée par le général de Gaulle dès 1946 dans son célèbre discours de Bayeux[24].

Longtemps encore, sous la Ve République, la résistance de la gauche aux institutions adoptées en 1958 se mobilisera par référence à cette mystique républicaine de la primauté reconnue à l'assemblée élue au suffrage universel direct. C'est en l'invoquant que le « cartel des non », animé en 1962 par Gaston Monnerville, président du Sénat, tentera en vain d'empêcher la réforme de l'élection du président de la République au suffrage universel direct. Mais il ne s'agira plus, alors, que d'un combat d'arrière-garde.

« La marche aura été longue, écrit Olivier Duhamel, qui aura ainsi conduit la gauche de cette conception républicaine, forgée à travers l'expérience de la Convention, jusqu'aux institutions actuelles de la Ve République[25]. » Il aura fallu, pour accélérer cette marche, qu'un autre pôle attire le suffrage universel : la présidence de la République.

2. L'expérimentation présidentielle de la séparation des pouvoirs

Le déclin du pouvoir monarchique aboutit, aujourd'hui, à ce que la mise en œuvre de la séparation des pouvoirs profite à la montée en puissance du pouvoir présidentiel. L'on en

---

24. Sur ces critiques, voir l'excellente étude de Nicolas Wahl, « Aux origines de la Constitution de 1958 », *Revue française de science politique*, mars 1959, p. 30 et suiv.
25. Olivier Duhamel, *La Gauche et la Ve République, op. cit.*

trouvera une double illustration dans la pratique américaine
et dans la réaction gaullienne.

1. L'illustration américaine

Un seul pays est demeuré fidèle, de la fin du XVIIIe siècle
à nos jours, à la séparation des pouvoirs : les États-Unis
d'Amérique. Dès l'origine, les « pères fondateurs » avaient
entendu protéger le Congrès des excès commis en Angleterre par George III à l'égard du parlement britannique.
Mais, en même temps, Hamilton avait noté dans *Le Fédéraliste* que « la force de l'Exécutif est une condition majeure
d'un bon gouvernement ». D'où la reconnaissance de *pouvoirs égaux et séparés*.

Cependant, au risque de l'immobilisme, il fallait que les
trois pouvoirs puissent aller de concert. D'où l'institution de
contrôles réciproques qui les obligent à collaborer. Il en
résultera le système des *checks and balances*, mal traduit en
français par l'expression « poids et contrepoids ». Or celui-
ci entraînera la concurrence réciproque d'un pouvoir
congressionnel et d'un pouvoir présidentiel respectueux l'un
et l'autre du pouvoir judiciaire. Mais l'hégémonie du premier ne parviendra jamais, comme en Europe, à effacer le
rôle du second, ce qui lui permettra, à la faveur de la Seconde
Guerre mondiale puis de la guerre froide, d'engendrer ce que
Schlesinger appellera la « Présidence impériale », jusqu'à ce
que la menace de l'*impeachment* amène Richard Nixon, à la
suite de l'affaire du Watergate, à démissionner et à rétablir
un meilleur équilibre des pouvoirs.

2. La réaction gaullienne

Depuis de longues années, l'opinion publique, en France,
avait mesuré les inconvénients du monopole du pouvoir
politique exercé par la Chambre des députés, puis par
l'Assemblée nationale. Carence de l'autorité gouvernementale, instabilité ministérielle : tels étaient les maux principaux. Toutefois, sans l'intervention brutale d'événements

extérieurs, en 1940 et en 1958, on peut se demander si ces maux auraient suffi à changer le régime.

Le 16 juin 1946, dans son discours de Bayeux, le général de Gaulle préconisa comme remède essentiel le retour à la *séparation des pouvoirs*. Non pas une séparation qui vise, comme en 1789, à démembrer le pouvoir monarchique au profit de plusieurs organes dont une assemblée élue ; mais une séparation qui protège, cette fois, l'exécutif contre les débordements et les empiétements du législatif. « Du Parlement composé de deux Chambres exerçant le pouvoir législatif, il va de soi que le pouvoir exécutif ne saurait procéder sous peine d'aboutir à cette confusion dans laquelle le gouvernement ne serait bientôt plus rien qu'un assemblage de délégations. » Tel est le diagnostic porté par le général de Gaulle sur ce qu'il a observé à la fin de la IIIe République et dans les premiers mois de la IVe. Et il est sans appel.

Quant à la thérapeutique, elle tient tout entière dans cette indication encore plus brève : « C'est donc du chef de l'État, placé au-dessus des partis, que doit procéder le gouvernement. » Si on voulait, d'une phrase, résumer la République gaullienne, ce devrait être celle-ci.

Objection : si le gouvernement ne procède plus du Parlement, quel lien unira désormais le gouvernement au peuple ? Ce gouvernement investi par le seul chef de l'État ne risque-t-il pas d'être un gouvernement autocratique ? Réponse du général de Gaulle dans son discours de 1946 : « Le chef de l'État doit être élu par un collège qui englobe le Parlement, mais beaucoup plus large. »

En 1946, le général de Gaulle ne peut pas proposer davantage. Car la République française ne se limite pas à l'Hexagone ; elle est encore une république de cent millions d'habitants répartis à travers de vastes territoires en Europe, en Afrique, en Amérique et en Océanie. Et l'organisation d'élections présidentielles au suffrage universel direct dans un aussi vaste ensemble est exclue. La même raison s'imposera en 1958 et obligera le général de Gaulle à ajourner l'élection populaire. Si bien que la légitimité du chef de l'État, telle qu'elle est énoncée dans le discours de Bayeux, ne pourra reposer que sur le suffrage indirect, exercé par un collège élargi, comprenant le Parlement et des délégués des collectivités locales, et, le cas échéant, des représentants des activités socio-économiques.

Par conséquent, la proposition du général de Gaulle, qui heurte déjà les républicains, irritera les démocrates. Dès 1946, elle lui attire cette réplique de Léon Blum, publiée dans l'éditorial du *Populaire* du 21 juin : « L'élargissement du collège électoral ne saurait suffire. Toute souveraineté émanant nécessairement du peuple, il faudrait descendre jusqu'à la source de la souveraineté, c'est-à-dire remettre l'élection du chef de l'exécutif au suffrage universel » ; pour Léon Blum, telle est la « conclusion logique du système ». Mais, alors, la SFIO, l'ensemble de la gauche et de la classe politique la récusent. Car l'élection du président de la République au suffrage universel évoque encore le souvenir de Louis-Napoléon Bonaparte, du coup d'État du 2 décembre et du régime autoritaire ! Et, à ce mythe répulsif, la tradition républicaine ne sait encore opposer que l'Assemblée souveraine.

Il faudra donc attendre l'échec de la IVe République, l'achèvement de la décolonisation, l'effondrement du « cartel des non », et surtout que le temps ait fait son œuvre pour que l'élection au suffrage direct du chef de l'État puisse être envisagée. En 1958, le général de Gaulle se contentera de l'élection du président par un collège élargi[26]. Mais, dès 1958, il fera adopter deux textes qui consacrent, selon ses vues, la séparation des pouvoirs. D'abord, la loi constitutionnelle du 3 juin 1958, qui proclame que « le pouvoir exécutif et le pouvoir législatif doivent être effectivement séparés de façon que le gouvernement et le Parlement assument chacun pour sa part et sous sa responsabilité la plénitude de leurs attributions », et qui prévoit à cette fin que « c'est du suffrage universel ou des instances élues par lui que dérivent le pouvoir législatif et le pouvoir exécutif ». Ensuite, l'article 23 de la

---

26. Composé des députés, des sénateurs, des conseillers généraux et des assemblées des territoires d'outre-mer, et des délégués des conseils municipaux, ce collège comprit 81 761 grands électeurs à l'élection présidentielle du 21 décembre 1958, la seule qui eut lieu selon ce procédé.

Constitution du 4 octobre 1958, qui établit le principe du non-cumul entre les fonctions de membre du gouvernement et l'exercice de tout mandat parlementaire.

Cette dernière disposition peut apparaître désuète aujourd'hui. Mais, dans l'esprit du général de Gaulle – et Léon Noël le rappelle dans ses Mémoires –, c'était une disposition clé pour assurer la stabilité gouvernementale et empêcher le va-et-vient des ministres entre le Parlement et le gouvernement qui avait caractérisé la vie politique sous les IIIe et IVe Républiques et favorisé son instabilité. Toutes les tentatives entreprises à ce jour pour remettre en cause cette disposition, sous forme de révision constitutionnelle ou de loi organique, ont échoué.

Cependant, la mesure essentielle qui devait légitimer la présidence de la République comme pouvoir séparé fut l'adoption, en 1962, du principe de son élection au suffrage universel direct. Jusqu'en 1965, l'équation historique du général de Gaulle lui avait permis de s'en passer. Mais cette légitimation ne sera pas superflue après lui.

Car c'est elle qui permettra à ses successeurs de maintenir l'intégrité du pouvoir présidentiel face au pouvoir parlementaire, dans les conjonctures difficiles provoquées par des alternances successives et des cohabitations risquées[27].

3. Le parlementarisme « en réseau » et l'émergence de contre-pouvoirs séparés

La restauration de la séparation des pouvoirs en France, au sens gaullien du terme, de même que le maintien aux États-Unis de pouvoirs « égaux et séparés » n'ont pas exercé d'influence décisive sur l'évolution contemporaine des systèmes parlementaires de l'Europe occidentale, du moins jusqu'à présent.

L'évolution du pouvoir monarchique en Grande-Bretagne

---

27. Dominique Chagnollaud, Jean-Louis Quermonne « La Ve République », tome I, *Le Régime politique*, Flammarion, 2000.

a depuis longtemps consommé le déclin du parlementarisme dualiste. Et le pouvoir partisan, issu de l'élection au suffrage universel direct de la Chambre des communes, s'étend, à travers la majorité parlementaire, à la composition du Cabinet et à la désignation du Premier ministre. Il en résulte un *système en réseau* qui associe étroitement, sous le contrôle politique du parti majoritaire, les commissions parlementaires, la Chambre entière, les comités du Cabinet, le Cabinet lui-même, le Premier ministre et le *Cabinet Office*. Le processus de décision qui le reflète dessine une ligne continue allant de la demande sociale et de la pression des lobbies aux actes votés par le Parlement, en passant par le programme électoral du parti au pouvoir, le discours du trône, les comités d'experts et les travaux des commissions, sans compter les contraintes internationales et européennes qui pèsent sur le gouvernement. C'est de ce système complexe – qualifié de *policy network* par l'école américaine des politiques publiques – qu'émerge la décision.

Où trouver trace ici de séparation des pouvoirs ? L'analyse des parlementarismes allemand, belge, espagnol ou italien conduirait au même diagnostic. Entre le pouvoir législatif et le pouvoir exécutif s'est infiltré un continuum qui génère un système parlementaire en réseau. Or cette grille d'analyse d'abord appliquée au processus de décision de la Communauté européenne, au point qu'elle a semblé marquer sa spécificité[28], permet de décrypter aujourd'hui la réalité parlementaire en Europe.

Est-ce à dire que la confusion des pouvoirs en résulte ? Tel n'est pas notre avis. Certes, la séparation des pouvoirs ne s'incarne plus dans la dialectique classique opposant le Parlement et le Gouvernement. Mais l'exigence survit d'une autre manière en substituant à celle-ci l'apparition de *contre-pouvoirs*, dont les secondes chambres, dans les pays où survit le bicamérisme, ne forment pas non plus l'essentiel, si ce n'est dans les États fédéraux.

---

28. Jean-Louis Quermonne, *Le Système politique européen*, Paris, Montchrestien, « Clefs », 3ᵉ éd., 1998.

1. Le statut de l'opposition

Le principal contre-pouvoir est sans conteste, en Grande-Bretagne, celui que constitue l'opposition. Générée par étapes, elle s'est progressivement institutionnalisée au point de disposer, aujourd'hui, d'un statut.

Si l'expression « opposition de Sa Majesté » apparaît pour la première fois en 1826, la première définition légale du chef de l'opposition se trouve dans l'acte de 1937 qui établit le principe de la rémunération d'un certain nombre de personnalités, y compris le leader de l'opposition, par le Trésor britannique[29]. En fait, ce leader est devenu un personnage officiel du royaume. Il est membre du Conseil privé, il dirige depuis 1923 un « cabinet fantôme ». Il dispose d'un véritable « pouvoir réactif » en ouvrant le mardi et le jeudi la séance des questions orales au Premier ministre. Il est informé et consulté dans les domaines de la défense et des affaires étrangères. Et, en cas d'alternance, il est appelé par le monarque à former le nouveau gouvernement.

Il n'est d'ailleurs pas seul à bénéficier d'un statut officiel. S'il reçoit un traitement égal à 77 % de celui du Premier ministre, le chef de l'opposition à la Chambre des lords et, depuis 1945, les *Chiefs Whips* des deux chambres perçoivent aussi un salaire officiel, étendu depuis 1972 aux deux *whips-adjoints*. Enfin, la Chambre des communes a institué en 1975 un système de financement public des partis d'opposition représentés au Parlement, calculé selon une pondération fondée sur le nombre de voix et de sièges obtenus.

Bref, plus que la séparation du législatif et de l'exécutif, c'est le clivage entre la majorité et l'opposition qui remplit, aujourd'hui, en Grande-Bretagne, l'office dévolu à la distribution des pouvoirs par Locke et par Montesquieu.

On pourrait en trouver trace également dans les démocra-

---

29. Monica Charlot, *Le Pouvoir politique en Grande-Bretagne*, Paris, PUF, « Thémis », 1990, p. 311 et suiv. ; Jacques Leruez, *Gouvernement et Politique en Grande-Bretagne*, FNSP-Dalloz, 1989, p. 273-280.

ties parlementaires du continent, notamment en Allemagne où le financement des partis politiques et son contrôle par le Tribunal constitutionnel ont pris place assez tôt. En France, en revanche, où celui-ci ne date véritablement que de 1990, malgré les initiatives prises à partir de 1975 par le président Giscard d'Estaing et les tentatives esquissées par François Mitterrand pour former un « contre-gouvernement », l'opposition n'a pas réellement acquis un statut. C'est donc plutôt dans d'autres directions qu'il faudra chercher l'émergence de contre-pouvoirs.

2. *Les Cours constitutionnelles et les autorités administratives indépendantes*

Une seconde forme de contre-pouvoir peut être, en effet, repérée sur le continent européen à partir de l'existence des *Cours constitutionnelles*. Leur montée en puissance ayant été déjà étudiée à propos de l'État de droit, l'on se contentera de rappeler ici leur origine. Sous l'influence du grand juriste Hans Kelsen, la première Cour constitutionnelle a vu le jour dans le cadre de la Constitution autrichienne de 1920. Mais ce n'est qu'au lendemain de la Seconde Guerre mondiale que le modèle s'est étendu à l'Europe continentale tout entière. Adopté en 1947-1949 en Italie et en Allemagne, adapté en 1958-1974 à la France, il a été importé en 1976-1978 au Portugal et en Espagne, puis appliqué à la Pologne, à la Tchécoslovaquie, à la Hongrie, à la Bulgarie et à la Roumanie.

Le succès de cette extension tient au fait qu'en s'écartant du modèle américain il semble pouvoir conjurer le gouvernement des juges. Telle est, en effet, sa première caractéristique de soustraire le contrôle de la constitutionnalité des lois au pouvoir judiciaire, la seconde étant de confier aux Cours constitutionnelles diverses prérogatives leur permettant d'assurer une meilleure régulation des pouvoirs publics.

Une autre manifestation de la reconnaissance du *pouvoir des sages* réside dans l'extension du phénomène des autorités administratives indépendantes (AAI). Qu'il s'agisse des *independent regulatory agencies* américaines, des *quangos* britanniques ou de leurs équivalents français, l'on se trouve en présence d'instances non électives dont la légitimité provient à la fois de leur compétence technique, de leur lien avec la société civile et de la distance qui les éloigne du pouvoir politique.

Sans doute sont-elles soumises aux États-Unis au contrôle du Congrès, alors qu'en France, hormis le Médiateur de la République, leur nature administrative les tient à distance du Parlement. Encore que les travaux du Comité national d'éthique – si on peut l'assimiler à une AAI ! – ont largement contribué à instruire les délibérations des assemblées parlementaires en matière de bioéthique. Ce qui conduit à proposer que les rapports d'évaluation des instances indépendantes alimentent désormais les investigations des commissions parlementaires, réconciliant ainsi le « pouvoir d'expertise » avec la représentation nationale.

3. Les régions autonomes et les États fédérés

Resterait à inventorier un troisième type de contre-pouvoir sous la forme des régions autonomes instituées depuis longtemps en Italie, plus récemment en Espagne et en voie de développement en France et au Royaume-Uni, et surtout des Länder en Allemagne et des régions et des communautés linguistiques en Belgique [30].

Si ce n'est pas le lieu de les examiner en tant que tels, retenons du moins le rôle que ces instances peuvent jouer pour équilibrer, dans ces différents pays, le pouvoir central. Car du fait de la combinaison de leurs attributions avec le fonctionnement du système de partis, il peut résulter une réelle séparation des pouvoirs entre le gouvernement central et les exécutifs régionaux. En fait, l'expérience de la république fédérale d'Allemagne montre qu'en fonction des

30. Voir sur ce point Jacques Ziller, *Administrations comparées*, Paris, Montchrestien, 1993 ; Yves Mény, *Politique comparée*, Paris, Montchrestien, 5ᵉ éd., 1994.

aléas de la conjoncture politique il arrive que les majorités soient différentes au Bundestag et dans certains Landtag, voire dans la majeure partie de ces derniers. Ce qui peut engendrer deux conséquences paradoxales.

La première tient au fait que la majorité parlementaire du Bundesrat, composée de représentants des gouvernements des Länder, reflète l'opposition siégeant au Bundestag. A un moindre degré, on retrouve cette différence dans les secondes chambres de quelques États régionalisés. Ce qui conduit à rétablir un certain mode de séparation des pouvoirs au sein même du Parlement.

La seconde conséquence est due à l'application du traité de Maastricht, tel qu'il a modifié la composition du Conseil des ministres de la Communauté européenne. Dans la mesure, en effet, où il prescrit qu'il est formé par « un représentant de chaque État membre au niveau ministériel, habilité à engager le gouvernement de cet État membre », la révision de la Loi fondamentale allemande a pu autoriser le Bundesrat à désigner le représentant allemand appelé à siéger au Conseil lorsque celui-ci traite des matières relevant de la compétence constitutionnelle des Länder. Or ce peut être un membre de l'opposition ! Un tel système est également applicable en Belgique. Il peut alors en résulter que le représentant de l'Allemagne ou de la Belgique au Conseil de l'Union européenne soit issu, pour la circonstance, de l'opposition au gouvernement fédéral !

Ces différents exemples montrent que l'affaiblissement de la séparation des pouvoirs, au sens traditionnel du terme, s'accompagne généralement, dans les démocraties occidentales, de tendances polyarchiques ou pluralistes qui en respectent l'esprit. Par conséquent, la montée en puissance d'un mode de gouvernement – ou de « gouvernance » – à plusieurs niveaux contribue puissamment à promouvoir, y compris au Royaume-Uni[31], une redistribution de pouvoirs séparés.

---

31. « Le Royaume-Uni de Tony Blair », *Pouvoirs*, n° 93, avril 2000, notamment l'article de Patrick Le Galès sur « La Dévolution à tous les étages ».

3

Le principe majoritaire
et les modes de gouvernement

Le principe majoritaire étant consubstantiel à la démocratie occidentale[32], il importe que l'organisation des pouvoirs publics en assure la mise en œuvre. La solution s'impose d'elle-même dans l'hypothèse de la confusion des pouvoirs : la majorité de l'assemblée élue au suffrage universel direct détient l'exercice de la souveraineté ; c'est alors l'État de droit qui apparaît difficile à faire respecter.

A l'inverse, l'organisation du gouvernement de la majorité est plus complexe dans le cadre de la séparation des pouvoirs. Et la question peut se poser – en dehors même du problème que soulève la légitimité des Cours constitutionnelles – de savoir qui, de l'exécutif ou du législatif, quand ils émanent l'un et l'autre du suffrage universel, exprime le mieux à un moment donné la volonté populaire. Dans sa formulation classique, la démocratie occidentale a engendré deux modèles susceptibles de combiner le principe majoritaire avec la séparation des pouvoirs. Le *modèle parlementaire*, produit d'une longue évolution parcourue en Grande-Bretagne, conduit à identifier aujourd'hui la majorité populaire à la majorité parlementaire. Et, dans la mesure où le cabinet procède de cette majorité – même si, en fait, il la commande –, l'unité du pouvoir politique se réalise à travers cette identité ; le pluralisme est alors assuré par le statut de l'opposition, et davantage encore par l'alternance si le bipartisme peut l'assurer. Le *modèle présidentiel* est plus com-

---

32. *Pouvoirs*, « La démocratie majoritaire », n° 85, avril 1998.

plexe, car il combine deux modes d'expression directe de la majorité populaire. Mais le système américain de partis indisciplinés et le mécanisme institutionnel des *checks and balances* favorisent la recherche des compromis nécessaires entre le pouvoir présidentiel et le pouvoir congressionnel ; et la Cour suprême bénéficie d'une légitimité fondée sur un consensus d'ordre éthique qu'aucune majorité n'a jamais sérieusement contestée.

Plus ambigu est le système dualiste français né de la Ve République ; car il peut receler une source permanente de conflit. Comme le régime américain, il combine deux modes d'expression de la volonté populaire. Tant que ces deux expressions concordent, elles renforcent l'autorité présidentielle, dont la prépondérance est alors structurelle. Qu'elles viennent à s'opposer, il en résultera une contradiction entre les deux majorités exprimées, dont le dénouement, à défaut d'une cohabitation raisonnable, pourra entraîner une crise de régime.

Ces trois modèles ne résument pas l'état actuel des systèmes politiques occidentaux. Dans le cadre du régime parlementaire, notamment, la diversité des modes de rationalisation des institutions et des systèmes de partis a donné naissance à des pratiques politiques largement diversifiées, dont on examinera les principales. Mais avant de s'y employer, encore conviendra-t-il de repérer les différents types d'acteurs institutionnels qui président aux destinées des régimes politiques. Ensuite, il apparaîtra nécessaire d'analyser les politiques publiques qui en dessinent l'architecture et en assurent la mise en œuvre. Alors seulement, il appartiendra d'esquisser la typologie des modes de gouvernement entre lesquels se partagent les principaux régimes politiques occidentaux.

1. Les acteurs institutionnels

Si l'on écarte, provisoirement, du champ de la présente observation les organes du pouvoir judiciaire ainsi que les

Cours constitutionnelles, les principaux acteurs institutionnels qui président au « jeu politique » des régimes occidentaux sont au nombre de trois : les chefs d'État, les parlements
et les gouvernements.

1. Les chefs d'État

Dans la mesure où ils se présentent, aujourd'hui, comme
les héritiers du pouvoir monarchique, les chefs d'État doivent
être étudiés chronologiquement les premiers. Tantôt, suivant
une logique héréditaire, ils conservent les titres et les prérogatives formelles des monarques, tantôt, selon une logique
républicaine, ils procèdent de l'élection, soit au profit d'un
magistrat, soit au profit d'un organe collégial comme en
Suisse. A l'heure actuelle, les pays membres de l'Union
européenne se partagent par moitié entre ces deux logiques,
comptant sept monarchies et huit républiques.

Dans les pays de type monarchique, les chefs d'État
jouent surtout un *rôle symbolique*. Ils incarnent l'identité
d'un peuple, exerçant principalement des fonctions de
représentation sans intervenir directement dans les affaires
politiques. Bref, ils règnent et ne gouvernent pas. Toutefois, derrière cette apparence – et quelquefois, comme au
Royaume-Uni, cet apparat – se cache dans certaines circonstances un rôle plus actif. Ainsi en est-il en Belgique où
le roi reste le meilleur garant de l'unité du pays, et surtout en
Espagne où Juan Carlos a constitué, de 1975 à 1978, le principal moteur de la sortie de la dictature et de la transition
démocratique [33].

Dans les républiques, le caractère de la fonction présidentielle peut varier. Sans doute cette fonction a-t-elle pour point

---

33. Georges Couffignal, *Le Régime politique de l'Espagne*, Montchrestien, « Clefs », 1993 ; Pierre Bon (dir.), *L'Espagne aujourd'hui*, Les études
de La Documentation française, 1993. Les deux auteurs soulignent, à juste
titre, le rôle décisif joué par le roi Juan Carlos pour faire échouer le putsch
du colonel Tejero dans la nuit du 23 février 1981.

commun d'être ni héréditaire, ni viagère. Mais lorsqu'elle est occupée, comme dans la plupart des cas, par un *magistrat*, elle procède de l'élection soit par le Parlement (comme sous les IIIᵉ et IVᵉ Républiques françaises), soit par un collège électoral élargi (comme en Allemagne et en Italie), soit au suffrage universel direct ou indirect (comme aux États-Unis, en France depuis l962 et dans les régimes semi-présidentiels). La variété s'étend aussi à l'ampleur des pouvoirs exercés. Tantôt le président de la République n'exerce que des fonctions symboliques, à l'instar des monarques constitutionnels, tantôt il détient des prérogatives effectives, comme aux États-Unis où il constitue l'un des trois pouvoirs séparés, ou en France où il reçoit de l'article 19 de la Constitution de 1958 des attributions dispensées de contreseing.

Exceptionnellement, la fonction de chef de l'État est exercée *collégialement*. La France a connu cette situation sous le régime du Directoire. Elle l'a léguée à la Suisse où un Conseil fédéral de sept membres tient lieu à la fois de chef d'État et de gouvernement, son président élu pour un an occupant un simple rôle de *primus inter pares*. Toutes proportions gardées, l'on peut considérer qu'au sein de l'Union européenne, créée par le traité de Maastricht, le Conseil européen des chefs d'État ou de gouvernement constitue un « chef d'État » collectif.

Quoi qu'il en soit de son caractère symbolique ou effectif, la fonction de chef de l'État a survécu, dans les régimes politiques occidentaux, au déclin ou à l'abandon de la monarchie. Ce n'est qu'en période de transition qu'elle peut être amenée à disparaître temporairement, soit au profit du gouvernement (comme en France sous le gouvernement provisoire de 1944 à 1946), soit en faveur du président d'une assemblée parlementaire (comme pendant l'intérim exercé, sous la Vᵉ République, par le président du Sénat).

2. Les parlements

L'institution parlementaire, inventée dès le XIVe siècle en Angleterre, est présente aujourd'hui dans tous les régimes pluralistes occidentaux sans exception. Née d'une prérogative particulière : le droit de consentir à la levée de nouveaux impôts ainsi qu'à l'entretien d'une armée permanente, elle a progressivement étendu son rôle à l'exercice du pouvoir législatif et au contrôle de l'exécutif. C'est en 1782, en effet, que la Chambre des communes contraint le cabinet de lord North à démissionner, sanctionnant ainsi pour la première fois sa responsabilité politique.

Selon les temps et les pays, les parlements occidentaux sont composés aujourd'hui d'une ou deux chambres. Les systèmes *monocaméraux* sont, cependant, l'exception. On les rencontre, notamment, dans les pays scandinaves (Suède, Danemark…) ainsi qu'au Portugal. Les systèmes *bicaméraux* sont beaucoup plus fréquents, soit qu'ils témoignent du respect de la tradition (comme le maintien de la Chambre des lords au Royaume-Uni), soit qu'ils assurent la représentation des collectivités locales (comme les sénats français et espagnol) ou des États membres d'un État fédéral (comme le sénat américain, le Bundesrat allemand ou le Conseil des États helvétique).

Dans le cadre du bicamérisme, les pouvoirs respectifs des deux chambres peuvent être égaux ou inégaux. L'égalité est la règle en Italie et au sein du Congrès des États-Unis, sous réserve des pouvoirs propres accordés au sénat américain. Plus généralement, l'inégalité témoigne de la primauté reconnue à la chambre issue du suffrage universel direct. Ainsi les sénats espagnol et français, ainsi que le Bundesrat allemand, jouissent-ils de pouvoirs limités.

Longtemps dépositaires exclusifs de la représentation nationale, les parlements ont exercé un *pouvoir souverain*. Ce qui a conduit certains d'entre eux, comme en France sous les IIIe et IVe Républiques, à transformer le régime parlementaire en régime d'assemblée. Mais depuis la Seconde Guerre mondiale, la montée en puissance du pouvoir présidentiel ou gouvernemental, la pratique répétée du référendum et l'extension du contrôle de la constitutionnalité des lois ont fixé des limites à la souveraineté parlementaire. Ainsi, la jurisprudence du Conseil constitutionnel français considère-t-elle aujourd'hui que la loi votée par le Parlement n'exprime plus la volonté générale que dans le respect de la Constitution. En outre, le développement des pouvoirs de la Communauté européenne tend à réduire le champ d'intervention des parlements nationaux au profit d'institutions intergouvernementales ou transnationales, parmi lesquelles le Parlement européen. dont un arrêt rendu en février 1999 par la Cour européenne des droits de l'homme de Strasbourg a reconnu le caractère de « corps législatif »

3. Les gouvernements

Simples « bras exécutifs » des parlements à l'origine, les gouvernements forment aujourd'hui un pouvoir autonome. Il en a toujours été ainsi aux États-Unis où la Constitution de 1787 a institué trois pouvoirs égaux et séparés. En effet, le cumul des fonctions de chef de l'État et de chef du gouvernement ne pouvait que renforcer le rôle du Président. Ainsi, sous l'effet des guerres mondiales et de la crise de 1929, le système politique américain a-t-il évolué du régime congressionnel au régime présidentiel.

Dans tous les autres pays occidentaux, sauf en Suisse, la fonction gouvernementale est distincte de celle de chef de l'État. Mais en régime parlementaire strict, du fait de la pratique du contreseing, elle a de plus en plus tendance à absorber une part importante des prérogatives de celui-ci au profit du Premier ministre. Ce qui conduit à une présidentialisation de son rôle dont Mrs. Thatcher, en Grande-Bretagne, a illustré la pratique[34]. Cela est dû le plus souvent au

---

34. Jacques Leruez, *Gouvernement et Politique en Grande-Bretagne*, FNSP-Dalloz, 1989 ; *Le Phénomène Thatcher*, Bruxelles, Éd. Complexe, 1991.

fait que le chef du gouvernement n'est autre que le leader du parti majoritaire, situation que l'on retrouve, dans un contexte différent, en Allemagne et en Espagne où Helmut Kohl et Felipe Gonzales, comme d'ailleurs Mrs. Thatcher, ont gouverné pendant plus de dix ans. Ce qui explique que le Conseil européen, qui fait fonction de chef d'État collégial pour l'Europe communautaire, soit composé, à côté des présidents français et finlandais, de chefs de gouvernement !

Dès lors, la fonction collégiale des gouvernements, telle que le Cabinet britannique a pu l'exercer pendant plus d'un siècle, tend-elle à s'effacer au profit des Premiers ministres et autres Présidents du conseil. Et l'autorité dont jouissent ceux-ci (le *Kanzler prinzip* en Allemagne) sur les ministres devient d'autant plus forte qu'elle s'appuie sur des états-majors administratifs (*cabinet office*, chancellerie ou secrétariat général du gouvernement) placés à leur disposition.

A ces trois acteurs institutionnels principaux, s'ajoutent, naturellement, les instances juridictionnelles, c'est-à-dire selon les pays : pouvoirs judiciaires, juridictions administratives et Cours constitutionnelles. Mais tandis que les trois premiers ont de plus en plus tendance à fonctionner « en réseau », les juridictions n'interviennent généralement qu'*a posteriori*. Ce qui justifie le fait que l'on ait traité de leur activité, en tant que contre-pouvoirs, dans le chapitre précédent.

2. Les politiques institutionnelles

L'expression politique institutionnelle recouvre deux acceptions. L'on peut entendre par là, à la suite de Luc Rouban, toute politique publique impliquant pour son élaboration et sa mise en œuvre le recours à des institutions spécifiques, telle la politique suivie en matière de recherche scientifique[35]. L'on peut aussi désigner par ce terme toute

---

35. Luc Rouban, *L'État et la science*, Paris, Éd. du CNRS, 1988.

politique ayant pour principal objet la production, la transformation ou le dépérissement d'institutions publiques ou
privées[36]. C'est, naturellement, cette seconde définition
qu'on retiendra ici.

Dans les deux cas, l'expression se fonde sur la notion
d'institution[37]. Par opposition aux « institutions choses »,
synonymes de « statuts », définies par Durkheim comme des
phénomènes sociaux, impersonnels et collectifs, présentant
permanence, continuité et stabilité, Maurice Hauriou a
dégagé le concept d'« institutions vivantes » ou « institutions
corps », reconnaissables à trois traits :
– l'idée d'œuvre ou d'entreprise, manifestée à l'origine
par ses fondateurs et qui constitue l'élément idéologique
(par exemple la création en 1787 par la Convention de
Philadelphie de l'État fédéral américain) ;
– l'existence d'un pouvoir organisé qui, par-delà ses fondateurs, assure à l'institution sa continuité, sinon sa pérennité,
afin d'inscrire dans la durée la réalisation de ses objectifs ;
– enfin, l'adhésion, ou du moins le consentement, des
populations participantes ou concernées par cette réalisation,
indispensable à la réussite de l'institution ainsi qu'à son
adaptation aux aléas de la conjoncture.
Or ces « institutions vivantes » sont l'objet de politiques
publiques qui ont pour rôle de les créer, de les aménager et
de les faire évoluer. Telles sont, en premier lieu, les politiques constitutionnelles qui, par voie coutumière ou par voie
législative, établissent les constitutions et les modifient.
Elles dotent les pays où règne le constitutionnalisme d'institutions fixant le siège des pouvoirs publics ainsi que leurs
relations. Telles sont aussi les lois électorales qui assurent à
ces pouvoirs la légitimité populaire sans laquelle les régimes
politiques seraient privés du caractère démocratique. Telles

---

36. Jean-Louis Quermonne, « Les politiques institutionnelles », *in*
Madeleine Grawitz et Jean Leca, *Traité de science politique*, Paris, PUF,
1985, t. IV, p. 61 et suiv.
37. Jacques Chevallier, « L'analyse institutionnelle », in *L'Institution*,
Paris, CURAP, PUF, 1981.

sont enfin les mesures qui permettent le fonctionnement régulier des partis politiques, notamment les conditions de leur financement, et celles qui, là où le système de parti ne peut suffire à assurer la gouvernabilité, tendent à réglementer la marche des institutions en faisant appel aux mécanismes du parlementarisme rationalisé.

Rappelons que ces politiques institutionnelles peuvent donner lieu à deux séries de systèmes politiques que les auteurs omettent trop souvent de distinguer.

1. Les régimes inédits

Ce sont ceux qui résultent de la capacité d'innovation de la coutume constitutionnelle ou du pouvoir constituant. Leur invention donne alors lieu à l'institution d'un modèle ou, mieux, d'un *type idéal*, pour reprendre l'expression de Max Weber, susceptible d'inspirer diverses applications. Le plus prestigieux d'entre eux fut, naturellement, la « Constitution d'Angleterre » au sens où l'entendit Montesquieu dans *L'Esprit des lois*. Car elle a servi de matrice à une multitude de régimes politiques en Europe, dans les pays du Commonwealth et dans le monde entier. Mais le « modèle de Westminster » a lui-même évolué. Et si ses institutions ont été largement imitées, le système bipartite qui l'anime aujourd'hui a été plus difficilement exporté.

Le second régime inédit que l'on puisse repérer, parmi les systèmes politiques occidentaux, est le régime américain. Il a donné naissance à la fois au mode de gouvernement républicain, à l'État fédéral et au système présidentiel[38]. Mais si son imitation a étendu la pratique de la république sur une vaste échelle et de l'État fédéral dans un certain nombre de pays, l'exportation du régime présidentiel s'est trouvée limitée à l'Amérique latine sous la forme dérivée du présidentialisme. En tout cas, hormis son application malheureuse en

38. Denis Lacorne, *L'Invention de la république, le modèle américain*, Paris, Hachette, « Pluriel », inédit, 1991.

France, sous la Seconde République, le régime présidentiel n'a jamais fait recette en Europe occidentale[39]. Il en est de même d'un troisième modèle inédit qui s'exprime aujourd'hui à travers l'expérience helvétique. Incompris des constitutionnalistes, il a été parfois assimilé au régime d'assemblée alors qu'il constitue un système original pratiquant au profit d'un pouvoir exécutif collégial une séparation stricte des pouvoirs. Mais l'importance que revêtent en Suisse la démocratie semi-directe et l'administration de milice s'oppose à toute tentative de qualification qui viendrait dénaturer sa singularité. Aussi ce régime *directorial* n'a-t-il jamais été imité, si ce n'est, un certain temps, en Uruguay.

Peut-on considérer, enfin, qu'il existe un modèle français ? Une *exception française*, certainement, au sens où la Révolution française et la tradition républicaine qui en est résultée ont marqué nos institutions[40]. Mais il semble difficile de repérer à travers l'évolution des IIIe et IVe Républiques un véritable « modèle », dans la mesure même où elles ont illustré davantage une dérive du régime parlementaire vers le régime d'assemblée. Encore convient-il de ne pas négliger le fait que la IIIe République a réussi, pour la première fois, à associer la république au parlementarisme et qu'elle a conservé au chef de l'État depuis plus d'un siècle une certaine prééminence, en lui confiant la présidence du Conseil des ministres, fait unique dans les annales des régimes parlementaires aujourd'hui.

Reste la Ve République. Beaucoup d'auteurs ont perçu, à travers elle, un compromis entre le régime présidentiel et le régime parlementaire ; et le plus illustre d'entre eux, Georges Pompidou, a même écrit à son sujet : « Notre système, pré-

39. Depuis la chute du mur de Berlin, le modèle présidentiel semble avoir inspiré plusieurs pays d'Europe centrale et de l'Est, notamment la Russie, avec la Constitution russe adoptée par référendum le 12 décembre 1993. Toutefois celle-ci paraît se rapprocher davantage du modèle français de la Ve République, tout en s'en écartant sur plusieurs points.

40. Philippe Séguin, *La République et l'exception française*, Paris, PUF, novembre 1993, Philosophie politique, 4 : La République.

cisément parce qu'il est bâtard, est plus souple qu'un système logique, les "corniauds" sont souvent plus intelligents que les chiens de pure race[41]. » D'autres auteurs ont tenté d'inscrire la Ve République dans une catégorie nouvelle, distincte à la fois du modèle parlementaire et du modèle présidentiel. C'est ainsi que Maurice Duverger s'est efforcé d'expliquer le régime politique de la France en l'incluant parmi les régimes semi-présidentiels. Or ceux-ci se caractérisent, selon lui, par la combinaison de l'élection du chef de l'État au suffrage universel, de l'existence de pouvoirs propres attribués à celui-ci et de la responsabilité politique du gouvernement devant le Parlement. Mais, par rapport aux autres pays retenus dans cette catégorie dont certains, tels que la Finlande, le Portugal ou l'Autriche, demeurent proches du parlementarisme, la France semble faire bande à part en reconnaissant, même en période de cohabitation, au président de la République un rôle prépondérant[42].

Aussi, avons-nous suggéré de déceler la singularité du modèle français par référence à la distinction établie dès 1959 par Georges Burdeau entre le pouvoir démocratique, incarné par la majorité parlementaire issue du système de partis, et le pouvoir d'État exercé pour un mandat d'une durée supérieure par le président de la République, son titulaire tirant aussi sa source, depuis la révision constitutionnelle de 1962, du suffrage universel direct. Or cette démarche nous a conduit à procéder à l'analyse comparative suivante. Inspirée de la distinction classique entre le parlementarisme dualiste et le parlementarisme moniste, elle tend à considérer qu'au regard du type idéal américain (susceptible d'être qualifié de régime présidentiel moniste, sur la base du cumul exercé par le président des fonctions de chef de l'État et de chef du gouvernement), la Ve République incarne la présence d'un *régime présidentiel dualiste*. La dyarchie fonctionnant en période de cohabitation entre le président

41. Georges Pompidou, *Le Nœud gordien*, Paris, Plon, 1974, p. 68.
42. Jean-Louis Quermonne, Dominique Chagnollaud, *La Ve République*, Paris, 6e éd., Flammarion, 2000, tome I, *Le Régime politique*.

de la République et le Premier ministre en a confirmé l'hypothèse[43]. Si l'analyse est exacte, il doit en résulter l'existence, parmi les systèmes politiques occidentaux, d'un quatrième type de régime inédit.

2. *Les régimes dérivés*

Aucun régime politique n'est jamais totalement importé. Et il convient de se méfier, en matière institutionnelle, des transferts de technologie. La propension américaine au développementalisme devrait nous en garder, cette méthode appliquée dans les pays du tiers monde, comme plus récemment dans les pays de l'Est, ayant donné lieu à des échecs retentissants[44].

Mais c'est un fait que les modèles inédits ont souvent inspiré, dans les périodes de transition démocratique, la sortie des dictatures. Ce fut le cas, au lendemain des deux guerres mondiales, du régime parlementaire britannique. De même, en Amérique latine, du régime présidentiel américain. Il n'est pas jusqu'à la IIIe République française qui n'ait exercé une influence sur certains systèmes politiques instaurés entre les deux guerres, en Europe centrale et orientale.

Mais heureusement, l'importation des régimes politiques est souvent assortie d'un effort d'adaptation plus ou moins couronné de succès. Ainsi en a-t-il été de l'invention du « parlementarisme rationalisé ». Or, si son application postérieure à 1918 ne fut guère concluante, sa mise en œuvre après 1945 semble avoir mieux réussi, encore que son expérimentation en Allemagne et en Espagne ait été largement servie par l'émergence d'un système de partis adapté, l'Italie apparaissant comme une contre-performance. L'Espagne mérite sans doute, à cet égard, une mention

43. Toutefois, l'institution du quinquennat risque d'en modifier le cours et d'ouvrir une période d'incertitude.

44. Bertrand Badie, *Le Développement politique*, Economica, 4e éd., 1988 ; Claus Offe, « La théorie démocratique et la transition en Europe de l'Est », *Revue française de science politique*, vol. 42, n°6, décembre 1992.

particulière. La plus récente des constitutions d'Europe occidentale, la Constitution espagnole de 1978, a bien pu apparaître à ses débuts comme l'expression d'un syncrétisme, conciliant diverses recettes en provenance de l'Allemagne, de la France et de l'Italie. Mais au rythme de son application se révèlent davantage les traits de son originalité : la place occupée par la couronne, la spécificité de la procédure législative, le rôle des communautés autonomes… Encore que, là aussi, l'édifice institutionnel soit servi par l'existence d'une bipolarisation.

Quant aux pays dans lesquels le parlementarisme a été initialement équilibré par un pouvoir présidentiel issu du suffrage universel, comme l'Autriche, la Finlande ou le Portugal, sans parler de l'Irlande et de l'Islande, leur dérive vers le régime parlementaire classique tend à montrer la difficulté de greffer sur un mécanisme éprouvé un apport extérieur hétérogène. Il sera intéressant de voir, à ce propos, si la réforme du quinquennat modifie profondément l'équilibre de la Ve République.

3. Les modes de gouvernement

L'analyse des politiques institutionnelles permet, ainsi, de mieux saisir la genèse et l'évolution des modes de gouvernement. Elle nous dispensera donc de trop longs développements descriptifs concernant la typologie des régimes au regard de leurs institutions. La théorie constitutionnelle classique en retenait trois types : les régimes d'assemblée, les régimes parlementaires et les régimes présidentiels. Sans être totalement obsolète, cette classification est désormais dépassée, même si la complexité et la diversité des pratiques empêchent encore de lui en substituer une autre.

Par conséquent, l'on s'en tiendra, ici, en éliminant le régime d'assemblée aujourd'hui récusé pour son « ingouvernabilité », aux deux catégories classiques des régimes de type parlementaire et de type présidentiel. Et l'on inclura dans chaque catégorie les variantes inspirées par la pra-

tique, susceptibles de générer un jour l'existence de nouvelles catégories autonomes. Toutefois, avant de procéder
de la sorte, encore devra-t-on présenter une observation
générale importante. Alors que les auteurs de la fin du XIXe
et du début du XXe siècle prenaient pour cible, dans leur
effort de classification, la souveraineté du Parlement, celle-
ci ne peut plus servir de guide aujourd'hui. C'est, au
contraire, la montée en puissance des gouvernements,
assortis des appareils d'expertise dont ils disposent, qui
constitue le facteur d'explication décisif du fonctionnement
des régimes pluralistes contemporains. A quoi s'ajoute,
naturellement, l'influence exercée par les systèmes de partis, ou par leur insuffisance, dont il sera traité dans un autre
chapitre.

1. Les régimes de type parlementaire

En tenant compte du poids historique exercé par le parlementarisme britannique, on propose de distinguer trois
variantes ayant pour matrice le modèle de Westminster.

A. Le modèle de Westminster fait figure, en effet, de parlementarisme à l'état pur. Sans doute, n'est-t-il jamais resté
identique, passant du dualisme au monisme. Mais le
monisme lui-même a sécrété au sein de la Chambre des communes le contre-pouvoir de l'opposition. Si bien que le
régime britannique, aujourd'hui, résulte davantage d'un système de partis que d'un équilibre institutionnel. Et l'on serait
tenté d'appliquer à sa compréhension la grille d'analyse inspirée du concept de *réseau* (*policy network*)[44]. C'est elle qui
éclaire le mieux, croyons-nous, l'étude du processus législatif. Car, partant de la demande sociale, via la médiation des
partis politiques, elle franchit les différentes étapes de
l'expertise pour atteindre celle du discours du trône prononcé en début de session parlementaire par le monarque ;
puis elle chemine à travers les trois lectures par la Chambre

---

44. Patrick Le Galès, Marx Thatcher (dir.), *Les Réseaux de politiques
publiques*, L'Harmattan, 1995.

des communes, assorties de l'examen en commission, pour parvenir, après le vote des Lords et une éventuelle nouvelle délibération des Communes effectuée sous l'œil attentif du Premier ministre, au stade de la sanction royale. Le pluralisme dont témoigne ce processus en réseau tient moins, par conséquent, à la séparation des pouvoirs dont il serait malaisé de déceler les frontières, que du pouvoir critique exercé par l'opposition tout au long du parcours et des multiples interventions effectuées à différentes étapes de celui-ci par les groupes de pression.

Dès lors, il ne semble plus pertinent d'expliquer le régime parlementaire, comme le faisaient nos devanciers par les trois règles qui présidaient traditionnellement à son enseignement :

– l'irresponsabilité du chef de l'État, dont les prérogatives sont assurées par le gouvernement, par l'exercice du contreseing ;

– la responsabilité politique du cabinet devant le Parlement, voire dans certains cas devant la seule chambre issue du suffrage universel ;

– le droit de dissolution de cette chambre, ou des deux chambres du Parlement, exercé théoriquement par le chef de l'État mais en fait par le chef du gouvernement.

En réalité, l'essence du parlementarisme se manifeste, aujourd'hui, au Royaume-Uni, à travers le dialogue permanent qu'entretient l'activité parlementaire entre la majorité et l'opposition. Or, un tel contrôle se traduit beaucoup moins par la censure du gouvernement, qui n'est intervenue qu'une seule fois depuis 1945 au détriment du cabinet Callaghan à une voix de majorité le 4 février 1979[45]. Il se matérialise davantage à travers les questions écrites et orales des députés, l'investigation des commissions de contrôle et les débats imposés par l'opposition, et parfois même par sa majorité, au gouvernement. Il se manifeste, enfin, à l'heure

---

45. Observons également qu'en Allemagne depuis 1949 et en France depuis 1958, la motion de censure n'a été adoptée qu'une seule fois.

des médias, par les divers canaux où s'exprime le gouvernement d'opinion.

Enfin, et surtout, l'esprit du parlementarisme contemporain résulte du dialogue qu'instaure la *délibération argumentée* portant sur le programme et les projets législatifs et budgétaires du gouvernement. C'est cette fonction, que décelait déjà Bagehot, qui révèle le caractère irremplaçable de l'institution parlementaire. Et il importe qu'aujourd'hui, vu la technicité croissante des matières à débat, elle puisse être assortie de l'expertise indépendante d'autorités compétentes, dont le meilleur exemple tient, en France, à l'activité du Commissariat général du Plan.

B. Le *parlementarisme rationalisé* constitue la deuxième variante du régime parlementaire. Formulée par Mirkine-Guetzévitch, l'expression s'applique aux régimes parlementaires issus de constitutions dont les auteurs ont cherché à pallier les insuffisances du système de partis à l'aide de mécanismes institutionnels. La plupart des systèmes politiques des pays d'Europe continentale en témoignent. Plusieurs versions peuvent être inventoriées. Dans certains cas, l'effort de rationalisation s'est appliqué au processus législatif : ainsi en Italie avec la décentralisation du pouvoir d'élaboration et d'adoption des lois (les *leggine*) au sein des commissions parlementaires, ou en Espagne à propos des décrets-lois. Dans d'autres cas, il s'est agi d'encadrer la mise en œuvre de la responsabilité politique du gouvernement : ainsi en Allemagne avec l'article 67 de la Loi fondamentale instituant la censure constructive, ou en France avec le célèbre article 49-3 de la Constitution permettant l'adoption d'un texte de loi sans vote formel de l'Assemblée nationale.

C. Enfin, l'on entrevoit une troisième variante du parlementarisme à travers la pratique réalisée dans certains pays du régime semi-présidentiel, qui tend alors à se muer en *système semi-parlementaire*. L'on vise, par là, la manière dont fonctionnent les institutions autrichiennes, irlandaises et islandaises, malgré l'élection du président de la République au suffrage universel qui n'a jamais empêché la concentration du pouvoir exécutif entre les mains du gouvernement. Mais l'on fait également référence à la dérive du régime semi-présidentiel qu'illustre l'évolution de la vie politique au Portugal et en Finlande. En témoignent les révisions constitutionnelles qui ont eu pour objet de limiter les pouvoirs propres du président dans ces deux pays.

Si l'on admet cette analyse, la France de la Ve République resterait seule à mi-chemin des deux régimes parlementaire et présidentiel. Ce qui nous autorisera à la classer sous la rubrique présidentielle, en l'assortissant d'une nuance importante.

2. Les régimes de type présidentiel

A. *Le régime présidentiel moniste américain*

Il est traditionnel de considérer le système politique des États-Unis d'Amérique comme le seul *régime présidentiel authentique*. Il se reconnaît, en particulier, au maintien de la séparation des pouvoirs, mais surtout au cumul des fonctions de chef de l'État et de chef du gouvernement au profit du président. On l'a qualifié, pour cette raison, un peu plus haut, de *régime présidentiel moniste*. L'existence de trois pouvoirs égaux et séparés n'évite le blocage des institutions que grâce à la pratique des *checks and balances*, qui les obligent à aller de concert. Ce qui conduit le président à faire un usage modéré de son droit de veto et le Congrès à réserver à des cas exceptionnels la pratique, d'ailleurs inconstitutionnelle, du veto législatif.

Rappelons, à cet égard, que si en régime parlementaire l'indépendance du chef de l'État est fondée sur son irresponsabilité (le roi ne peut mal faire), en régime présidentiel, elle repose sur sa responsabilité directe devant l'opinion : ce que les Américains appellent d'un terme intraduisible, l'*accountability*, qui signifie à la fois imputabilité et responsabilité.

En vertu de ce principe, ni le président ni le Congrès ne disposent du pouvoir d'écourter leurs mandats respectifs. Le président ne peut jamais dissoudre le Congrès, et le Congrès ne peut pas mettre en jeu la responsabilité politique du président, ni celle des secrétaires d'État.

Cependant, l'étanchéité des rapports du président et du Congrès a pour contrepartie un système de *checks and balances* qui, outre la structure souple des partis, permet au pouvoir exécutif et au pouvoir législatif américains d'exercer leur indépendance dans l'interdépendance. Plusieurs mécanismes contribuent à réaliser cet équilibre. Les uns sont de pratique courante ; les autres ne constituent qu'un pouvoir de dissuasion.

a. La *procédure d'impeachment* ne met pas en jeu la responsabilité politique du président des États-Unis devant le Congrès. Elle consiste dans la faculté accordée à la Chambre des représentants de traduire le président – ainsi que le vice-président et les fonctionnaires civils des États-Unis – devant le Sénat pour trahison, corruption ou autres hauts crimes et délits. C'est une procédure très rarement appliquée. Elle a été engagée une première fois, en 1868, à l'encontre du président Johnson[46] ; mais elle a échoué d'une voix, la condamnation du président des États-Unis requérant la majorité des deux tiers des sénateurs présents.

En 1974, dans le cas du président Nixon, la procédure n'a pas été officiellement déclenchée. A trois reprises, la commission compétente de la Chambre des représentants a conclu à la nécessité d'engager la procédure d'*impeachment* ; mais, avant même que les députés n'aient décidé de traduire le chef de l'exécutif devant le Sénat, Richard Nixon a remis sa démission[47].

Par conséquent, la deuxième expérience de la procédure d'*impeachment* résulte de son application en 1998-99 au président W.K. Clinton, à l'occasion de l'affaire Lewinski.

---

46. Qui n'a rien à voir avec le président Lyndon B. Johnson qui a succédé à John F. Kennedy à la suite de l'assassinat de ce dernier en 1963.
47. On a déjà fait observer que cette démission avait été influencée par une décision de la Cour suprême du 24 juillet 1974 *(United States v/Richard Nixon)* refusant au président d'invoquer le « privilège de l'exécutif » pour justifier son refus de livrer les bandes magnétiques sur lesquelles avaient été enregistrées des conversations avec ses collaborateurs.

Déclenchée par le vote par la Chambre des Représentants de deux articles de destitution le 19 décembre 1998, elle s'est conclue, après bien des rebondissements, le 12 février 1999 par le double vote du Sénat déclarant par 54 voix contre 45 et un bulletin blanc le président non coupable de parjure et par 50 voix contre 50 (la majorité requise étant de 67 voix) le déclarant non coupable d'obstruction à la justice. C'était la quatorzième fois que le Sénat siégeait sous la présidence du *Chief Justice* en tant que Cour de justice.

Or cette deuxième expérience, s'agissant d'un président des États-Unis, a démontré la capacité des institutions à écarter toute dérive de la procédure d'*impeachment* dans le sens d'une mise en jeu de la responsabilité politique, comme aurait pu le faire craindre l'exploitation de l'affaire du Watergate.

b. Réciproquement, le Congrès est indépendant du président et cette indépendance lui confère la plénitude du pouvoir législatif.

En théorie, le président des États-Unis est étranger à l'élaboration des lois. D'une part, il n'en a pas l'initiative (il ne peut pas déposer, comme le Premier ministre français, un projet de loi sur le bureau de la Chambre des représentants ou sur le bureau du Sénat). Il tourne la difficulté en faisant déposer des projets par des membres du Congrès ; mais, juridiquement, il n'existe que des propositions de loi, même si elles ont été préparées par les collaborateurs du président ou par son administration. Le président peut également assortir les messages sur l'état de l'Union, qu'il adresse tous les ans au Congrès, d'annexes qui contiennent le programme législatif qu'il souhaite voir adopter. Ces annexes vont jusqu'à contenir des textes rédigés, article par article, destinés à inspirer les travaux des commissions parlementaires. Mais, malgré cela, ni le président ni ses secrétaires ne disposent des attributions que le parlementarisme rationalisé accorde aux gouvernements européens pour faire adopter leurs projets de loi : les relations entre l'exécutif et le législatif sont informelles ; elles donnent lieu à des déjeuners à la Maison-Blanche, à des coups de téléphone, ou elles s'exercent par l'intermédiaire des partis.

En outre, le Congrès peut peser sur la politique intérieure et extérieure du président à l'occasion de l'adoption du budget. Et, en vertu de la Constitution, il appartient au Sénat de donner son consentement à la nomination des hauts fonctionnaires fédéraux et des juges à la Cour suprême et d'approuver, à la majorité des deux tiers, les traités internationaux.

c. Enfin, il existe, au profit de l'un et l'autre pouvoir – mais dans une limite incertaine aujourd'hui en ce qui concerne le Congrès –, un *droit de veto*.

Si le président des États-Unis n'a ni l'initiative des lois ni la possibilité d'intervenir au cours de leur élaboration, il dispose, une fois les lois votées, d'un droit de veto à leur égard. Washington et les premiers présidents des États-Unis furent discrets dans l'usage de cette prérogative et n'opposèrent leur veto qu'à l'encontre de textes de lois jugés inconstitutionnels. Mais, depuis Jackson, élu en 1828, le veto répond davantage à des considérations d'opportunité. Et, au cours de la période contemporaine, le recours au veto a été fréquent : Franklin Roosevelt bat le record avec 631 vetos, le président Nixon a été plus modeste, avec 42 vetos seulement, tandis que le président Reagan en a émis, en deux mandats, 78 et le président Bush 11.

Une distinction oppose deux types de veto, le *veto exprès* et le *veto de poche* (ou *pocket-veto*). Le *veto exprès* est celui que formule le président dans les dix jours de la transmission d'une loi par le Congrès et par lequel il lui notifie son refus d'en faire application. Dans ce cas, soit le Congrès s'incline, soit, au cours de la session suivante, il rétablit le texte ; mais, pour surmonter le veto présidentiel, il lui faut à nouveau le voter dans chacune des Chambres, à la majorité des deux tiers.

Le *veto de poche* constitue un moyen détourné. Toutes les assemblées du monde prennent du retard dans le déroulement de la procédure législative ; elles entassent les projets de lois qui, par le jeu des navettes, s'accumulent dans les derniers jours d'une session avant d'être finalement adoptés. Nos journaux officiels de la fin décembre ou du début juillet sont toujours surchargés de lois votées en fin de session. Il en est de même aux États-Unis. Dès lors, le président utilise un subterfuge. Comme il dispose de dix jours pour promulguer les lois, ce délai chevauche la plupart du temps la fin de la session parlementaire. Si le Congrès ne siège plus à l'expiration de cette échéance, le président ne pourra plus lui transmettre son veto. Et s'il laisse les choses en l'état en ne signant pas la loi, celle-ci ne sera pas promulguée. A la session suivante, le Congrès pourra reprendre la procédure s'il le souhaite, mais à son point de départ, sans pour autant être contraint de réunir dans chaque Chambre la majorité des deux tiers. Le *veto de poche* permet en fait d'assouplir la procédure du *veto exprès* par une procédure informelle.

Quant au *veto législatif*, il s'agit d'une création coutumière du Congrès, liée, à l'origine, à la fréquence des lois d'habilitation. Il résulte de la pratique par laquelle le Congrès a progressivement soumis les mesures prises en application de ces lois, par le président ou l'administration, au vote d'approbation ou d'improbation émis par le Congrès lui-même, par l'une de ses deux Chambres, ou par une commission compétente.

Pratique née en 1932, au moment où ont été réorganisées les structures du pouvoir exécutif, le veto législatif a donné lieu à une inflation excessive : 295 procédures de veto législatif prescrites par 196 lois. Aussi les derniers présidents des États-Unis ont-ils jugé cette inflation inconstitutionnelle, le président Carter attendant de la Cour suprême qu'elle en arrête l'extension.

Cette occasion s'est produite en 1983 à la faveur d'un recours dirigé contre l'expulsion d'un ressortissant étranger[48]. Mais la portée de l'arrêt Chadha donne lieu à discussion ; d'après certains commentateurs, 56 lois seraient actuellement susceptibles d'être déclarées inconstitutionnelles ; selon d'autres, la position définitive de la Cour est loin d'être arrêtée de manière définitive.

En fait, le système américain ne saurait être compris sans

---

48. Le 23 juin 1983, *Immigration and Naturalization Service v/Jagdish Rai Chadha.*

référence à la structure souple des partis républicain et démocrate dont on traitera plus loin. L'absence de discipline de vote au sein des groupes parlementaires offre l'explication de la capacité de marchandage dont dispose l'exécutif pour obtenir du Congrès le vote des lois et des budgets nécessaires à l'application de sa politique. Il en résulte que le clivage entre la majorité et l'opposition, qui est au cœur de la vie politique britannique, n'a pas d'équivalent outre-Atlantique, où il fait place à la logique du compromis.

B. *Les régimes de type présidentiel hors des États-Unis*
Le système politique de la Suisse se rapproche du régime présidentiel dans la mesure où le Conseil fédéral, en tant qu'exécutif collégial, ne peut être censuré par les assemblées et où il ne peut, à son tour, prononcer leur dissolution. En outre, la « formule magique » qui préside à sa composition trahit l'absence de distinction nette entre une majorité et une opposition, ce qui conduit le système à fonctionner au consensus. Mais la singularité du mode de gouvernement helvétique l'emporte sur tout effort de classification. Et il paraît prudent de le situer hors série.

a. En revanche, le *présidentialisme* se présente clairement comme une forme dérivée du régime présidentiel. Étendu à l'Amérique latine, il a servi de cadre au populisme, avant de devenir la terre d'accueil de la transition démocratique[49]. Mais depuis les travaux désormais classiques de Jacques Lambert, l'expression qui le désigne ne saurait déborder les limites de cette expérience. C'est pourquoi l'on se refuse, ici, contrairement à l'attitude de plusieurs constitutionnalistes français, à l'employer pour qualifier la Ve République.

b. Quant au régime *semi-présidentiel*, il désigne, selon

49. Cf., sur ce point, l'étude de Gérard Conac, *Pour une théorie du présidentialisme*, publiée dans les mélanges Burdeau, LGDJ, 1977, confortée par les remarquables travaux de Guy Hermet. Cf. également, sous la direction de Georges Couffignal, *Réinventer la démocratie, le défi latino-américain*, FNSP, 1992, notamment l'étude d'Hubert Gourdon sur les nouvelles politiques constitutionnelles, p. 247-272.

Maurice Duverger, toute situation dans laquelle le chef de l'État est élu au suffrage universel et dispose de certains pouvoirs propres, tandis que le gouvernement demeure responsable politiquement devant le parlement, lequel peut faire l'objet d'une dissolution. L'auteur a cru pouvoir en repérer la trace à travers l'histoire fugitive du régime de Weimar en Allemagne, puis en observant le fonctionnement des régimes politiques de l'Autriche, de la Finlande, de l'Irlande, de l'Islande et du Portugal. En fait, une grande diversité de comportement tend à opposer leur pratique. Et l'élection au suffrage direct des présidents de l'Autriche, de l'Irlande et de l'Islande n'affecte en rien le caractère parlementaire de leur régime. On peut bien relever, en Finlande et au Portugal, l'existence de quelques pouvoirs propres au profit du président. Mais ils restent très en deçà des prérogatives du président de la Ve République. Aussi, Georges Vedel a-t-il considéré que l'ampleur de celles-ci justifierait plutôt l'appellation de « régime sur-présidentiel » que celle de régime semi-présidentiel.

c. Dès lors, il nous semble préférable de classer la Ve République française sous la rubrique des systèmes présidentiels, à condition de qualifier son régime de *présidentiel dualiste*. L'hypothèse de travail proposée s'inspire, en effet, de la classification traditionnelle opposant les régimes parlementaires monistes et dualistes. Car, si l'on considère qu'aujourd'hui le point de polarisation d'un système politique n'est plus le parlement mais l'exécutif, il importe de privilégier en conséquence la situation respective des exécutifs monistes et dualistes. Comme on l'a vu, le monisme l'emporte aux États-Unis, où le président cumule les fonctions de chef d'État et de gouvernement. En France, au contraire, le dualisme est fortement enraciné, comme l'ont montré successivement Francis de Baecque et Jean Massot[50]. Or dans certaines circonstances, le dualisme tend à la *dyarchie*. Certes, une telle dyarchie est plus visible en

---

50. Jean Massot, *La Présidence de la République en France*, La Documentation française, 1997.

période de cohabitation. En temps ordinaire, le général de Gaulle en avait récusé l'existence, considérant que s'« il est normal chez nous que le président de la République et le Premier ministre ne soient pas un seul et même homme... on ne saurait accepter qu'une dyarchie existe au sommet ». Mais, malgré le maintien de la primauté présidentielle par ses successeurs, l'on doit reconnaître que le pouvoir exercé à Matignon par le chef du gouvernement ne se ramène pas à la simple exécution des directives présidentielles. « Lui c'est lui, moi c'est moi », avait lancé, de son côté, le jeune Premier ministre proche de François Mitterrand, Laurent Fabius, comme pour souligner le dualisme de l'exécutif caractéristique de la Ve République.

Par conséquent, les autres régimes qualifiés de semi-présidentiels ayant tous évolué dans le sens du parlementarisme, force est bien de reconnaître la spécificité du système français dans lequel s'enracine ce dualisme. Or dans la mesure où il maintient – même sous une forme atténuée en période de cohabitation qui l'incline vers le parlementarisme – la primauté présidentielle, il paraît légitime de le classer sous la rubrique présidentielle, à condition d'en souligner le caractère dualiste, qui l'oppose au modèle américain.

Il pourrait en être, à l'avenir, différemment, si l'institution du quinquennat, en rapprochant la durée du mandat présidentiel de celle des fonctions du Premier ministre, tend à renforcer ces dernières. À moins qu'à l'inverse, une telle réforme ne mène finalement la Ve République sur la voie d'un régime présidentiel de type plus classique ?

En fait, si l'on prend quelque recul à l'égard des classifications traditionnelles, on observe une assez grande communauté de fonctionnement à travers l'éventail des régimes politiques occidentaux. Dans la pratique, ce fonctionnement oscille entre deux pôles : le pôle parlementaire, qui a longtemps servi d'aimant aux systèmes politiques, à l'imitation de ce qui a inspiré au cours de plusieurs décennies la vie politique britannique ; et le pôle gouvernemental, qui semble dominer un peu partout la vie politique aujourd'hui. Il n'en demeure pas moins que ce pôle présente, ici et là, des caractéristiques différentes selon qu'il s'ordonne autour d'un seul titulaire, comme aux États-Unis et en Amérique latine, ou autour de deux titulaires, comme en théorie dans les régimes parlementaires et de manière effective en France, sous la Ve République.

4

Les modes de scrutin
et la démocratie élective

Les modes de scrutin sont une composante importante des régimes politiques[51]. Et comme les constitutions, ils connaissent la même stabilité dans les pays anglo-saxons et la même instabilité en Europe continentale. Dans les premiers, règne sans partage, même s'il est contesté en Angleterre, le scrutin majoritaire à un tour. Dans la seconde, surgissent la variété et l'alternance des systèmes. En France, les modes d'élection de l'Assemblée nationale et du Sénat ne relèvent pas de la Constitution, ni même de la loi organique, mais de la loi ordinaire.

Pendant de longues années – sauf aux États-Unis –, l'on s'est contenté de distinguer les élections générales des élections locales. Les premières s'identifiaient aux élections législatives, seul mode d'expression directe de la souveraineté populaire au niveau national. Les secondes étaient considérées, dans les pays centralisés, comme de simples élections administratives. Aujourd'hui, cette distinction ne s'applique plus qu'aux régimes parlementaires *stricto sensu*. Aux États-Unis et dans les régimes considérés comme semi-présidentiels sont en compétition deux circuits électifs habilités à conférer la légitimité aux pouvoirs publics : l'élection présidentielle et l'élection législative, intervenant l'une et l'autre au suffrage universel direct. Il en est ainsi en France. Parfois s'y ajoutent le référendum, facteur de perturbation

---

51. Olivier Ihl, *Le Vote*, Montchrestien, « Clefs », 1996.

de la démocratie représentative, et, en Europe, les élections au Parlement européen[52].

Ainsi, depuis le début de la Ve République, et jusqu'à aujourd'hui, la France a connu en quarante-deux ans – si l'on inclut les votations fondatrices de 1958 – 6 élections présidentielles (en comptant la première intervenue au suffrage indirect); 11 élections législatives, 7 référendums et 5 élections européennes, soit 30 consultations appelant les électeurs à se prononcer au plan national. Le rythme de la démocratie élective s'est donc considérablement accru, en même temps que se sont diversifiés les modes de scrutin[53].

Sans pouvoir, naturellement, les analyser tous, on s'attachera d'abord à étudier le rôle de la fonction élective dans les démocraties occidentales; puis les principaux systèmes électoraux : majoritaire, proportionnel et mixte; enfin, les effets des lois électorales sur les systèmes de partis.

1. La fonction élective

A quoi sert une élection en démocratie occidentale ? Trois fonctions lui sont généralement assignées.

A l'échelle nationale, une élection a d'abord pour objet de faire *désigner les gouvernants* par les gouvernés. Conformément à son étymologie (du verbe latin : *eligere*, choisir), elle offre aux électeurs, à intervalles réguliers, l'occasion de choisir leurs gouvernants. La loi constitutionnelle française du 3 juin 1958 l'explicite en proclamant : « Seul le suffrage universel est la source du pouvoir ; c'est du suffrage universel ou des instances élues par lui que dérivent le pouvoir législatif et le pouvoir exécutif. »

La deuxième fonction d'une élection générale est de dresser officiellement l'*état des tendances politiques*. Ainsi le

52. Claude Emeri, « Élections et référendums », *in* Madeleine Grawitz et Jean Leca, *Traité de science politique, op. cit.*, t. III, chap. v, section 1.
53. Pierre Brechon, *La France aux urnes*, les études de La Documentation française, 3e éd., 1998 ; Alain Lancelot, *Les élections sous la Ve République*, Paris, PUF, « Que sais-je ? », 1988.

résultat d'un scrutin doit-il permettre de mesurer l'importance respective des différents partis et « familles politiques ». Sans doute cette situation peut-elle être connue à l'avance, grâce aux progrès réalisés par les sondages[54]. Mais il est nécessaire qu'elle résulte de temps en temps d'une consultation incontestable, réalisée « en grandeur nature ». Or, si le scrutin majoritaire facilite davantage le choix des gouvernants, la représentation proportionnelle mesure mieux l'importance respective des courants politiques. Toutefois, lorsque le système en vigueur est le scrutin majoritaire à deux tours, le premier tour peut remplir assez correctement cette fonction.

Le troisième rôle assigné à la fonction élective aujourd'hui (c'est peut-être la fonction la plus importante) est *de conférer ou de retirer aux pouvoirs publics leur légitimité.* Cette fonction n'a pas toujours été suffisamment soulignée. Or, elle a pris une importance déterminante avec le développement de l'alternance. L'opinion publique française en a pris une claire conscience le 28 avril 1969, lorsque, ayant été désavoué la veille par référendum, le général de Gaulle a décidé sur-le-champ de se retirer à Colombey.

Depuis lors, conformément à une analyse qui avait été faite dès 1962 par René Capitant[55], la classe politique française a considéré que *certaines* élections nationales[56] – voire certains référendums – pouvaient être l'occasion d'une mise en jeu de la responsabilité politique du président de la République devant les électeurs. D'aucuns ont même étendu cette interprétation, soit aux élections législatives ordinaires, soit à des élections intermédiaires (partielles ou locales) – ce qui est excessif –, soit encore à des élections qui n'ont pas pour objet de désigner les mandataires de la souveraineté nationale (comme les élections européennes) – ce qui est erroné. Il

---

54. « Les Sondages », *Pouvoirs,* n° 33, 1985.
55. René Capitant, *Écrits constitutionnels,* Paris, Éd. du CNRS, 1982, 2ᵉ partie, titre II, p. 429 et suiv.
56. Les élections présidentielles, évidemment, mais également les élections législatives anticipées, résultant de l'exercice du droit de dissolution appartenant au chef de l'État.

n'empêche que l'idée américaine d'*accountability*, c'est-à-dire d'imputabilité à un leader politique ou à une majorité des résultats positifs ou négatifs de sa politique, a progressivement pénétré l'opinion publique européenne. Et, dans une certaine mesure, elle sert aujourd'hui à transformer une élection en procédure d'approbation ou de révocation du candidat ou de la majorité qui sollicitent le renouvellement du mandat.

L'alternance confère généralement à son bénéficiaire ce que François Mitterrand avait baptisé en 1981 d'« état de grâce ». Déjà, sous la IVe République, Pierre Mendès France observait que l'investiture de l'Assemblée nationale offrait au président du Conseil un crédit de quelques semaines pour gouverner en disposant d'une marge de liberté. Mais, si cette situation peut assez vite se détériorer, cela ne saurait, à la faveur d'élections partielles ou locales, remettre en cause le mandat du président ou de la majorité. Sauf référendum défavorable ou élections législatives anticipées à la suite d'une dissolution de l'Assemblée, la démocratie exige que ce mandat soit conduit à son terme.

Naturellement, la concomitance des élections législatives et du choix du chef effectif du gouvernement simplifie, de ce point de vue, le fonctionnement de la vie politique d'un pays. Tel est le cas en Grande-Bretagne lors des élections à la Chambre des communes. Celles-ci, on l'a dit, permettent aux électeurs de choisir, à la faveur d'un même scrutin, la majorité parlementaire et le Premier ministre. On conçoit, par conséquent, qu'à intervalles réguliers l'opinion publique française soit sollicitée d'instaurer le « gouvernement de législature », en fixant le même jour les élections présidentielles et législatives. Mais, dans sa conférence de presse du 31 janvier 1964, le général de Gaulle avait écarté cette hypothèse « parce que la France est ce qu'elle est, il ne faut pas que le président soit élu simultanément avec les députés, ce qui altérerait le caractère et abrégerait la durée de sa fonction de chef de l'État ». Sans même que nos institutions soient révisées, l'on verra si l'institution du quinquennat infirme ce postulat...

Avant d'en terminer avec la fonction élective, il faut dire un mot du défi lancé au suffrage universel par Philippe

Braud. Dans un livre publié en 1980, l'auteur dérange le confort dans lequel nous a depuis longtemps installés la pratique répétée de la démocratie élective. Et il en souligne un aspect jusque-là méconnu : « Tout se passe, écrit-il, comme si la scène électorale était bien autre chose que le lieu où s'ordonnent, en se simplifiant, les préférences conscientes des électeurs : une sorte de rite social aux fonctions un peu magiques, mobilisant davantage les affects que la raison, les profondeurs de l'inconscient plus que les facultés cognitives du Sujet pensant. » Ainsi apparaît une quatrième fonction de l'élection, la *fonction ludique*, qui caractérise en particulier la campagne électorale. « Ludique, la campagne l'est d'abord parce qu'elle est un spectacle et, qui plus est, alors que tout se vend, un spectacle gratuit […]. Ludique, la campagne l'est encore en ce qu'elle est directement un déni de l'ordre, une transgression ritualisée, donc acceptée par la société qui y voit un divertissement au sens fort du terme[57]. » En d'autres termes, comme Carnaval, et pour un jour seulement, la hiérarchie établie entre gouvernants et gouvernés se trouverait inversée, tandis que dans les jours ordinaires on ne convie jamais les électeurs « à se prononcer sur l'entrée dans leur existence quotidienne d'une centrale nucléaire, d'une autoroute, voire d'un simple hypermarché ».

Il n'empêche que ceux-là mêmes qui prennent de telles décisions ont été légalement habilités à les prononcer. Ils ne le sont, certes, qu'une fois tous les cinq ou six ans par le suffrage universel, qui se décharge sur eux du soin de contrôler à leur tour les véritables décideurs : hauts fonctionnaires ou groupes de pression. Mais viendraient-ils nombreux sur l'agora, les citoyens qui seraient appelés à voter tous les jours ?

A cet égard, la très grande fréquence des votations en Suisse et aux États-Unis vient apporter une réponse : celle d'une trop grande abstention[58].

57. Philippe Braud, *Le Suffrage universel contre la démocratie*, Paris, PUF, 1980, p. 16 et 27.
58. Françoise Subileau, Marie-France Toinet, *Les chemins de l'abstention, une comparaison franco-américaine*, Paris, Éd. de la Découverte, 1993.

2. Le scrutin majoritaire

Dans son principe, le mode de scrutin majoritaire est évidemment le plus simple. De ce fait, il apparaît le plus apte à remplir la première fonction assignée à l'élection : le choix des gouvernants. Mais, à travers ses différentes modalités, il comporte deux principales variétés[59].

1. Le *scrutin majoritaire à un tour* est le plus sommaire. Le ou les candidats ayant obtenu au tour unique le plus grand nombre de suffrages exprimés est ou sont proclamés élus. Ce mode de scrutin comporte néanmoins deux modalités : il peut être uninominal ou de liste.

A. Le scrutin uninominal est celui qui s'applique lorsqu'un seul siège est mis en compétition dans chaque circonscription. La Grande-Bretagne en offre l'exemple avec une Chambre des communes élue sur la base de 659 circonscriptions. En 1993, l'Italie l'a adopté pour les trois quarts des députés et des sénateurs.

L'un des problèmes que soulève ce mode de scrutin tient à la délimitation des circonscriptions. Les mouvements de population, l'urbanisation, le dépeuplement des campagnes remettent périodiquement en cause ce découpage, dès lors que l'on veut assurer une représentation équitable de la population. Ce problème se pose également en France avec le scrutin uninominal à deux tours. Le découpage entraîne, du fait de la mobilité de la population, des inégalités ; il peut être aussi manipulé par le pouvoir politique afin de favoriser soit les zones rurales, soit les zones urbaines, en fonction des intérêts des partis au pouvoir. C'est pourquoi les Anglais ont constitué une commission indépendante qui, sous le contrôle du *Speaker* de la Chambre des communes, procède à un remembrement périodique des circonscriptions électorales,

---

59. Jean-Marie Cotteret, Claude Emeri, *Les Systèmes électoraux*, Paris, PUF, « Que sais-je ? », 4ᵉ éd., 1983 ; Pierre Martin, *Les Systèmes électoraux et les Modes de scrutin*, 2ᵉ éd., Montchrestien, « Clefs », 1997.

et réfléchit, sous l'impulsion de Tony Blair, à un éventuel changement de mode de scrutin[60].

B. Le *scrutin de liste* se pratique lorsque plusieurs sièges sont à pourvoir dans une seule et même circonscription. Le principe en est simple, si les modalités en sont plus complexes. On en distingue généralement trois types :

– le premier est celui des *listes bloquées*. Dans ce cas, l'électeur ne peut choisir qu'entre plusieurs listes, sans modifier ni leur composition ni l'ordre de présentation des candidats. Cette contrainte confère bien entendu au parti qui les présente une grande force, puisqu'il impose à l'électeur de prendre ou de rejeter le *ticket* en entier ;

– un deuxième type de scrutin de liste est le *scrutin plurinominal* (ou de listes ouvertes). Il s'agit d'un scrutin qui permet aux électeurs de « panacher », c'est-à-dire de constituer leur propre liste à la carte en piochant dans les listes en compétition les candidats de leur choix et en les plaçant dans l'ordre de leur préférence ;

– enfin, un troisième type de scrutin de liste a été pratiqué par la France en 1951 et en 1956 ; il s'agit du scrutin majoritaire de liste assorti du *système des apparentements*. En vertu de ce système à tour unique, si une liste bloquée obtient la majorité absolue des suffrages exprimés, elle emporte la totalité des sièges. Si elle n'obtient pas la majorité absolue, ce qui fut le cas général en 1951 et 1956, les listes qui ont déclaré s'apparenter avant le scrutin, et dont l'addition des suffrages atteint la majorité absolue, se répartissent entre elles la totalité des sièges à la représentation proportionnelle. Seules sont écartées de cet avantage les listes non apparentées. Un tel système visait à protéger les partis du centre contre l'offensive conjuguée du parti communiste et du RPF. En s'apparentant, ces partis réussirent en 1951 à maintenir au pouvoir la « troisième force ». Lorsque aucune liste ou aucun groupement de listes apparentées n'obtient la majorité absolue des suffrages expri-

60. David M. Farrel, « La Réforme hésitante du système électoral de la Chambre des communes », *Pouvoirs*, n° 93, p. 53 *sq.*

més, il est fait application de la représentation proportionnelle à l'ensemble des listes en compétition.

2. Le *scrutin majoritaire à deux tours* apparaît déjà plus complexe :

– pour être élu au premier tour, un candidat ou une liste doit avoir recueilli la majorité absolue des suffrages exprimés (c'est-à-dire la moitié plus un) et, dans certaines hypothèses, le quart des électeurs inscrits ;

– si aucun candidat ni aucune liste n'a obtenu au premier tour la majorité absolue des suffrages exprimés, il y a « ballottage ». Et un second tour est rendu nécessaire, au terme duquel est élu le candidat ou la liste qui a recueilli la majorité relative, c'est-à-dire le plus grand nombre de voix.

Le scrutin majoritaire à deux tours, tel qu'il est pratiqué, est presque toujours *uninominal*. Pendant longtemps, il a présidé à l'élection des députés sous la IIIe République ; et il a été rétabli sous la Ve en 1958 où il a été appliqué, sauf en 1986. Comme le scrutin à un tour, ce mode de scrutin soulève le problème préalable du découpage des circonscriptions. Celui-ci a été effectué en 1958 à raison, en moyenne, d'une circonscription pour 93 000 habitants, chaque département, quelle que soit sa population, en comptant au moins deux. Il n'avait pas fait l'objet, jusqu'à 1986, de remembrement d'ensemble ; il en est résulté progressivement, à chaque élection législative, un phénomène de *surreprésentation* des départements ruraux les moins peuplés et de *sous-représentation* des circonscriptions urbaines et surtout suburbaines, dont la population s'est considérablement accrue en vingt-cinq ans. Ainsi, lors des élections législatives de 1981, la circonscription de Marvejols (Lozère) comptait 26 231 inscrits et celle de Longjumeau (Essonne) 186 986. Ce qui fut source d'une très grande injustice.

En mars 1986, l'application de la représentation proportionnelle, dans le cadre départemental, a évité un nouveau découpage. Celui-ci est intervenu à l'occasion du rétablissement du scrutin majoritaire, après consultation d'une commission composée de magistrats. Les lois du 11 juillet et du

24 novembre 1986 l'établissent sur la base du recensement de 1982 et de l'attribution d'un siège de député par tranche de 108 000 habitants.

Outre cette difficulté, l'aménagement du scrutin majoritaire uninominal à deux tours soulève un deuxième problème : celui de la sélection des candidatures en vue du second tour. Au *premier tour*, il suffit à l'autorité préfectorale d'enregistrer dans chaque circonscription le nom des candidats régulièrement présentés ; il revient simplement aux partis de la majorité et aux partis de l'opposition de faire la police à l'intérieur de leurs coalitions respectives pour respecter les accords conclus au plan national. Or, la question qui se pose, à l'opposition comme à la majorité, est de savoir s'il convient ou non d'organiser des « primaires[61] ». Ce qui revient à décider s'il n'y aura, dès le premier tour, qu'un candidat pour la majorité et un candidat pour l'opposition, ou, au contraire, si l'on autorisera les électeurs à départager à l'intérieur de chaque camp leurs principales composantes, avant d'affronter l'adversaire principal au deuxième tour.

D'un point de vue institutionnel, l'organisation des candidatures en vue du *second tour* peut également comporter deux variantes :

– la première conduit à admettre les *candidatures libres*. C'est-à-dire que, quel que soit le résultat du premier tour, non seulement les candidats déjà en compétition peuvent librement se maintenir ou se retirer, mais d'autres candidats, qui ne s'étaient pas présentés au premier tour, ont le droit d'entrer en lice. Telle était la pratique sous la IIIe République. Elle donnait prise à de multiples marchandages entre les partis et les tendances pour négocier les retraits et les désistements, parfois au profit d'un troisième homme qui ne s'était pas manifesté au premier tour, afin de se garder en réserve ;

– la Ve République a répudié cette pratique et instauré le

---

61. Cette expression ne doit évidemment pas être entendue ici au sens américain où les « primaires » se tiennent avant le commencement de la procédure officielle pour dégager, au sein de chaque parti, les délégués qui seront appelés à siéger à la convention chargée de désigner les candidats du parti à la présidence et à la vice-présidence des États-Unis.

système des candidatures réglementées. Cette deuxième
variante peut revêtir deux degrés d'intensité. Le premier
consiste dans l'interdiction des candidatures nouvelles. C'est
ce qu'a prévu l'ordonnance de 1958. Seuls peuvent se présenter au second tour les candidats ayant fait acte de candidature au premier et qui ne se sont pas retirés. Mais un
second degré a été atteint par une succession de mesures
législatives de plus en plus contraignantes. Initialement, la
législation de 1958 éliminait du second tour les candidats
qui, au premier, n'avaient pas recueilli 5 % des suffrages
exprimés. En 1967, ce pourcentage a été porté à 10 % des
électeurs inscrits ; mais 10 % des électeurs inscrits font à peu
près 13 % des suffrages exprimés. Enfin, la loi du 19 juillet
1976 a élevé ce seuil à 12,5 % des inscrits, soit entre 15 et
16 % des suffrages exprimés.

Contrairement à la pratique de la IIIe République, ces
nouvelles exigences ont contribué à développer, sous la
Ve République, la bipolarisation. Sans doute n'en ont-elles
pas été la cause essentielle. Elles ont cependant accompagné
et accentué une restructuration que des facteurs extérieurs
ont parallèlement favorisée.

Ces facteurs ont été la pratique répétée de 1958 à 1962 du
référendum, et le nouveau mode de scrutin établi à partir de
1965 pour l'élection du président de la République. Leur
exemplarité a certainement acclimaté les électeurs à effec-
tuer des choix « binaires ». Et la transposition de ces choix
au niveau des élections législatives s'est trouvée d'autant
plus facilitée que les échéances les plus importantes sont
intervenues en 1962, 1968, 1981, et 1988, dans la foulée
d'un référendum ou d'une dissolution[62].

Cette situation distingue la France des autres pays
d'Europe continentale. Aussi, n'est-il pas exclu qu'une nouvelle réforme électorale associe un jour une part de représentation proportionnelle au maintien du scrutin majoritaire,
selon une démarche inverse à celle adoptée en 1993 par l'Italie où un quart des sièges est pourvu à la représentation

---

62. Alain Lancelot (dir.), *Les Élections de l'alternance*, Paris, FNSP, 1986.

proportionnelle, et trois quarts au scrutin majoritaire à un tour, dans l'attente d'une éventuelle généralisation de ce mode de scrutin que l'échec de deux référendums successifs, du fait de l'abstention, rend désormais aléatoire.

3. La représentation proportionnelle

Ici encore, le système est simple dans son principe, mais il se complique à travers la diversité de ses applications[63]. La représentation proportionnelle, comme son nom l'indique, vise à obtenir une distribution des sièges qui reflète, aussi exactement que possible, la répartition des suffrages exprimés. L'objectif des promoteurs de la représentation proportionnelle est de pallier au maximum la déperdition des suffrages et d'éviter, par conséquent, qu'une grande masse d'électeurs dépose dans l'urne des bulletins qui n'aboutissent à l'élection d'aucun candidat. En un mot, le but de la représentation proportionnelle est d'assurer le *plein emploi du maximum possible de suffrages exprimés*.

Prenons un exemple très simple : celui d'une circonscription comportant 500 000 électeurs inscrits. Imaginons que ces 500 000 électeurs se rendent tous aux urnes, qu'il en résulte 500 000 suffrages exprimés, aucun bulletin nul ni aucun bulletin blanc n'ayant été déposé. Supposons enfin qu'il y ait 5 sièges à pourvoir, et que deux listes soient en compétition :
– la liste A obtient 251 000 suffrages ;
– la liste B en recueille 249 000.
Si l'on applique le scrutin majoritaire de liste à un tour :
– la liste A monopolise les 5 sièges ;
– la liste B n'en reçoit aucun.
L'exemple est volontairement outré pour souligner le fait qu'avec un tel système 251 000 citoyens ont désigné 5 députés, tandis que 249 000 se sont inutilement déplacés.

63. « La Représentation proportionnelle », *Pouvoirs*, n° 32, 1985. Dans une étude d'ensemble intitulée : « Panorama des proportionnelles », Dieter Nohlein rappelle que, dans 16 pays industrialisés de l'Ouest sur 24, on vote à la proportionnelle.

La représentation proportionnelle vise à lutter contre la déperdition de ces suffrages inutiles. Si, dans le cas d'espèce, elle est appliquée, un rapide calcul permet d'établir que le quotient électoral représente 100 000 suffrages (500 000 divisés par 5) et confère à la liste A trois sièges et à la liste B deux sièges, ce qui est équitable.

Ainsi, l'intention première des promoteurs de la représentation proportionnelle répond à un *souci de justice*, ainsi qu'à la volonté d'assurer le *plein emploi des voix*.

Ce plein emploi des voix n'est pas toujours facile à mettre en œuvre. Aussi distingue-t-on sommairement deux types de représentation proportionnelle.

1. La *représentation proportionnelle intégrale*. Pour éviter toute déperdition des voix, elle exclut le découpage du territoire national en circonscriptions. La circonscription électorale est unique et coïncide avec l'ensemble du pays. Hypothèse d'école ? Pas tout à fait. La France l'a pratiquée depuis 1979 pour élire ses députés au Parlement européen. Ce système offre la possibilité de photographier l'éventail des tendances politiques et il permet de faire correspondre aussi exactement que possible la répartition des sièges à la ventilation des suffrages entre les listes présentées.

Bien entendu, ce qui est praticable dans une élection européenne, où la France représente une circonscription parmi d'autres, devient impossible dans le cadre d'une élection législative, à moins d'utiliser la représentation proportionnelle à l'échelle nationale comme correctif de la répartition des sièges dans le cadre d'une pluralité de circonscriptions territoriales. Ainsi le procédé a-t-il été employé en Italie pour ajouter aux députés élus dans chaque circonscription d'autres députés issus de listes nationales, ce qui permet de corriger la sous-représentation ou la sur-représentation au niveau des circonscriptions. L'inconvénient d'un tel système, outre sa complexité, est de créer des sièges dépourvus d'enracinement territorial effectif.

2. Aussi, lorsqu'elle s'applique à des élections législatives, la représentation proportionnelle intervient-elle généralement à l'intérieur de circonscriptions de taille moyenne. On la désigne alors sous le nom de *représentation proportionnelle approchée.*

En France, sous la IVe République, la circonscription adoptée fut le département. Les listes départementales comportaient un nombre de sièges variable en fonction du poids démographique de la circonscription. Sur cette base, le problème posé est d'opérer correctement l'attribution des sièges en fonction des voix obtenues par chacune des listes en présence. On y procède en calculant d'abord le *quotient électoral*, c'est-à-dire en divisant le nombre de suffrages exprimés par le nombre de sièges à pourvoir.

Le quotient ayant été déterminé, une première répartition des sièges est effectuée au prorata du nombre de fois que celui-ci est inclus dans le nombre de suffrages recueillis par chaque liste. Il est rare, cependant, que tous les sièges soient immédiatement pourvus. Pour affecter les autres, il convient alors de procéder à la répartition des restes constitués par les voix non encore comptabilisées. Plusieurs systèmes, plus ou moins complexes, s'offrent au choix du législateur. Les plus classiques sont :

– la répartition des sièges restant en compétition *aux plus forts restes* : elle favorise l'émiettement des partis, mais assure, en contrepartie, une représentation plus variée ;

– la répartition *à la plus forte moyenne* : elle favorise les formations politiques de plus grande dimension et vise à assurer au mieux le plein emploi des voix.

On parviendrait au même résultat en utilisant le *système d'Hondt.* Il consiste dans la division du nombre de voix obtenues par les différentes listes par les premiers nombres cardinaux, dans la limite du nombre de sièges à pourvoir[64].

---

64. Sur les modes de calcul relatifs à la répartition des restes, on consultera : Pierre Pactet, *Institutions politiques et Droit constitutionnel*, Paris, Masson, 18e éd., pp. 102-106.

4. Les systèmes mixtes

Des systèmes mixtes visent enfin à associer le principe majoritaire à la représentation proportionnelle ; ils varient presque à l'infini. Même si l'on s'en tient à la proportionnelle classique, sa combinaison avec le scrutin majoritaire peut donner lieu à une multitude de variantes[65]. Citons-en seulement quelques-unes et observons quelques projets.

Le mode de scrutin en vigueur en République fédérale d'Allemagne est plus souvent évoqué que vraiment analysé. Il a été clairement exposé par Alfred Grosser en des termes que nous nous bornerons à reproduire : « Il s'agit d'un système de représentation proportionnelle personnalisée. Chaque électeur doit placer deux croix sur son bulletin. Dans une colonne, il vote pour un homme, dans l'autre, pour un parti. La République fédérale est en effet divisée en circonscriptions. Dans chacune, il n'y a qu'un seul député qui est élu à la majorité relative, comme en Grande-Bretagne. Mais les "sièges directs" ne représentent que la moitié des mandats parlementaires. Les autres membres du Bundestag proviennent des listes établies dans chaque Land par les partis. Les attributions de mandats sur ces listes sont effectuées de telle façon que chaque parti dispose, sièges directs et mandats de liste additionnés, du nombre de députés qui lui reviendrait d'après une répartition proportionnelle, à la plus forte moyenne, des "secondes voix"[66]. »

Si l'on complète cette description par deux remarques : à savoir que, depuis 1957, pour bénéficier de la répartition des sièges, un parti doit recueillir 5 % des suffrages exprimés à l'échelon national ou trois mandats directs ; et qu'aux 656 députés (répartis entre 328 députés de circonscriptions et 328 députés issus des listes formées dans les Länder) ne

65. Frédéric Bon, « Rétro-simulations proportionnalistes », *Pouvoirs*, n° 32, 1985, p. 135-147.
66. Alfred Grosser, *L'Allemagne de notre temps, op. cit.*, p. 272-273. Cf., également, Jean-Claude Béguin, « Le système électoral allemand », *Pouvoirs*, n° 22, 1982.

se sont ajoutés que quelques élus supplémentaires (qui n'ont jamais excédé 36 députés, chiffre obtenu en 1994), on aura décrit pour l'essentiel le système ouest-allemand. Si le système est mixte, c'est moins, par conséquent, du fait de ses résultats globaux qu'en raison du mode de désignation « personnalisé » de la moitié des députés.

Beaucoup d'autres systèmes mixtes ont été proposés. Outre le procédé des apparentements appliqué en France en 1951 et en 1956, déjà mentionné, bornons-nous à signaler deux projets qui ne furent pas réalisés. L'un des plus connus est le « système Adler, Léon Blum, Weill-Raynal », longtemps préconisé en France par le parti socialiste. Il visait à organiser un scrutin majoritaire uninominal à un tour pour désigner, dans un nombre déterminé de circonscriptions, une fraction des députés ; les suffrages inemployés, regroupés à l'échelon national, devaient assurer à la représentation proportionnelle l'élection de l'autre fraction au prorata des voix obtenues par les candidats des partis dans chaque circonscription[67]. Un autre projet a été avancé en 1984 par l'ancien président Giscard d'Estaing : « Il faut, écrivait-il alors, un scrutin où intervient un certain degré de règle proportionnelle. [...] La solution existe. Elle consiste à transposer pour l'Assemblée nationale le mode d'élection pratiqué pour le Sénat : dans les départements où la population est inférieure à un certain chiffre, le scrutin resterait le scrutin d'arrondissement, de manière à répondre au désir du choix personnel là où celui-ci a un contenu réel. Dans les départements dont la population est supérieure à ce chiffre, et où les électeurs se sentent moins proches de leurs élus, la loi électorale deviendrait le scrutin proportionnel départemental. En fixant, par exemple, la limite à un million d'habitants, deux tiers des députés seraient élus au scrutin majoritaire et un tiers au scrutin proportionnel. Tous resteraient élus à un scrutin local, ce qui est fondamental[68]. »

67. Jacques Cadart, *Institutions politiques et Droit constitutionnel*, Paris, LGDJ, 1978, p. 257.
68. Valéry Giscard d'Estaing, *Deux Français sur trois, op. cit.*, p. 123-124.

En Italie, pour pallier l'absence de majorité, le Parlement a adopté en 1993 une réforme tendant à pourvoir les trois quarts des sièges à la Chambre des députés et au Sénat au scrutin majoritaire à un tour et le quart restant à la représentation proportionnelle. Or, comme on l'a vu, ce système est fortement contesté.

5. Les effets politiques des modes de scrutin

L'idéal théorique serait que la transparence des modes de scrutin les rende sans effet sur les systèmes de partis et sur le fonctionnement des régimes politiques. Or, « tout mode de scrutin, au-delà de la transmutation des voix en sièges, constitue un élément fondamental du processus global de fabrication d'un pouvoir majoritaire. Il a nécessairement des conséquences sur le nombre des acteurs politiques, sur leur autonomie et leur latitude d'action, sur les conditions, les lieux et les moments de leurs alliances et de leurs affrontements, sur la naissance, la durée et la mort des gouvernements qui en sont issus, sur le resserrement ou le desserrement des contraintes institutionnelles, sur le principe légitimant de l'ensemble du système politique et sur la perception générale de celui-ci [69] ».

On conçoit, dès lors, que le pouvoir politique ne puisse se désintéresser de la recherche d'un mode de scrutin qui lui assure, sinon la pérennité, du moins la longévité, et que l'opposition se préoccupe de l'enjeu que représente pour elle toute réforme électorale. Tandis qu'en Grande-Bretagne le droit de dissolution confère au Premier ministre, leader de la majorité, le choix de la date du scrutin, en France, la tradition républicaine a toujours abandonné à la majorité parlementaire la faculté de décider en fin de législature du système qui présiderait à son renouvellement. A la question : Quand faut-il

---

69. Jean-Luc Parodi, « La proportionnalisation du système institutionnel ou les effets pervers d'un système sans contrainte », *Pouvoirs*, n° 32, 1985, p. 43.

modifier le mode de scrutin ? Georges Pompidou répondait en juin 1966 : « Au cas où nous voudrions faire une nouvelle loi électorale, je ne vois vraiment pas pourquoi nous l'annoncerions à l'avance [...]. Je me refuse à révéler mes intentions, me plaçant dans la meilleure tradition des gouvernements démocratiques et parlementaires qui consiste à tenir l'opposition en suspens et à choisir soi-même le moment, les circonstances et les modalités selon lesquels on l'attend sur le terrain électoral[70]. »

Comme en écho, relevons la déclaration prononcée par Laurent Fabius le 20 mars 1985 en vue des élections législatives de 1986 : « Je veux absolument sortir de cet argument qui consiste à dire : on fait les choses au dernier moment. J'ai vérifié et je me suis aperçu que, depuis plus de cent ans, jamais un système électoral n'aura été décidé aussi longtemps avant l'élection. Le record, c'est 1928, le système électoral avait été décidé neuf mois avant l'élection. Autrement, le délai a été de l'ordre de quarante-cinq jours, trois mois, six mois. Là, ce sera un an avant, et je pense que c'est tout à fait normal[71]. »

Quoi qu'il en soit de l'opportunité d'assurer la pérennité ou l'alternance des modes de scrutin, il est établi que toute opération de transformation des voix en sièges entraîne des effets politiques à court et à long terme. Or, à part quelques rares parlementaires, tels Michel Debré, Michel Rocard et Jean-Pierre Chevènement, et quelques rares partis, comme le parti communiste français, qui ont fait preuve de constance dans leurs jugements sur les modes de scrutin, la plupart des acteurs politiques sont guidés par ce qu'ils croient être leur intérêt immédiat. « En réalité, aimait à dire le général de Gaulle, chaque parti voit les réformes électorales uniquement sous l'angle de son intérêt particulier[72]. » Et ce jugement trouve sa confirmation dans une enquête publiée par

---

70. Propos tenus à l'occasion d'un déjeuner avec les journalistes parlementaires à moins d'un an des élections de 1967, *Le Monde*, 3 juin 1966.
71. *Le Monde*, 22 mars 1985.
72. Conférence de presse donnée au palais d'Orsay, le 16 mars 1950.

Dominique Chagnollaud sur l'opinion des présidents de la
Ve République à propos des systèmes électoraux[73].

En la matière, toute projection sur l'avenir relève cependant d'un art difficile. L'effet prévisible est souvent déjoué par
l'effet inattendu. La simple opération consistant, à partir des
résultats obtenus lors d'une consultation, à calculer les effets
qui auraient résulté d'un autre mode de scrutin est déjà hasardeuse. *A fortiori* est-il périlleux de prévoir les réactions des
électeurs face à une nouvelle règle du jeu. Sans vouloir jouer
les prophètes, quelques politistes ont toutefois dégagé un certain nombre de constantes et ont pu mesurer les propriétés qui
s'attachent à tel ou tel système. Maurice Duverger a été l'un
des premiers à le tenter en 1951. Voyons quelles leçons on
peut tirer de ses prévisions.

1. Les effets sur les partis politiques

Dans la première édition de son livre sur *Les Partis politiques*, publiée en 1951, Maurice Duverger propose de retenir trois lois sociologiques relatives aux effets des modes de
scrutin sur le nombre et la structure des partis :

A. *Première loi* : le scrutin majoritaire à un tour tend à
instaurer un système bipartite (ou en tout cas bipolaire)
constitué de partis à structure forte. En effet, lorsque l'électeur ne dispose que d'un seul tour de scrutin, et qu'il sait que
seront élus le candidat ou la liste qui auront recueilli le plus
grand nombre de voix, sa réaction naturelle est de *voter utile*.
Il a donc tendance à délaisser les petits partis qui correspondent à sa sensibilité politique et à donner d'emblée sa voix à
l'un des deux qui ont des chances de l'emporter.

La polarisation des suffrages sur les deux seuls partis
crédibles est donc le premier effet du scrutin majoritaire à un
tour. Le second est de donner aux deux grands partis qui
émergent de la compétition une autorité réelle sur les candidats. Car quiconque veut faire carrière politique est conscient

73. Dominique Chagnollaud, « Les présidents de la Ve République et
le mode d'élection des députés à l'Assemblée nationale », *Pouvoirs*, n° 32,
1985, p. 95.

que, sans l'investiture de l'un ou de l'autre parti, il n'aura aucune chance de devenir ou de se maintenir député.

En Grande-Bretagne, personne ou presque ne peut être élu aux Communes s'il n'est conservateur ou travailliste. La transformation du système de partis n'a toujours pas permis au parti des Démocrates-libéraux de devenir une force suffisante pour surmonter les contraintes du *two-party system*. Une telle conjoncture est encore loin d'être assurée à l'avenir[74], d'où les récriminations contre le mode de scrutin.

B. La *deuxième loi* peut s'énoncer ainsi : le scrutin majoritaire à deux tours tend à engendrer un système multipartiste formé de partis à structure faible et dépendant les uns des autres.

L'observation de Maurice Duverger, effectuée en 1951, portait évidemment sur le scrutin majoritaire à deux tours pratiqué sous la IIIe République. Or, le changement de conjoncture intervenu sous la Ve République explique que le même système – dont on a vu par ailleurs qu'il avait été modifié dans ses modalités – ait produit sous ce régime des effets différents. Il est donc naturel que cette deuxième loi fasse l'objet de correctifs, qui prennent en compte à la fois la bipolarisation des tendances et l'apparition, au sein de chacune d'elles, de sous-systèmes de partis difficiles à maîtriser[75].

C. Enfin, la *troisième loi* établit que la représentation proportionnelle favorise un système multipartiste formé de partis à structure forte et indépendants les uns des autres.

La vérification de cette loi dépend, comme la précédente, de la réglementation en vigueur et du contexte sociologique. Le cas de l'Allemagne fédérale montre que le seuil de 5 % exigé pour qu'un parti soit représenté au Bundestag contribue à limiter le nombre des formations politiques dans le pays. Néanmoins, la plus récente expérience électorale allemande établit que, contrairement au scrutin majoritaire à un tour qui aurait entraîné inéluctablement la bipolarisation, sinon le bipartisme, la représentation proportionnelle a réussi

---

74. David M. Farrel, *op. cit.*.
75. Jean et Monica Charlot, « L'interaction des groupes politiques », in *Traité de science politique, op. cit.*, t. III, chap. VII, p. 5-12.

à maintenir, malgré l'exigence des 5 %, un système multipartiste d'un type particulier comprenant deux grands partis
et trois petits, dont l'un issu de l'unification.

En conclusion, les trois lois de Maurice Duverger, posées
en 1951, doivent être aujourd'hui assorties des nuances que
la pratique a permis d'observer[76]. Mais, si certains auteurs
concluent de façon péremptoire que rien ne permet de supposer qu'il y ait une relation de cause à effet tout à fait claire
entre le système électoral et le système des partis, il n'en
demeure pas moins que, par rapport au scrutin majoritaire, la
représentation proportionnelle constitue, pour les partis politiques en présence, un « système sans contrainte » susceptible de modifier, sinon le système constitutionnel, du moins
la conjoncture politique lorsqu'il est appelé à succéder à un
autre mode de scrutin[77].

2. Les effets sur les régimes politiques

Le mode de scrutin n'est pas neutre non plus à l'égard de
la structure et de la stabilité du pouvoir. Sans doute les réalités sont-elles différentes selon les régimes. Un régime présidentiel de type américain peut s'offrir plus facilement le
luxe d'un système de partis à structure souple, sans discipline de vote ; car le président assure, grâce à la séparation
des pouvoirs, une part importante de la continuité et de la
stabilité du pouvoir politique.

Au contraire, dans les régimes parlementaires ou semi-
présidentiels, là où la majorité parlementaire peut mettre
en jeu la responsabilité gouvernementale, il importe à la
stabilité du régime qu'une majorité cohérente et homogène
s'affirme au sein de l'assemblée élective. Elle doit permettre
au gouvernement de disposer de son soutien pour appliquer
son programme. Or, cet objectif sera d'autant mieux atteint

76. L'analyse systématique effectuée par Douglas Rae entre 1945 et 1964
a nuancé les hypothèses de Maurice Duverger sans pour autant les infirmer,
sauf en ce qui concerne le scrutin majoritaire à deux tours propre à la France.
77. Jean-Luc Parodi, « La proportionnalisation du système institutionnel... », *op. cit.*, p. 43 et suiv.

que le scrutin majoritaire sera plus rigoureusement appliqué. Cette analyse explique que ses partisans regrettent qu'afin de garantir la « gouvernabilité » de la Ve République la Constitution de 1958 n'ait pas inclus parmi ses dispositions le principe majoritaire. Tel fut, notamment, le remords de Michel Debré[78], même si la pérennité du système majoritaire doit avoir pour contrepartie, comme en Grande-Bretagne aujourd'hui[79], des déséquilibres de représentation qui risquent de devenir, à la fin, insupportables à l'opinion publique.

Si, en revanche, la démocratie assigne pour objectif aux élections législatives la représentation aussi fidèle que possible des différentes sensibilités et une décrispation effective de la vie politique, alors, la représentation proportionnelle devient la meilleure recette applicable. Elle freinera la bipolarisation et réduira le sectarisme. Mais elle risquera, faute de dispositions draconiennes destinées à écarter les petits partis, de favoriser la formation d'une assemblée composite et dépourvue de majorité, de réduire de ce fait la portée du droit de dissolution et, en ce qui concerne le choix des candidats, de renforcer, au détriment des militants, les états-majors nationaux des partis, ce qui peut aboutir – comme le dénonçait Michel Rocard lors de sa démission du gouvernement en 1985 – au vieillissement du personnel politique.

Au-delà de ces considérations générales, Jean-Luc Parodi a essayé de préciser davantage, à l'occasion du débat électoral de 1986, sinon les effets de chaque mode de scrutin sur le fonctionnement des régimes politiques, du moins ceux de la succession éventuelle de la représentation proportionnelle au scrutin majoritaire à deux tours[80]. Il en retire un certain nombre de conclusions. On en notera quelques-unes :

78. Michel Debré, « Le quart de siècle de la Constitution », *Espoir*, oct. 1984, p. 8-9.
79. Jacques Leruez, « Sur le système britannique », note bibliographique, *Revue française de science politique*, vol. 35, n° 1, février 1985, p. 119-122.
80. Jean-Luc Parodi, « La proportionnalisation du système institutionnel… », *op. cit.*, p. 44-49. Une partie des observations de l'auteur s'appuie sur les travaux de Jean-Claude Colliard, *Les Régimes parlementaires contemporains*, *op. cit.*

– en desserrant les contraintes du scrutin majoritaire, la représentation proportionnelle risque, non pas d'engendrer, mais d'enregistrer un multipartisme accentué : dans 13 régimes parlementaires pratiquant la représentation proportionnelle, la moyenne des partis représentés au Parlement a été, de 1945 à 1976, de 6,1 ;

– l'emprise des appareils des partis politiques sur la composition des listes réduit, en revanche, leur dépendance à l'égard des alliances électorales : les coalitions ouvertement annoncées à l'électeur avant le vote sont rares ; et chaque parti, allant à la bataille sous son propre étendard, peut composer la liste en tenant davantage compte des différentes catégories composant la société (le pourcentage moyen des femmes sur ces listes dans 9 pays proportionnalistes a été de 15,2 %) [81] ;

– libres à l'égard des alliances électorales antérieures au scrutin, les partis ayant vocation à gouverner disposent d'une plus grande latitude d'action, une fois l'assemblée constituée, pour former la majorité et le gouvernement. En outre, la puissance des partis dans cette composition ne reproduit pas automatiquement leur force électorale, mais dépend également de leur situation sur l'axe politique dominant ; l'observation des coalitions parlementaires révèle une prédominance du centrisme ;

– dès lors, sauf maintien en régime « semi-présidentiel » du principe selon lequel le gouvernement procède du président, on constate, dans l'analyse des coalitions politiques, une distribution des ministères au prorata du poids respectif de chaque composante dans la majorité ; et il en résulte une réduction sensible du nombre des « ministres techniciens » ;

– quant au régime politique proprement dit, il apparaît difficile d'« établir une relation trop étroite entre représentation proportionnelle et instabilité gouvernementale ». La proportion de législatures ne comportant qu'un seul gouver-

---

81. Janine Mossuz-Lavau, Mariette Sineau, *Les Femmes dans le personnel politique en Europe,* Conseil de l'Europe, 1984. Cet avantage ne semble pas avoir été exploité par les partis français avant l'établissement de la parité.

nement dans 13 pays à représentation proportionnelle, de 1945 à 1976, fut de 50 %. En revanche, il est fréquemment observé que la pratique de la dissolution n'opère plus les effets tranchés que lui confère le scrutin majoritaire. Les expériences respectives de l'Allemagne fédérale et de l'Italie conduisent néanmoins, sur ce point, à des conclusions inversées ;

– enfin, si la représentation proportionnelle n'interdit pas absolument l'alternance (la pratique suédoise est en mesure de l'attester), « son absence de contrainte en rend cependant la probabilité plus que limitée ». En outre, « le principe électoral dominant d'un pays tend à se diffuser dans l'ensemble de la société ». On peut donc s'attendre à ce qu'il régisse par un effet en chaîne non seulement l'organisation des partis, mais la vie politique et sociale, les moyens de communication et la pratique associative.

Et Jean-Luc Parodi de conclure : « A bien des égards, la représentation proportionnelle n'entraîne pas d'effets directs. Ce sont les contraintes des scrutins majoritaires qui en produisent. Mais, dans un second temps, l'absence d'effets directs de la représentation proportionnelle comporte à son tour *des conséquences indirectes*[82]. »

Au vu de ces observations et des risques qu'elles recèlent, l'argument le plus important qui conduit à justifier la représentation proportionnelle est sans doute moins la recherche d'une plus juste représentation des forces politiques au Parlement que la nécessité de mettre un terme aux excès de la bipolarisation. Reprenant à son compte l'expression employée en 1972 par le doyen Vedel, Olivier Duhamel a parfaitement résumé les termes du débat en titrant l'un de ses articles : « L'overdose majoritaire et la désintoxication proportionnelle[83]. » Il est certain qu'au point où il est parvenu en France, le système majoritaire a entretenu un blocage à la source duquel s'est alimentée une trop grande intolérance et s'est

82. Jean-Luc Parodi, « La proportionnalisation du système institutionnel… », *op. cit.*, p. 49.
83. Olivier Duhamel, *Le Monde*, 22 et 23 mars 1985.

enraciné un trop fort sectarisme. Ainsi l'ont ressenti en 1985 nos concitoyens, si l'on en croit un sondage de l'époque[84].

Les résultats des élections législatives de 1993 ont confirmé ce sentiment, du fait de la sur-représentation écrasante, à l'Assemblée nationale, de la majorité RPR-UDF, de la sous-représentation des autres formations politiques et de la non-représentation du Front national et des écologistes. En revanche, le résultat des législatives de 1997 a conduit à nuancer ce jugement en générant une « gauche plurielle » et une « droite éclatée ».

Par conséquent, au moment où les Italiens, victimes de l'ingouvernabilité provoquée par la représentation proportionnelle, rêvent d'étendre le scrutin majoritaire à un tour, les Britanniques et les Français déplorent les résultats excessifs du système majoritaire. La vérité se situerait-elle donc à mi-chemin, dans le choix d'un système mixte ?

---

84. Enquête réalisée pour *Le Figaro* par la SOFRES du 6 au 9 février 1985

TROISIÈME PARTIE

La société civile
et les forces politiques

Le cadre institutionnel des régimes politiques définit les contours de la scène. Mais les forces politiques – et principalement les partis – en constituent les acteurs ; la société civile leur fournit leurs ressources.

La notion de force politique n'a pas fait l'objet d'analyses approfondies. On peut, cependant, la définir avec Madeleine Grawitz comme l'ensemble des doctrines, des idées, des groupes ou des partis ayant une influence dans la vie politique[1].

La conception traditionnelle de la science politique tend à véhiculer une classification réductionniste des forces politiques. Un auteur a cru devoir rappeler qu'« en faisant le point, on découvre une nette structuration dichotomique du champ des forces politiques. D'un côté se situent celles qui, au nom d'un projet global, entendent assumer les fonctions de gouvernement ; elles relèvent du phénomène partisan. De l'autre agissent celles qui, au nom d'un projet particulier ou limité, s'efforcent d'exercer une influence constante ou ponctuelle sur ceux qui détiennent les fonctions de gouvernement ; elles ressortissent au phénomène de la pression politique[2] ».

Or, cette analyse dichotomique ne rend pas toujours compte de l'état des forces politiques, dans sa complexité et

1. *Lexique des sciences sociales,* Paris, Dalloz, 1981, p. 164.
2. Daniel-Louis Seiler, *La Politique comparée,* Paris, A. Colin, 1982, p. 90.

sa diversité. D'une part, il n'existe pas de solution de conti-nuité entre les *partis* et les *groupes de pression*[3]. Les partis « indirects », comme le parti travailliste en Grande-Bretagne, restent enchevêtrés avec les syndicats. Et les clubs poli-tiques, comme autrefois les ligues, sont des groupes de pres-sion politique plutôt que des partis. D'autre part, comme l'a montré Georges Lavau, il existe des forces sociales qui, dans certaines circonstances, « peuvent exercer une influence plus ou moins décisive sur la prise ou l'application des décisions politiques [et] assumer au moins une des deux fonctions des partis politiques » ; enfin, « les partis eux-mêmes peuvent, dans certaines conditions, ne plus apparaître comme de vraies forces politiques »[4].

Nous avons nous-même considéré qu'en France la haute fonction publique pouvait, dans certains cas, constituer une force politique ou un réseau de forces politiques[5]. Dans d'autres pays, ou en d'autres circonstances, pourraient être pris en considération l'armée, les forces religieuses et les médias.

Au premier rang des forces politiques figurent, cependant, les partis. L'émergence des partis de masse dans la première moitié du siècle et l'importance prise aujourd'hui par les par-tis d'électeurs leur confèrent, en effet, un rôle primordial dans le fonctionnement des régimes politiques. Aux régimes autoritaires à parti unique, il est devenu classique d'oppo-ser, pour caractériser le système occidental, le pluripartisme qui en est l'un des traits fondamentaux.

Mais analyser la structure des partis politiques et la diver-sité des systèmes de partis, inventorier sommairement les

3. La plus complète analyse des groupes politiques a été présentée par Jean et Monica Charlot dans « Les groupes politiques dans leur envi-ronnement », in _Traité de science politique, op. cit._, t. III, chap. VI, p. 429-495.

4. Georges Lavau, « Les forces politiques en France (mai-juillet 1963). Définition et situation des forces politiques », _Revue française de science politique_, vol. 13, n° 3, septembre 1963, p. 703-704.

5. Jean-Luc Bodiguel, Jean-Louis Quermonne, _La Haute Fonction publique sous la Ve République,_ Paris, PUF, « Politique aujourd'hui », 1984, p. 243-254.

forces sociales qui concourent au fonctionnement de la vie politique, renvoie nécessairement à la source de ces différentes composantes. Cette source leur est commune. Tandis que les institutions procèdent de l'État, les forces politiques, qui sont par essence des forces sociales, tirent leur racine de la société civile.

Avant même d'étudier successivement les partis, les systèmes de partis et les forces politiques latentes, il nous faudra par conséquent jeter un coup d'œil d'ensemble sur la société civile. La démarche préliminaire s'impose d'autant plus que les auteurs ont parfois tendance à opposer les régimes qui « fonctionnent à la société civile » à ceux qui « fonctionnent à l'État »[6].

6. Bertrand Badie, Pierre Birnbaum, *Sociologie de l'État*, Paris, Grasset, 1979.

1

La société civile

La notion de société civile est trop peu exploitée en France parce que l'« espace sociétal » est largement occupé par l'État. Si l'on compare la société française aux sociétés anglo-saxonnes, il apparaît que l'État atteint dans notre pays une dimension sans commune mesure avec celle qu'il occupe outre-Manche et outre-Atlantique.

Qu'est-ce que la société civile ? L'ensemble des rapports interindividuels, des structures familiales, sociales, économiques, culturelles, religieuses, qui se déploient dans une société donnée, en dehors du cadre et de l'intervention de l'État. Or, l'Ancien Régime, la révolution jacobine, le bonapartisme et la tradition républicaine ont laissé fort peu d'initiative à la société civile en France pour assumer elle-même son propre destin. Et, mis à part les courants néo-libéraux, autogestionnaires ou libertaires, elle a rarement alimenté l'idéologie des partis.

Il n'en reste pas moins vrai que, même en France, la société civile forme une structure en relation permanente avec les forces politiques. Déjà Bossuet écrivait que la société civile est « une société d'hommes, mis ensemble sous le même gouvernement et les mêmes lois ». Rousseau parlait plus volontiers d'état civil qu'il opposait à l'état de nature. Mais l'état civil est, pour le citoyen de Genève, le fruit d'une évolution malheureuse qui place l'individu sous la domination de la société et dont il se libère par le contrat social. La société civile a donc mauvaise réputation à l'époque des

Lumières, car l'homme y apparaît comme « un loup pour l'homme ». Il faut donc que, par le contrat social, en abdiquant sa souveraineté originaire, le citoyen récupère plus de liberté en même temps que plus de sécurité… Et, sous le voile de la démocratie, émerge déjà le visage de l'État.

1. Les théories de la société civile

Ce n'est qu'à partir du XIXe siècle que le concept de société civile apparaît dans son acception véritablement moderne. Hegel est, en effet, l'un des premiers philosophes à employer le terme pour désigner l'ensemble des institutions qui répondent aux besoins de la vie économique et sociale et qui arbitrent entre les intérêts privés. Karl Marx emploie, lui aussi, l'expression de société civile. Mais il l'infléchit dans un sens particulier qui l'associe au concept d'infrastructure. Pour lui, la société civile est l'ensemble des rapports matériels des individus à un stade déterminé de l'évolution des forces productives. Au fond, pour Marx, la société civile est directement tributaire de l'état des rapports de production. Gramsci utilise à son tour le concept en y ajoutant une dimension qui concerne la superstructure. Pour cet auteur, la société civile est l'ensemble des organismes privés ou parapublics qui remplissent la fonction d'hégémonie pour le compte du groupe dominant présent dans la société. Et si l'on trouve, dans la pensée allemande, l'idée que la société civile recouvre principalement le domaine de l'activité économique et la sphère de la vie privée, Gramsci complète cette analyse en y intégrant l'hégémonie exercée par les idéologies[7].

Mais une source intellectuelle différente se trouve aussi à l'origine du concept de société civile, tel que nous le connaissons aujourd'hui. Cette source dérive de l'enquête réalisée par Alexis de Tocqueville dans *De la démocratie en Amérique*. C'est dans le chapitre IX de cet ouvrage que l'auteur cherche à cerner ce qui constitue le moteur de la

---

7. Hugues Portelli, *Gramsci et le Bloc historique*, Paris, PUF, 1972.

société civile aux États-Unis. Or, ce qui frappe Tocqueville, dans les années 1830, c'est la quasi-absence de l'État dans la société qu'il aborde. D'abord, l'État n'a pas eu à lutter contre les structures médiévales qu'en Europe il a dû remplacer. En outre, il se situe à un niveau intermédiaire entre la fédération, encore lointaine, et les collectivités locales qui pratiquent activement le *self-government*. Et ce sera beaucoup plus tard, après la guerre de Sécession et la crise de 1929, que, sous la forme du *Welfare State*, Roosevelt et ses successeurs transformeront progressivement les États-Unis en un État uni[8], si tant est qu'il existe aujourd'hui.

Dans la première moitié du XIXᵉ siècle, le moteur de la société américaine ne se trouve donc ni dans les États successeurs des anciennes colonies émancipées, ni, *a fortiori*, au niveau de l'Union. Il réside davantage dans l'extraordinaire *capacité des individus à s'associer*. Tel est le terme clé qui ouvre, chez Tocqueville, la compréhension de la société civile. Dans sa pensée, celle-ci ne se limite pas au domaine de l'activité privée. Elle est le cadre naturel de la vie en commun, dynamisée par le phénomène associatif.

« L'Amérique, écrit-il, est le pays du monde où l'on a tiré le plus de parti de l'association et où l'on a appliqué ce puissant moyen d'action à une plus grande diversité d'objets [...]. Indépendamment des associations permanentes créées par la loi sous le nom de communes, de villes et de comtés, il y en a une multitude d'autres qui ne doivent leur naissance et leur développement qu'à des volontés individuelles. » Et Tocqueville les repère aussi bien dans le domaine de l'assistance que dans celui des arts, dans le secteur de l'activité scolaire qu'en matière religieuse. La multiplicité des associations, des entreprises, des Églises et des sectes forme un tissu social dont l'Europe de l'époque n'a pas l'équivalent. Trois traits caractérisent ce tissu associatif : l'adhésion spontanée des citoyens, le pouvoir de s'assembler que n'interdit

---

8. Hubert Kempf, Marie-France Toinet, « La fin du fédéralisme aux États-Unis ? », *Revue française de science politique,* vol. 30, n° 4, août 1980, p. 735 ; Marie-France Toinet, « L'État américain », *Débat*, n° 36, sept. 1985.

aucune limitation policière, et l'extension du droit d'association en matière politique qui fonde la liberté des partis.

Mais cette triple faculté est surtout, pour le citoyen américain, comme une seconde nature. Citons encore Tocqueville : « L'habitant des États-Unis apprend dès sa naissance
qu'il faut s'appuyer sur soi-même pour lutter contre les
maux et les embarras de la vie. Il ne jette sur l'autorité
sociale qu'un regard défiant et inquiet, et n'en appelle à son
pouvoir que quand il ne peut s'en passer. Ceci commence à
s'apercevoir dès l'école, où les enfants se soumettent jusque
dans leurs jeux à des règles qu'ils ont établies et punissent
entre eux les délits par eux-mêmes définis. Le même esprit
se retrouve dans tous les actes de la vie sociale. Un embarras survient sur la voie publique, le passage est interrompu,
la circulation arrêtée, les voisins s'établissent aussitôt en
corps délibérant. De cette assemblée improvisée sortira un
pouvoir exécutif qui remédiera au mal avant que l'idée d'une
autorité préexistante à celle des intéressés se soit présentée
à l'imagination de personne. S'agit-il de plaisir ? On s'asso-
ciera pour donner plus de splendeur et de régularité à la fête.
On s'unit enfin pour résister à des ennemis […]. On s'associe dans des buts de sécurité publique, de commerce et
d'industrie, de morale et de religion. Il n'y a rien que la
volonté humaine désespère d'atteindre par l'action libre de
la puissance collective des individus. »

Il ne faudrait pas en conclure que la société civile a pour
seul ciment le tissu associatif. Essayant de formuler une définition plus précise, on peut maintenant avancer que *la
société civile est la résultante de la multiplicité des relations
interindividuelles et des forces sociales qui unissent, dans
une société donnée, les hommes et les femmes qui la composent, sans l'intervention ni le secours immédiats de l'État.*

Deux concepts ne doivent pas être confondus avec
la société civile, au risque de la voir transformée en
« gadget [9] ».

---

9. Danièle Lochak, « La société civile : du concept au gadget », *in CURAP*,
La société civile, Paris, PUF, 1986.

D'une part, celui de *société politique*. Parfois, certains auteurs emploient les deux mots l'un pour l'autre et commettent un contresens. Le terme de société politique est plus proche de celui de société étatique. La société politique inclut l'ensemble des institutions publiques, c'est-à-dire l'État et les autres collectivités publiques. C'est donc le contraire de la société civile.

D'autre part, celui de *société globale*. La société globale est celle qui, parmi les groupes sociaux, constitue l'ensemble social le plus vaste réalisant le niveau d'intégration le plus élevé, ou encore l'ensemble social constitué d'individus solidaires qui atteint, par rapport à son environnement, le plus haut degré d'autonomie [10].

Au long des siècles, la société globale a revêtu différentes formes : la cité grecque, les empires égyptiens, romain et carolingien, les seigneuries du Moyen Age... Plus tardivement et plus durablement, c'est la Nation qui l'a incarnée. Or aujourd'hui, la « globalisation » la déborde pour atteindre la dimension continentale ou même mondiale. Et il en résulte les crises de société que l'on connaît.

Pour y faire face, des processus de régionalisation se mettent en place. Mais au-delà des diverses zones de libre échange, telles l'ALENA en Amérique du Nord ou le Mercosur au Sud, l'Union européenne est jusqu'à présent le seul qui affiche une vocation politique. Or sa gouvernance elle-même fait appel aux diverses composantes de la société civile, ce qui met en cause la souveraineté des États nations dont le monopole tend à faire place à une situation de partenaire dans un vaste réseau qui témoigne du « retournement du Monde ».

Bien entendu, la société globale a revêtu différentes formes au cours des siècles. La cité grecque, l'empire égyptien constituaient des sociétés globales. Aujourd'hui, c'est la Nation qui l'incarne le plus couramment. La société globale est complexe en ce sens qu'elle est une société de sociétés ;

---

10. Bertrand Badie, Marie-Claude Senouts, *Le Retournement du Monde*, Presses de Sciences-Po, 3ᵉ éd., 1999.

elle est constituée de sous-ensembles dont certains relèvent de la société politique, d'autres de la société civile, tels que la famille, l'entreprise, les associations, les partis politiques, les Églises.

Enfin, la société globale est une société fortement intégrée où s'expriment à la fois des solidarités et des oppositions. Les auteurs distinguent souvent deux types de sociétés globales : les sociétés dites *consensuelles,* caractérisées par la forte intensité du consensus, telles les sociétés scandinaves unies autour du *Welfare State*, et les *sociétés conflictuelles*, où au contraire se développent ou s'enracinent les tensions entre leurs composantes : ethnies, classes sociales, générations… A cet égard, l'étude des politiques publiques tend, aujourd'hui, à promouvoir un nouvel outil d'analyse : la notion d'*espace public*, dont le marché unique réalisé par la Communauté européenne contribue à développer la promotion.

2. Les composantes de la société civile

Au premier rang des composantes de la société civile, la science politique retient naturellement les partis politiques. Leur analyse fera l'objet des deux chapitres suivants.

Mais, à côté des forces politiques explicites, auxquelles s'identifient les partis, la société renferme une multitude de *forces politiques latentes*, forces sociales qui peuvent brusquement ou progressivement, sous l'effet de certaines circonstances, se muer en forces politiques actives. Ces forces sont constituées de citoyens et de groupes. Parmi ces derniers, on se contentera d'en repérer quelques-uns.

1. Le citoyen et les groupes

Trop souvent oublié par la science politique, le citoyen est une force. Et c'est de sa capacité à se grouper que dépendent les performances des autres forces. D'où l'importance que revêtent, dans les pays démocratiques, sa socialisation et sa mobilisation. Qu'il s'agisse de l'électeur ou, pour reprendre l'expression forgée par Georges Burdeau, de l'« homme situé », sa condition est à la base de tout régime politique. Et tout régime démocratique doit être construit pour lui.

Les études consacrées en langue française au citoyen sont encore rares[11]. Peut-être parce qu'il est souvent considéré par l'État comme un gouverné ou comme un administré. Mis à part le jour des élections générales (ou du référendum) où le pouvoir doit lui rendre des comptes, le citoyen n'émerge vraiment que lorsqu'il est opposé à l'étranger. Ce jour-là, la société découvre qu'elle compte aussi des milliers d'immigrés. Et elle se pose le problème de savoir s'il faut les intégrer ou les refouler.

S'il participe volontiers au mouvement associatif, le citoyen répugne souvent à adhérer à un parti politique. Dans l'ensemble des pays occidentaux, le militantisme est en baisse. En France, un sondage effectué en mars 1983 a révélé que les électeurs communistes étaient seuls, à une faible majorité, à estimer qu'il serait très grave de supprimer les partis politiques[12]. En revanche, lors des consultations électorales, le taux d'abstention y est généralement réduit[13], alors qu'il est élevé aux États-Unis où, néanmoins, le citoyen se plaît à afficher son allégeance à l'un des deux grands partis[14].

Les limites de ce livre ne permettront pas d'analyser ici les problèmes relatifs à la socialisation et à la participation politique[15] ; il faudra donc se contenter d'observer sommai-

11. Jean Leca, « Individualisme et citoyenneté », in P. Birnbaum, J. Leca (dir.), *Sur l'individualisme*, Presses de la FNSP, 1986, Bertrand Badie, Pascal Perrineau (dir.), *Le Citoyen*, Presses de Sciences-Po, 1999 ; Dominique Schnapper *et al.*, *Qu'est-ce que la citoyenneté*, Gallimard, 2000.

12. *L'Opinion publique,* SOFRES, 1984, *op. cit.,* p. 113 et suiv.

13. Alain Lancelot, *L'Abstentionnisme électoral en France*, Paris, A. Colin, 1968.

14. Pour les années 1944-1972 et 1945-1968 respectivement, l'abstentionnisme électoral a été calculé pour les élections politiques au niveau de 37 à 49 % aux États-Unis et de 18 à 31 % seulement en France ; Dominique Memmi, « L'engagement politique », in *Traité de science politique, op. cit.,* t. III, tableau 2, p. 329.

15. Annick Percheron, « La socialisation politique : défense et illustration » ; Dominique Memmi et Alain Lancelot, « Participation et comportement politique », in *Traité…, op. cit.,* t. III, p. 165-235 et p. 309-428.

rement l'insertion des citoyens dans les groupes. La société civile en recelant un nombre illimité, il ne sera pas question de les inventorier. Au mieux tentera-t-on d'en repérer quelques-uns, en privilégiant ceux qui ont particulièrement vocation à constituer une force sociale, donc à se transformer dans certaines circonstances en force politique. A défaut d'un meilleur critère, on s'efforcera de classer ces *forces politiques latentes* en distinguant les forces structurelles des forces conjoncturelles. Mais, avant d'y procéder, deux précautions restent à prendre :

– on empruntera la première à Georges Lavau quand il écrit qu'« il est beaucoup de formes de l'action politique ; le parti politique n'est que l'une d'entre elles […]. On commettrait une erreur en déduisant que [les] forces politiques *stricto sensu* monopolisent et épuisent toute l'activité politique [16] » ;

– la seconde consistera à observer que, parmi les forces politiques latentes, il ne sera pas fait mention ici de la haute fonction publique ; il en sera traité dans la dernière partie de ce livre, relative à l'État.

2. Les forces structurelles et les forces conjoncturelles

Même en s'en tenant à un point de vue descriptif, on constate que les *forces structurelles* qui composent la société civile sont multiples. On n'en citera que trois exemples : les classes sociales, les ethnies et les élites.

Il est évident que la division de la société en *classes* fournit, dans certaines conjonctures, une ressource essentielle à l'apparition des forces syndicales. La « conscience de classe » a constitué, depuis le XIXe siècle, l'une des motivations majeures du comportement politique. Elle peut mobiliser des forces susceptibles de jouer tantôt un rôle d'attraction, tantôt un rôle de répulsion.

---

16. Georges Lavau, « Le parti politique », *Esprit*, janvier 1958, p. 46.

En tant que force d'attraction, la bourgeoisie a récupéré plus d'un boursier pour en faire un homme d'ordre : Georges Pompidou n'en est pas le seul exemple. De son côté, le prolétariat a exercé un effet mobilisateur. Comment expliquerait-on, sans cela, la révolution de 1848, la Commune de Paris ou même le Front populaire ?

Comme forces de répulsion, les classes sociales peuvent aussi devenir un mythe. Pierre Birnbaum a démontré avec talent la persistance, en France, du mythe des « gros »[17]. Mais le mythe de la foule a également été exploité pour fournir une explication aux « journées révolutionnaires », ou récupéré pour désigner les « gros bras » qui servent de masse de manœuvre au fascisme ou qui fournissent leurs troupes aux manifestations.

D'un point de vue scientifique, l'appartenance de classe constitue l'une des variables indépendantes auxquelles se réfère la sociologie électorale[18]. Elle a été corrigée depuis longtemps par la prise en considération de la pratique religieuse, et récemment par le recours à la possession d'un patrimoine[19].

Plus complexe est la situation des *ethnies*. Tantôt elles apparaissent sous les traits de communautés raciales, comme aux États-Unis, appelées à s'intégrer dans le *melting pot*. Tantôt elles cherchent à constituer des nations et peuvent justifier le recours à l'autonomie, comme au Canada, ou à la sécession, comme en Irlande. Tantôt leur oppression prend la forme de l'apartheid, comme ce fut le cas en Afrique du Sud, et débouche sur la guerre civile comme en Bosnie et au Kosovo.

Une version atténuée du phénomène peut donner lieu à des « communautés linguistiques », comme en Belgique. Toujours est-il que le réveil des ethnies, de la Corse au Pays

17. Pierre Birnbaum, *Le Peuple et les Gros. Histoire d'un mythe*, Paris, Grasset, 1979.
18. Guy Michelat, Michel Simon, *Classe, Religion et Comportement politique*, Paris, FNSP et Éd. sociales, 1977.
19. Jacques Capdevieille *et al., France de gauche vote à droite*, préface d'Alain Lancelot, Paris, FNSP, 1981.

basque, est un fait aujourd'hui répandu en Europe[20]. Mais, s'il mérite mieux que l'attention distraite de la classe politique, il ne doit pas davantage occulter un autre aspect du problème : celui de la présence dans les sociétés industrielles de minorités immigrées. Le problème de l'*immigration* constitue un défi auquel se trouve confrontée la démocratie occidentale. En conformité avec son idéologie pluraliste, il lui appartient de le résoudre libéralement.

La place nous manque pour traiter ici de l'existence d'autres forces sociales structurelles, tenant à la cohabitation des générations[21] ou à la promotion des femmes[22]. Il faudrait pouvoir aussi évoquer la question traditionnelle des *élites* dans leurs rapports avec les masses. Citons simplement trois exemples qui attestent leur permanence. Celui de l'*establishment* issu de la noblesse terrienne et prorogé par les *public schools* et le système *oxbridge* en Grande-Bretagne. Celui du complexe « militaro-industriel », dénoncé par le président Eisenhower lui-même, aux États-Unis[23]. Celui des grands corps de l'État en France, tel qu'il a été perçu par des observateurs avisés[24].

La question est sans doute théorique de savoir si l'influence exercée par ces élites a engendré une « classe politique » ou des « catégories dirigeantes ». Le débat qui opposait sur ce point Aron à Meynaud est maintenant dépassé. Il n'en reste pas moins que toute société globale ou partielle sécrète des oligarchies. Et les régimes occidentaux les plus démocratiques n'ont pas éliminé l'élitisme. Dans la mesure où il est inéluctable, la vraie question est d'accélérer le rythme de son renouvellement.

La limite est insensible, qui sépare les forces sociales

20. Guy Héraud, *L'Europe des ethnies*, Presses d'Europe, 1974.

21. Janine Mossuz-Lavau, *Les Jeunes et la Gauche*, Paris, FNSP, 1979 ; Jean Crête, Pierre Favre (éd.), *Générations et Politique*, Economica, 1989.

22. Janine Mossuz-Lavau, Mariette Sineau, *Enquête sur les femmes et la politique en France*, Paris, PUF, 1978.

23. C. Wright Mills, *L'Élite au pouvoir*, Paris, Maspero, 1969.

24. Dominique Chagnollaud, *Le Premier des ordres*, Paris, Fayard, 1991 ; Marie-Christine Kesler, *Les Grands Corps de l'État*, FNSP, 1986.

structurelles des *forces conjoncturelles*. A leur propos, on s'en tiendra aussi à citer quelques catégories. La première qui s'impose à l'esprit est celle des *groupes de pression*. Jean Meynaud les a définis comme « un ensemble d'individus qui, sous l'impulsion d'un intérêt commun, expriment des revendications, émettent des prétentions ou prennent des positions affectant de manière directe ou indirecte d'autres secteurs de la vie sociale[25] ». Ils constituent, en tout cas, des forces sociales susceptibles de se muer au moindre signe en forces politiques.

Certains groupes s'en approchent, d'ailleurs, plus que d'autres. Qu'il suffise de citer trois exemples : *1.* certains groupes d'intérêts qui se sont transformés en partis, tel le mouvement d'anciens combattants « les Croix de feu », devenu en 1934 le Parti social français, ou l'Union de commerçants et artisans dotée en 1956 d'un groupe parlementaire sous le nom de Mouvement Poujade ; *2.* des sociétés de pensée et des clubs politiques, plus proches des anciennes ligues que des partis, comme il en a surgi à gauche dans les années soixante (Club Jean-Moulin, Convention des institutions républicaines, etc.) et comme il en prolifère à droite actuellement[26] ; *3.* enfin, certaines organisations professionnelles incitées par leur audience à s'ériger en *contre-pouvoirs*. Par opposition à l'usage que nous avons fait de ce dernier concept pour désigner des institutions comme le Sénat ou le Conseil constitutionnel, Albert Mabileau entend par là : « tout acteur ou groupe d'acteurs qui domine un champ déterminé et entre en compétition avec le pouvoir gouvernemental dans la production d'une politique[27] » ; et il offre l'exemple de la FNSEA et de la FEN.

Outre les groupes de pression, les *clientèles* constituent

25. Jean Meynaud, *Nouvelles Études sur les groupes de pression en France,* Paris, FNSP, 1962. Pour une analyse plus récente : Jacques Basso, *Les Groupes de pression,* Paris, PUF, « Que sais-je ? », 1984.

26. Janine Mossuz-Lavau, *Les Clubs et la Politique en France,* Paris, A. Colin, 1970.

27. Albert Mabileau, « Alternance et contre-pouvoirs », Rapport présenté au colloque sur *Alternance et Changements de politiques,* AFSP, 1985.

également des forces sociales conjoncturelles. Elles aussi apparaissent et disparaissent au gré des circonstances. Elles sont tributaires de la carrière de l'homme politique auquel elles lient leur destin. Le « mendésisme » a suscité pendant longtemps une clientèle, sans parvenir à rénover avec elle le parti radical[28]. Celle du « gaullisme » s'est élargie aux dimensions d'un rassemblement, sans jamais complètement s'identifier avec les partis politiques qui s'en sont réclamés.

Les clientèles ne se forment qu'autour d'une personnalité de premier plan. Or, ce type de personnalité peut devenir, à lui seul, une force politique. Les guerres et les crises créent souvent un contexte favorable à l'émergence de personnages héroïques, tels de Gaulle, Churchill et Roosevelt. Mais, dans les jours ordinaires, la science politique dispose de trois termes pour désigner les titulaires de la personnalisation du pouvoir[29]. *L'homme d'État* sert à désigner les hommes de gouvernement, distants des partis politiques, dont la capacité permet de sortir le pouvoir, et avec lui le pays, d'un mauvais pas. En France, Jules Ferry et Poincaré sous la IIIᵉ République, Mendès France sous la IVᵉ, ont joué ce rôle ; Raymond Barre et Jacques Delors tendent à répondre à ce portrait.

L'appellation de *notable* vise davantage les personnalités qui, enracinées dans une circonscription, utilisent le cumul des mandats pour se hisser aux premiers rangs de la classe politique[30]. Elles peuvent, par ce biais, exercer une influence qui les mène parfois aux postes de responsabilité : Antoine Pinay[31] et Edgar Faure illustrent assez bien ce type

28. « Le Mendésisme », *Pouvoirs*, n° 27, 1983.

29. Léo Hamon, Albert Mabileau, *La Personnalisation du pouvoir*, Paris, PUF, 1964.

30. Michel Reydellet, « Le cumul des mandats », *Revue du droit public et de la science politique*, mai-juin 1979, p. 693-768 ; Jeanne Becquart-Leclerc, « Cumul des mandats et représentation politique », *in* François d'Arcy, *La Représentation*, Paris, Economica, 1985.

31. Celui-ci expliquera son engagement en 1946 aux Républicains indépendants « parce qu'ils ne constituent pas un parti à proprement parler » (cf. Sylvie Guillaume, *Antoine Pinay ou la Confiance en politique*, Paris, FNSP, 1964).

de personnage, et les Mémoires de ce dernier en fixent l'autoportrait[32].

Enfin, à l'homme d'État et au notable, le *leader* ajoute un troisième type dont la caractéristique est à la fois de maîtriser l'appareil d'un parti et d'exercer des responsabilités gouvernementales importantes. Harold Wilson en Grande-Bretagne et Willy Brandt en Allemagne fédérale correspondent assez bien à cette définition. Comme l'a montré Jean-Claude Colliard, la France en est avare et ne compte guère – si l'on exclut Léon Blum, demeuré inclassable – que Guy Mollet et Jacques Chirac pour l'illustrer.

Ces quelques exemples, pris parmi ce que nous avons appelé les forces politiques latentes, montrent donc l'impossibilité de s'en tenir à deux catégories seulement de forces politiques qui seraient les groupes de pression et les partis. D'une part, la désaffection manifestée par l'opinion à l'égard de ces derniers ne permet plus d'avancer l'hypothèse selon laquelle ils formeraient la variable indépendante des régimes politiques[33]. L'expérience italienne la plus récente corrobore, sur ce point, les leçons que l'on pouvait tirer de la vie politique française.

D'autre part, la montée de l'individualisme dans les sociétés occidentales[34], et notamment les manifestations de la crise de la citoyenneté, témoignent de l'éclatement d'une société civile dont la contestation du pouvoir s'exprime davantage par des élans sporadiques et spontanés, donnant naissance à des « coordinations » informelles et favorisant la recrudescence de manifestations populaires que les forces politiques traditionnelles parviennent difficilement à récupérer[35].

32. Edgar Faure, *Mémoires,* Paris, Plon, 1984, t. II, notamment p. 219-222.

33. Pierre Avril, *Essai sur les partis*, LGDJ, 2ᵉ éd., 1990.

34. Pierre Birnbaum, Jean Leca, *Sur l'individualisme, théorie et méthodes*, FNSP, 1991 ; Dominique Colas, Claude Emeri, Jacques Zylberberg, *Nationalité et Citoyenneté, perspectives en France et au Québec*, Paris, PUF, 1991.

35. Pierre Favre (dir.), *La Manifestation*, FNSP, 1990.

Par conséquent, dans les *sociétés complexes* que forment aujourd'hui les sociétés occidentales, la société civile apparaît-elle de plus en plus sous les traits d'un ensemble éclaté – que les partis ont de plus en plus de mal à exprimer – notamment aux niveaux où se manifeste de plus en plus la prise de décision : le niveau régional et le niveau européen, témoins – parmi d'autres – du développement d'un mode de gouvernance désormais situé à plusieurs niveaux qui met en relation de multiples partenaires, dont l'État.

Mais si, contrairement à celui-ci, la société civile est régie par le contrat, ce qui est plus dur que le décret, elle ne se résume pas aux multi-nationales et aux groupes d'intérêt. D'où l'importance que revêt la présence à l'échelle européenne aujourd'hui, demain à l'échelle internationale, comme hier à celle de la nation, d'un pouvoir politique capable de la transcender.

2

Les partis politiques

Qu'est-ce qu'un parti politique ? Les définitions sont multiples. Les plus anciennes correspondent à un préjugé libéral, comme celle de Benjamin Constant : « Un parti est une réunion d'hommes qui professent les mêmes doctrines politiques. » D'autres se caractérisent par leur inspiration marxiste : « Le parti est l'organisation des éléments les plus conscients d'une classe sociale. »

Avant de retenir une définition plus opératoire, on recensera quatre éléments sur lesquels elle repose. On les empruntera à l'un des auteurs américains qui ont le plus marqué l'étude des partis politiques : Joseph La Palombara[36].

Le premier élément est d'ordre idéologique : tout parti politique, s'il n'est pas porteur d'une idéologie, exprime au moins une certaine orientation, une certaine vision de l'homme et de la cité : il est le fruit d'une certaine *culture politique*.

Un parti est une *organisation*, c'est-à-dire qu'il forme un groupement ayant une assise relativement durable, en tout cas plus durable que ses membres ; il est une institution. Le parti se distingue ainsi d'une clientèle : une clientèle est un groupe qui entoure un leader ; un parti est une *organisation*

36. Joseph La Palombara, Myron Weiner (éd.), *Political Parties and Political Development*, Princeton University Press, 1966. – Pour une synthèse plus récente, cf. Pierre Bréchon, *Les Partis politiques*, Montchrestien, « Clefs », 1999.

à plusieurs dimensions, nationale, régionale et locale, voire dans certains cas internationale.

Quant à la finalité du parti, certains auteurs la circonscrivent à la *conquête* et à l'*exercice du pouvoir*. Georges Lavau n'hésite pas à écrire que « la fonction spécifique d'un parti politique en démocratie est d'occuper le pouvoir d'État[37] ». Il est rare qu'un parti puisse, en régime pluraliste, conquérir à lui seul le pouvoir. Mieux vaut donc parler de participation au pouvoir, ou en tout cas au système politique. Mais il existe aussi des petits partis dont l'ambition est moins la participation directe au pouvoir politique que l'expression d'un certain nombre de revendications destinées à peser sur le gouvernement. Il est des partis qui se sentent plus volontiers une vocation d'opposition que de participation. Et Georges Lavau qualifie de « fonction tribunicienne » celle qu'exercent les partis politiques lorsqu'ils se font porteurs des revendications d'une classe sociale ou d'une clientèle[38].

Enfin, tout parti politique cherche à s'assurer le *soutien populaire*. Celui-ci peut comporter plusieurs degrés. Il peut aller jusqu'à l'adhésion, même jusqu'à l'adhésion militante – à cet égard, certains partis ressemblent à des Églises. Mais tous les citoyens ne sont pas des militants. Et l'attitude d'un citoyen à l'égard d'un parti peut être beaucoup plus distante ; il peut se contenter d'être un sympathisant ou, plus souvent, un électeur.

En prenant ces quatre éléments en considération, on définira ainsi les partis politiques : *les partis sont des forces politiques organisées qui groupent des citoyens de même tendance politique, en vue de mobiliser l'opinion sur un certain nombre d'objectifs et de participer au pouvoir ou d'infléchir son exercice pour les réaliser.*

A partir de cette définition, trois séries d'observations s'attacheront à préciser l'origine des partis politiques, à dégager leur typologie et à considérer leur statut.

---

37. Georges Lavau, « Le parti politique », *art. cit.*, p. 56.
38. Georges Lavau, « Le parti communiste dans le système politique français », in *Le Communisme en France*, Paris, A. Colin, 1969.

1. L'origine des partis politiques

Certains auteurs la font remonter loin dans le passé : dans l'histoire de Florence, à la lutte des guelfes et des gibelins.

En tant que tels, les partis politiques sont, cependant, une réalité contemporaine : ils sont *nés avec l'avènement du suffrage universel*. Et c'est au milieu du XIXe siècle, si ce n'est, pour certains d'entre eux, au début du XXe siècle, que les partis modernes se sont formés dans le monde occidental.

Sans doute trouve-t-on, sous la Révolution française, les ancêtres des partis politiques, les « clubs », qui ont d'abord regroupé les députés par affinité territoriale – le Club breton –, puis par affinité idéologique – les Cordeliers, les Girondins, les Jacobins. Dans les assemblées de la Restauration, de la monarchie de Juillet et du Second Empire, les groupes politiques se définissent encore par leur lieu de réunion. Sous la Constituante de 1848, on parle des groupes du Palais-Royal, de la rue des Pyramides, ou de la rue de Poitiers. Encore aujourd'hui, on désigne parfois le parti communiste sous le nom de parti de la place du Colonel-Fabien. Cette façon d'identifier les partis correspond à une vision élitiste. Mais les partis d'Europe occidentale ne sont-ils pas nés dans le cadre des parlements et pour en assurer le fonctionnement ?

1. Ainsi, le premier élément qui apparaît à l'origine de l'institution partisane est le groupe parlementaire. Un *groupe parlementaire* est la réunion des députés ou des sénateurs appartenant à une même tendance. A l'heure actuelle, à l'Assemblée nationale, il y a identité entre l'appartenance de chaque député à un groupe parlementaire et à un parti, la seule différence étant constituée par les « apparentés » ; au Sénat a existé longtemps un groupe réunissant des sénateurs proches de l'opposition et d'autres se réclamant de la majorité : la « gauche démocratique » ; mais il s'agissait d'une survivance du passé.

Le second élément qui a contribué à la formation des partis est le *comité électoral*. Les partis se sont développés au rythme de la croissance du suffrage. Au cours du XIXᵉ siècle, les groupes parlementaires et les parlementaires eux-mêmes se sont préoccupés d'assurer leur propre pérennité. Ils ont donc cherché à établir avec chaque circonscription un lien destiné à la favoriser. D'où la constitution, au niveau des circonscriptions électorales – tantôt l'arrondissement, tantôt le département –, de « comités électoraux » chargés, entre les consultations, de rappeler le député à l'attention de ses électeurs et, en période électorale, de mobiliser les sympathisants pour assurer la propagande du candidat. Ces comités électoraux regroupaient, en France, surtout des notables élus locaux ; mais, dans certains pays, notamment en Grande-Bretagne, ils avaient aussi pour mission d'inciter les électeurs à s'inscrire sur les listes électorales.

Les comités électoraux britanniques ont joué un double rôle : assurer l'enregistrement des citoyens auxquels le droit de vote était progressivement reconnu ; sélectionner et soutenir le député à élire. Ils répondaient au nom assez étrange de *caucus*. Le premier *caucus* fut celui de Birmingham fondé par Chamberlain en 1867. On en trouve la description et l'analyse dans l'un des deux premiers ouvrages consacrés à l'étude des partis, le livre de Moisei Ostrogorski, dont les passages les plus importants ont été réédités ; l'autre étant le livre de Michels[39].

En Europe occidentale, la fédération des groupes parlementaires et des comités électoraux a donc été la première structure à avoir donné naissance aux partis politiques à la fin du XIXᵉ siècle[40]. En France, l'exemple classique de ce type de parti parlementaire est le parti radical[41].

39. Respectivement : *La Démocratie et les Partis politiques*, Paris, Éditions du Seuil, « Points Politique », 1979 ; et *Les Partis politiques*, Paris, Flammarion, rééd., 1971.
40. Paolo Pombeni, *Introduction à l'histoire des partis politiques*, Paris, PUF, 1992.
41. Serge Bernstein, *Histoire du parti radical*, Paris, FNSP, 1980.

2. Naturellement, l'origine de tous les partis politiques ne reproduit pas ce modèle. Avec l'extension du suffrage universel et l'établissement, dans certains pays, de régimes de dictature, d'autres formes de partis sont apparues. Autour de 1900, on observe la formation, notamment en Grande-Bretagne, de *partis socialistes ou travaillistes*.

Ces partis socialistes ont souvent été le fruit d'une *action syndicale*. Ainsi, la volonté des *Trade Unions* de peser sur la politique les a conduits, au congrès de 1899, à décider la création d'un parti – le parti travailliste –, défenseur des intérêts de la classe ouvrière. Les adhérents des *Trade Unions* en seront automatiquement membres, sauf s'ils décident de ne pas s'y inscrire. Un tel système explique pourquoi le parti travailliste compte encore aujourd'hui un nombre considérable de membres.

Mais les *Trade Unions* n'ont pas présidé seules à la naissance du parti travailliste. De même que les partis traditionnels étaient l'œuvre conjointe des groupes parlementaires et des comités électoraux, le parti travailliste résulte de la coopération des *Trade Unions* et d'une société de pensée, capable de jouer un rôle de catalyseur, la *Fabian Society*. La « Société fabienne » représente ainsi l'élément intellectuel du parti travailliste britannique.

D'autres partis – les *partis démocrates-chrétiens* – ont été portés sur la scène politique, dans l'entre-deux-guerres et à la Libération, par des forces sociales d'un type différent, telles que les mouvements d'action catholique. Ces forces ont engendré la démocratie chrétienne italienne et la démocratie chrétienne allemande. En France, le Mouvement républicain populaire est apparu en 1945 comme le fruit des efforts entrepris par les mouvements d'action catholique : JEC, JOC, JAC, JIC[42].

Les *partis communistes* ont une origine différente. Tantôt

---

42. Émile-François Callot, *Un parti politique de la démocratie chrétienne en France : le Mouvement républicain populaire,* Paris, Marcel Rivière et Cie, 1978.

ils ont résulté d'une scission au sein des partis socialistes, comme en France en 1920, lors du congrès de Tours ; tantôt ils sont nés dans la clandestinité.

Enfin, le RPF, puis l'UNR ont pris la forme d'un « parti-rassemblement ». L'UNR est née en 1958 de la volonté des fidèles du général de Gaulle de former un mouvement politique destiné à soutenir son action. Bien qu'à la veille des élections législatives de 1958 le Général ait refusé de lui accorder officiellement son patronage, ce mouvement se transforma en un véritable parti destiné à survivre à de Gaulle. Le RPR revendique encore aujourd'hui l'héritage de cette formation, même s'il s'est progressivement éloigné de l'esprit du gaullisme.

A partir de cette diversité d'origine, certains auteurs ont tenté d'élaborer une typologie des partis politiques.

2. La typologie des partis politiques

Le modèle dominant de la typologie des partis a été élaboré par Maurice Duverger dans *Les Partis politiques*[43].

1. Ce modèle établit une classification binaire entre les *partis de cadres* et les *partis de masse*. Dans l'esprit de l'auteur, les partis de cadres ont été le produit de l'évolution qui a fédéré, au milieu du XIXᵉ siècle, les comités électoraux à la base et les groupes parlementaires au sommet. Ce sont donc des partis de notables. En France, l'exemple type en est le parti radical.

Au contraire, les partis de masse représentent les partis de la deuxième génération, issus du suffrage universel. Mais, au-delà de cette explication historique, Maurice Duverger se fonde sur l'analyse de la structure interne des partis politiques pour établir sa distinction. Et il privilégie à cette fin le

43. La dernière édition de ce livre a été publiée en 1981 aux Éditions du Seuil, dans la collection « Points Politique ».

lien qui unit le citoyen au parti. L'auteur distingue à cet effet trois cercles concentriques :

– le cercle des *militants*, pour lesquels le parti représente une raison de vivre : il joue, à leur égard, le rôle d'une Église ;

– le cercle des *adhérents* : ceux qui paient leur cotisation, qui prennent la carte du parti : le parti n'est pour eux qu'une organisation ;

– le cercle des *sympathisants* et des *électeurs*, qui se contentent d'assister de temps en temps à une réunion et de déposer un bulletin de vote en faveur du parti.

Si l'on considère le rapport arithmétique entre, d'une part, les adhérents et les électeurs et, d'autre part, les militants et les adhérents, plus la proportion d'adhérents par rapport aux électeurs est grande et plus la proportion de militants par rapport aux adhérents est forte, plus l'organisation tend vers un parti de masse. Ainsi, en 1945, sur environ cinq millions d'électeurs, le parti communiste déclarait un million d'adhérents – le cinquième de ses électeurs ; il était alors, à l'évidence, un parti de masse.

Si, au contraire, le nombre d'adhérents est d'environ cinquante mille et que le parti recueille trois millions cinq cent mille suffrages, le rapport d'intégration est faible ; on est en présence d'un parti de cadres ou de notables.

2. Cette typologie a été corrigée par Maurice Duverger lui-même, qui lui a apporté un certain nombre de compléments. D'une part, il admet l'existence d'un troisième type de parti à structure particulière : le *parti indirect*, dont l'exemple est le parti travailliste. Le travailleur britannique adhère à un syndicat et, s'il ne manifeste pas de volonté contraire, il appartient au parti travailliste. A côté des membres indirects, il existe des adhérents directs. Mais la proportion de ces derniers est plus faible que celle des membres affiliés aux syndicats.

D'une autre manière, l'UDF a pu être considérée en France comme un parti indirect. La plupart de ses adhérents ont d'abord adhéré au parti républicain, au parti radical, ou au Centre des démocrates sociaux ; mais ces trois partis se sont fédérés le 1er février 1978 pour constituer l'UDF. L'UDF a essayé de susciter des adhésions directes, sans y parvenir largement.

Le second complément apporté par Maurice Duverger à sa théorie binaire recoupe la classification des partis de masse et des partis de cadres ; il établit une distinction entre les *partis à structure forte* et les *partis à structure souple*.

Le parti conservateur, en Grande-Bretagne, est un parti de cadres ; le parti travailliste est un parti de masse. Mais, à l'intérieur de chaque parti, la discipline de vote impose aux députés lors des scrutins importants de se soumettre aux directives du groupe parlementaire qui leur sont rappelées par le *whip*. Ce sont des partis à structure forte.

En revanche, aux États-Unis, que ce soit au sein du parti républicain ou du parti démocrate, la liberté de vote dont dispose chaque membre du Congrès est à peu près totale. Les partis américains sont des partis à structure faible. L'indiscipline de leurs membres conditionne d'ailleurs le fonctionnement régulier du régime présidentiel lorsque le président ne dispose pas d'une majorité au Congrès.

3. Au-delà de ces deux correctifs, un certain nombre d'auteurs ont contesté la distinction binaire établie par Maurice Duverger entre partis de cadres et partis de masse. Il lui a été reproché notamment d'assimiler les partis de cadres à un modèle archaïque et les partis de masse à un modèle progressiste des partis politiques[44]. Que constate-t-on en effet en cette fin de siècle ?

Que la plupart des partis ne sont pas des partis de masse. Ce sont des formations qui recueillent, certes, de nombreux votes, mais sans disposer d'un fort taux d'adhésion. Ces par-

---

44. Jean Charlot, *Les Partis politiques,* Paris, A. Colin, « U2 », 1971. Voir également Daniel-Louis Seiler, *Partis et Familles politiques,* Paris, PUF, 1980.

tis obtiennent des résultats importants aux élections, mais ne comptent pas beaucoup de militants dans leurs rangs. Ce ne sont pas des partis extrémistes, ni d'extrême gauche ni d'extrême droite. Ainsi en est-il des partis américains, qui se classent difficilement dans la dichotomie parti de cadres/parti de masses, mais aussi des partis européens. En France, citons l'apparition, en 1962, de l'UNR, puis du RPR et, à partir de 1978, de l'UDF.

Afin de mieux rendre compte de cette évolution, des auteurs ont cherché à dégager un troisième type de parti, qui complète la typologie précédente. Certains Américains l'ont appelé le « parti attrape-tout[45] ». C'est un parti « inter-classes », qui cherche surtout, à travers un programme non marqué idéologiquement, à mobiliser des électeurs d'origines sociale, professionnelle, voire ethnique, différentes. On y trouve parfois affichée une certaine volonté de dépolitisation. Et, si le phénomène s'est manifesté à droite en France, il est apparu au centre en Italie avec la démocratie chrétienne, dont la finalité avait peu de rapports avec la doctrine sociale de l'Église.

On peut citer, enfin, un exemple de ce type de partis à gauche, avec la social-démocratie allemande qui a pris à peu près la même distance à l'égard du marxisme. Et l'on s'interrogeait en France sur l'évolution parallèle du parti socialiste, avant son effondrement et sa restructuration en 1993[46].

Il existerait donc une troisième catégorie de partis, que Jean Charlot a désignée sous le nom de *partis d'électeurs*. Sur cette base, des auteurs comme Giovanni Sartori et Jean Charlot ont proposé d'adopter une typologie tripartite. Elle conduit à distinguer :

— les partis de notables — ou partis de cadres ;
— les partis de masse ;
— les partis d'électeurs, qui cherchent à mobiliser le plus

45. Joseph La Palombara, Myron Weiner (éd.), *Political Parties and Political Development, op. cit*, notamment l'étude de Kirscheimer.
46. Hugues Portelli, *Le Socialisme en France tel qu'il est*, Paris, PUF, « Politique aujourd'hui », 1980.

grand nombre possible de suffrages pour gouverner empiriquement et résoudre les principaux problèmes du moment[47].

À la suite de Peter Mair, une quatrième catégorie de partis – ou plutôt de coalitions de partis – semble aujourd'hui
émerger à travers la notion de « cartel party », qui serait,
selon Pierre Bréchon, une forme exacerbée du parti attrape-
tout. Bénéficiaires des subsides de l'État et titulaires de certaines fonctions publiques, ces organisations viseraient
davantage à réunir des adhérents qu'à mobiliser des militants – ce qui limiterait leur compétition. Liés à l'appareil de
l'État, de tels partis seraient moins « l'expression des
demandes issues de la société civile que l'agence semi-
publique qui explique à la société les politiques décidées par
l'État[48] ». Dans une certaine mesure, les partis de gouvernement existants en ce moment dans les pays de l'Union européenne correspondraient assez bien à ce type de partis.

3. Le statut des partis

La notion de parti n'a pas d'équivalent juridique. Avant
la loi du 11 mars 1988, il n'existait pas, en France, de statut
particulier des partis politiques. Pendant longtemps,
ceux-ci ont emprunté le moule juridique établi par la loi du
1er juillet 1901 pour les associations ; les lois du 11 mars
1988 et du 15 janvier 1990 ont pallié ces lacunes.

C'est tardivement que la notion de groupe parlementaire
elle-même a pénétré dans le règlement des assemblées. A
partir de 1910, les députés ont été admis pour la première
fois à faire valoir leur appartenance à un groupe. Jusque-là,
ils ne pouvaient intervenir à la tribune qu'en leur nom personnel ou au nom de leurs « amis », mais jamais au nom d'un
parti : la conception française du mandat représentatif impliquait qu'un élu ne pouvait s'exprimer qu'au nom de la

---

47. Ce qui conduit parfois à parler de « partis de gouvernement ». Cf. à
propos du PS : Alain Bergounioux, Gérard Grunberg, *Le Long Remords du
pouvoir*, Paris, Fayard, 1992.

48. Pierre Bréchon, *op. cit.*, p. 150.

Nation et en vue de l'intérêt général. Elle interdit toujours le mandat impératif : un élu ne peut être le porte-parole ni d'une fraction du peuple ni d'un groupe de pression. Pendant longtemps, on a appliqué cette interprétation restrictive aux partis. Et, encore aujourd'hui, l'article 27 de la Constitution de la Ve République dispose que « tout mandat impératif est nul ».

A la recherche d'un statut de l'opposition, le président Giscard d'Estaing avait demandé au Premier ministre d'établir un projet de statut des partis politiques, notamment pour régler le problème de leur financement. Mais ce projet n'a pu aboutir, partiellement, qu'en 1988 à l'initiative du président Mitterrand, avant de faire l'objet des réformes de 1990. D'autres pays sont allés plus loin dans cette voie. Ainsi l'Allemagne fédérale a-t-elle adopté un régime de financement public des partis, qui leur confère un véritable statut.

En France, la disposition qui amorce un statut constitutionnel des partis est l'article 4 de la Constitution de 1958. Il est ainsi rédigé : « Les partis et groupements politiques concourent à l'expression du suffrage. Ils se forment et exercent leur activité librement. Ils doivent respecter les principes de la souveraineté nationale et de la démocratie. »

Deux mesures ont contribué à renforcer la position des groupes parlementaires au sein du Parlement : d'une part, le droit de saisine du Conseil constitutionnel, étendu en 1974 à soixante députés ou soixante sénateurs ; d'autre part, l'organisation, à l'Assemblée et au Sénat, le mercredi après-midi, des questions au gouvernement : sa réglementation, bien que demeurée très informelle, répartit équitablement le temps de parole entre la majorité et l'opposition. En outre, pendant les campagnes électorales, l'accès à la radio et à la télévision est accordé aux formations politiques qui disposent d'une représentation au Parlement.

La législation française de 1988 et de 1990, relative à la transparence de la vie politique, a pris des dispositions concernant la déclaration du patrimoine des membres de la classe politique, le financement des campagnes électorales et celui des partis. Elle reconnaît à ceux-ci la personnalité morale, le droit d'ester en justice et le droit d'acquérir à titre gratuit ou à titre onéreux des meubles et des immeubles.

En vertu de ces mêmes textes, les partis disposent de la personnalité juridique et des droits qui lui sont afférents. Elle établit un régime complet de financement des partis politiques qui associe le financement public au financement privé.

Le retard pris par la France, par rapport aux autres pays européens, explique, sans les justifier, les procédés obliques, et irréguliers, employés par les partis français pour assurer leur financement (notamment les « fausses factures »), qui n'ont pas peu contribué à les discréditer dans l'opinion.

Mais la mauvaise impression éprouvée par l'opinion publique à l'égard des partis de gouvernement semble générale. A tel point qu'Olivier Duhamel et Jérôme Jaffré ont pu écrire dans *L'État de l'opinion*, publié par la SOFRES en 1993 : « Les partis de gouvernement fléchissent dans presque toutes les démocraties. Songeons aux multiples illustrations de la figure *milliardaire populiste*, nouveau héros de l'électeur postmoderne déprimé. Timinsky en Pologne, Panic en Serbie, Perot aux États-Unis, Tapie à Paris – ou, du moins, à Marseille –, tous ces nouveaux venus récoltent des suffrages au détriment des grands partis de gouvernement. » En 1994, le triomphe électoral, en Italie, de Berlusconi paraît avoir illustré la sévérité de ce jugement qu'atténue cependant aujourd'hui l'émergence – ou la réémergence – au plan européen de la distinction entre les partis de gouvernement, qui tendent comme on l'a vu à devenir des « agences politiques » des États et les partis ou mouvements contestataires qui, telle la coordination paysanne de José Bové, sont des groupes d'intérêt que la conjoncture politique tend à rapprocher des partis. Sans éliminer l'impact, cette confusion tend, cependant, à réduire la portée des systèmes de partis.

3

Les systèmes de partis

Par système de partis, on entend, *dans le cadre d'un régime politique donné, la configuration formée d'un ensemble d'éléments interdépendants, résultant du nombre et de la dimension des partis politiques existants.*

Le concept de système de partis est aujourd'hui déterminant pour la compréhension des régimes politiques. Il sert de fondement à leur classification dans les démocraties occidentales, au même titre que les institutions[49].

Deux critères ont été successivement retenus pour établir une typologie des systèmes de partis :

— l'un est tiré de la prise en considération du *nombre* de partis politiques présents dans un pays donné ; il a dominé la plupart des analyses de 1950 à 1960 ;

— l'autre est relatif à leur *dimension* ; il sert à distinguer notamment les diverses formes de multipartisme.

On présentera l'une après l'autre les deux typologies qui en résultent[50].

---

49. François Borella, *Les Partis politiques en Europe*, Paris, Éditions du Seuil, « Points Politique », 1984.

50. L'analyse des systèmes de partis a été résumée par Jean et Monica Charlot dans le *Traité de science politique, op. cit.,* t. III, chapitre VII, p. 510-517. Cf. également Pierre Bréchon, *op. cit.,* p. 31-47.

1. La prise en considération du nombre des partis politiques

En inaugurant son cours sur les partis politiques, Maurice Duverger enseignait en 1950 que « la distinction entre le régime de deux partis et le régime de plus de deux partis constitue désormais la *summa divisio* du droit constitutionnel » ; l'idée était neuve. Elle s'est révélée en partie juste. Il n'empêche, et l'auteur en convient, que la distinction opérée entre le *bipartisme* et le *multipartisme* ne résume pas tous les systèmes de partis possibles.

Écartons de notre champ d'investigation les systèmes à parti unique. Ils sont, comme chacun sait, incompatibles avec la démocratie occidentale. Car ils ont pour effet de confondre en pratique le parti et l'État ; allergiques au pluralisme, ils excluent toute possibilité d'expression institutionnelle de l'opposition.

Restent en présence le bipartisme et le multipartisme. Mais, entre la diversité des variantes que recèle celui-ci, la pratique a fait surgir un système intermédiaire qui ne s'identifie pas au *two-party system* et qui devra donc faire l'objet d'un examen à part : le *bipartisme à deux partis et demi*.

1. *Le bipartisme parfait ou* two-party system

Pour Maurice Duverger, il existe une différence de nature entre le bipartisme et les autres systèmes de partis. Trois éléments déterminent sa singularité.

A. Le bipartisme assure automatiquement à l'un des deux partis la *majorité absolue des sièges* à l'assemblée élue au suffrage universel direct ; cette majorité parlementaire permet la pratique du gouvernement de législature, garantit la stabilité ministérielle et affermit l'autorité de l'État.

Ce premier avantage n'est cependant rendu possible qu'à condition que les deux partis à vocation majoritaire totalisent entre 80 et 90 % des suffrages exprimés. Lorsqu'elle est réunie, cette condition permet à l'un d'entre eux de disposer, grâce au scrutin majoritaire uninominal à un tour, de la majorité absolue des sièges à l'assemblée. De 1945 à 1974, la vie politique britannique a donné l'exemple de cette continuité[51].

Toutefois, à l'occasion des élections législatives de 1974, l'un des deux grands partis n'a pas disposé de la majorité à la Chambre des communes. Le nombre de voix recueillies par le parti travailliste (37,5 %) fut alors légèrement inférieur à celui du parti conservateur (38,3 %) ; et le parti travailliste ne recueillit, par l'effet déformant du mode de scrutin, que la majorité relative des sièges (301 sièges, soit 47,4 %, contre 296, soit 46,6 % au parti conservateur). Dès lors, après qu'une tentative pour former un gouvernement de coalition conservateurs/libéraux eut échoué, le cabinet travailliste, dirigé par Harold Wilson, fit procéder dès la fin de l'été à la dissolution. Et, à la suite d'élections anticipées intervenues dès octobre 1974, il obtint de justesse la majorité absolue des sièges aux Communes (319, soit 50,2 % et 39,2 % des suffrages exprimés, contre 277 sièges aux conservateurs, soit 43,6 % et 35,8 % des suffrages exprimés).

A l'occasion de ces élections, les deux partis à vocation majoritaire ne totaliseront que 75 % des voix. Il faudra attendre les élections de juin 1979 et le succès du parti conservateur pour que ce total remonte à 80,8 % des suffrages exprimés, ce qui les rapprochera de la situation antérieure, mais il retombera en 1983 à 70 % pour s'élever en 1987 à 73 %, en 1992 à 76 % et plafonner en 1997 à 73,9 %.

B. Quand il fonctionne correctement, le bipartisme parfait présente un deuxième avantage. Il assure le *plein emploi de la représentation des électeurs*. A supposer, en effet, que les deux partis à vocation majoritaire mobilisent 85 à 90 % des suffrages exprimés, la même proportion d'électeurs se trouve, par alternance, représentée non seulement au Parle-

---

51. Les auteurs britanniques ont toutefois fait observer que, même lorsque les deux grands partis continuent à rassembler plus de 90 % des sièges à la Chambre des communes, ils ne représentent en fait que moins des deux tiers des électeurs (cf. R. L. Borthwick, J. R. Spence (éd.), *British Politics in Perspective,* Leicester University Press, 1984).

ment, mais au gouvernement. Par conséquent, si l'on fait abstraction des abstentionnistes, 10 à 15 % de citoyens seulement se trouvent exclus des responsabilités gouvernementales. Un tel pourcentage ne peut jamais être atteint dans les formules de conjonction des centres ; et, dans les systèmes à parti unique, l'adhésion de 99 % des électeurs au seul parti sollicitant leurs suffrages est l'expression d'une fiction.

C. Enfin, le troisième mérite du *two-party system* tient au fait qu'en élisant le député de sa circonscription aux Communes, l'électeur britannique sait à l'avance en faveur de quel Premier ministre il se prononce si son parti l'emporte. Ainsi, par le moyen d'une seule élection au suffrage universel direct, le peuple désigne-t-il démocratiquement la majorité parlementaire et le Premier ministre. Un tel système, outre l'économie qu'il procure en évitant le recours à une élection présidentielle parallèle, assure automatiquement la cohésion et la cohérence entre la majorité parlementaire et la majorité gouvernementale.

Dans les années cinquante, tandis que la France connaissait l'instabilité ministérielle, le bipartisme britannique – c'est-à-dire le bipartisme parfait – a naturellement fasciné les observateurs politiques. Déjà, au XVIIIe siècle, la Constitution d'Angleterre avait attiré la faveur des philosophes et ensorcelé Montesquieu. A nouveau au milieu du XXe siècle, la Grande-Bretagne, en faisant miroiter son système de partis, a séduit l'Europe. Et c'est à défaut de pouvoir l'imiter que les constitutionnalistes continentaux ont inventé le parlementarisme rationalisé. Sans doute ne savaient-ils pas, constituants allemands de 1949 et constituants français de 1958, que, ce faisant, ils favoriseraient la formation, dans leurs pays respectifs, non du bipartisme, mais de la bipolarisation des partis. En réalité, le *two-party system* est un système de partis singulier, très difficile à acclimater en dehors des pays de culture anglo-saxonne (États-Unis, et encore… ; Australie et Nouvelle-Zélande) ; ailleurs, sauf actuellement en Espagne, il n'a jamais pu être durablement implanté.

Giovanni Sartori livre, en partie, le secret de cette difficulté lorsqu'il souligne que le bipartisme authentique est celui qui place en compétition *deux partis homogènes*. Il s'agit, en effet, de deux partis qui, l'un comme l'autre, ont certes pour but de faire prévaloir deux styles d'autorité et deux types de société différents, mais qui ont surtout l'ambition d'accéder l'un et l'autre alternativement au gouvernement et de gouverner seuls sans bouleverser l'ordre établi. Or, un tel système, qui privilégie la « gouvernabilité » et le réalisme, est réducteur de démagogie et générateur de consensus. Il diffère par nature du multipartisme, qui oblige tout parti qui accède au pouvoir à gouverner avec d'autres et l'autorise à leur imputer ses échecs. Le bipartisme parfait ne serait donc viable qu'à ces strictes conditions ; et Sartori ne les voit réunies ni en Italie ni en France où même la bipolarisation n'élimine pas le multipartisme[52].

2. Le multipartisme

A la rigidité du bipartisme parfait, s'opposent la diversité et la souplesse du multipartisme. Pour Maurice Duverger, il importe finalement assez peu de déceler plusieurs variantes à l'intérieur de ce système[53]. Qu'il y ait seulement trois partis ou davantage, la réalité sera à peu près la même. Pourquoi ? Parce qu'à partir du moment où existent trois partis de gouvernement, il est extrêmement rare que l'un d'entre eux puisse détenir la majorité absolue des sièges à l'assemblée. Dès lors, l'identité de nature entre les différents sous-systèmes aboutit à une situation identique : l'existence de configurations de partis hétérogènes. Et l'on retrouve ici l'envers de l'explication proposée par Giovanni Sartori.

Certains partis, dits de gouvernement, peuvent bien tenter de définir des programmes réalisables. Mais ils ne seront jamais assez forts pour gouverner seuls ; et les combinaisons auxquelles ils participeront seront des gouvernements de coalition. Ils ne supporteront donc pas seuls devant l'opi-

52. Giovanni Sartori, *Parties and Party System*, Cambridge University Press, 1976.
53. Maurice Duverger, *Les Partis politiques, op. cit.*, p. 318 et suiv.

nion la responsabilité des mesures qu'ils prendront. Ils pourront accuser leurs partenaires de pratiquer une politique divergente. Telle fut la tactique du RPR à l'égard de l'UDF de 1976 à 1981. Le programme de Jacques Chirac, après qu'il eut quitté Matignon, n'était pas celui du gouvernement Barre où siégeaient pourtant des ministres RPR. Or, ce qui était vrai dans la dernière partie du septennat de Valéry Giscard d'Estaing l'était bien davantage sous la IVᵉ République ! Alors, les caricaturistes représentaient le char de l'État tiré par trois ou quatre chevaux, allant chacun dans un sens différent…

On rencontre aussi, en multipartisme, des partis qui n'entendent pas gouverner, mais jouer principalement un rôle dans l'opposition. Or, tandis que le bipartisme les marginalise, le multipartisme les exalte. Georges Lavau a souligné l'importance de leur « fonction tribunicienne ». Entre eux et les autres apparaît une véritable différence de nature. Tandis que, pour les partis de gouvernement, il convient de proposer des mesures compatibles avec les données de la conjoncture nationale et internationale, pour les partis situés, comme disent les Italiens, à la limite de l'« arc constitutionnel », et *a fortiori* pour les « partis anti-système », l'essentiel est de porter et de soutenir les revendications de la classe ou des catégories sociales auxquelles ils s'identifient. Ainsi, de 1947 à 1981, soit pendant près de trente-cinq ans, et à nouveau de 1984 à 1997, le parti communiste français a préféré tenir ce rôle plutôt que de se muer en parti de gouvernement[54]. En multipartisme, la compétition des partis ne se joue donc pas à armes égales, elle oppose des formations hétérogènes générateurs de géométries variables.

Cet obstacle n'empêche pas d'en distinguer, de manière formelle, plusieurs variantes. Ainsi a-t-on cherché, au début du siècle en Europe, et au lendemain de la Seconde Guerre mondiale en France et en Italie, à identifier le *tripartisme*. Puis a-t-on essayé de dégager la singularité du *quadripar-*

---

54. Georges Lavau, *A quoi sert le parti communiste français ?*, Paris, Fayard, 1981.

tisme, certains auteurs ayant avancé qu'il constituait la configuration naturelle des familles politiques à l'intérieur de certains pays. De 1974 à 1988, il était à la mode de parler de la « bande des quatre » pour désigner les formations politiques représentées en France, au Parlement. Mais l'expression était péjorative. Nous ne nous engagerons pas davantage dans cette voie, tant il est vrai qu'au-delà d'un nombre limité de partis le multipartisme tend au *pluripartisme*, comme en témoignent l'Italie, les Pays-Bas et la Belgique, qui totalisent respectivement 12, 13 et 16 principaux partis. Concluons plutôt, provisoirement, qu'en multipartisme compte davantage la dimension des formations politiques que leur nombre.

3. Le bipartisme « à deux partis et demi »

Toutefois, reconnaissons qu'une hypothèse, suggérée par Jean Blondel, intermédiaire entre le bipartisme et le multipartisme, présente une réelle spécificité. Le bipartisme à deux partis et demi existe à partir du moment où, en marge des deux principaux partis, apparaît un troisième partenaire capable de dérégler le système et de déterminer la formation des coalitions soutenant le gouvernement[55].

Une telle perspective ne serait pas à écarter en Grande-Bretagne, si les deux principaux partis en présence ne parvenaient plus à totaliser 80 à 90 % des suffrages. En deçà, la possibilité existerait de voir le troisième parti – surtout si ses succès électoraux sont géographiquement regroupés – enlever à l'un des deux autres le bénéfice de l'effet déformant du scrutin majoritaire et, avec lui, la majorité absolue des sièges à la Chambre des communes.

Ce risque aurait été très grand si les élections législatives de juin 1983 étaient intervenues sans l'appoint du succès militaire des Falklands et si les gains électoraux de l'Alliance libérale et social-démocrate n'avaient été répartis

---

55. Jean Blondel, « Party System and Patterns of Government in Western Democracies », *Canadian Journal of Political Science*, vol. 1, n° 2, juin 1968, p. 183-190.

uniformément à travers le pays. Mais ces deux conditions n'ayant pas été remplies, l'effet déformant du scrutin majoritaire uninominal à un seul tour a pu jouer. Avec 42,4 % des voix (30 % seulement environ des inscrits, compte tenu du nombre relativement élevé d'abstentions), le parti conservateur a obtenu le plus grand nombre de sièges occupés par un parti depuis 1935 : 397 ! Et, bien que l'opposition ait été divisée en deux forces presque égales, le parti travailliste a pu conserver, avec 27,6 % seulement des suffrages exprimés, 209 sièges, tandis que l'Alliance, avec 25,4 % des voix, n'en recueillait que 23, dont 6 seulement pour les sociaux-démocrates.

« On conçoit, écrit Jacques Leruez, que ce dernier parti ait dénoncé les injustices du scrutin. Lorsqu'un système électoral provoque de telles inégalités de représentation, on peut s'interroger sur son bien-fondé. Toutefois, compte tenu des avantages que les partis traditionnels tirent du mode de scrutin, et de la possibilité qu'ils ont de pouvoir bloquer toute initiative de réforme du Parlement, il est vraisemblable que la campagne lancée dans le pays par l'Alliance en faveur de la représentation proportionnelle n'aboutira pas. On peut même douter de son effet sur l'opinion car les électeurs britanniques sont peu sensibles aux défauts d'un mode de scrutin qu'ils ont toujours connu et qui leur semble faire partie intégrante de leur régime politique[56]. » Cela s'est vérifié en 1992 quand l'Alliance n'a recueilli que 17,8 % des voix et 20 sièges.

A l'inverse, peut-être en raison de la représentation proportionnelle, la République fédérale d'Allemagne offre l'exemple d'un bipartisme imparfait. Si l'on écarte la période au cours de laquelle la CDU a exercé pleinement sa domination, on constate que, depuis les élections législatives de 1969, le parti libéral (FDP) a réussi, d'une part, à empêcher l'un des deux grands partis d'obtenir la majorité abso-

---

56. Jacques Leruez, « Le Royaume-Uni en 1983 », in *Les Pays d'Europe occidentale en 1983-1984, Notes et Études documentaires*, n° 4, Paris, La Documentation française, 1984, p. 23-24.

lue des sièges au Bundestag, d'autre part, à rendre nécessaire jusqu'en 1998 sa participation au gouvernement pour assurer – en l'absence de « grande coalition » – la formation de celui-ci[57].

Ce rôle indispensable qu'il est parvenu à jouer – à la fois lors de l'élection du chancelier et pour apporter au cabinet une fois formé le soutien permanent d'une majorité – a été particulièrement évident dans deux cas.

Dans le premier, à la suite des élections de 1969, aucun des deux grands partis n'avait atteint la majorité absolue des sièges (bien qu'ils aient totalisé 88,8 % des suffrages). Dès lors, les 30 sièges du parti libéral (obtenus avec 5,8 % des voix) furent nécessaires au soutien d'une coalition. Or, le choix du FDP ne se porta pas sur le parti qui avait recueilli la majorité des suffrages (la CDU, avec 46,1 %), mais sur le SPD, arrivé en seconde position (avec 42,7 %). D'où son effet déterminant.

Dans le second cas, l'influence du FDP fut plus décisive encore. Après avoir voté, le 1er octobre 1982, avec la CDU la censure constructive contre le chancelier Schmidt, les députés libéraux firent alliance, en marge de toute consultation électorale, avec les chrétiens-démocrates. Cette alliance, consacrée par l'investiture du chancelier Kohl, a conduit à la constitution d'un gouvernement de coalition CDU-FDP et a réalisé l'alternance sans élection préalable.

Même si ce choix fut ensuite ratifié, le 6 mars 1983, par les électeurs, il n'en témoigne pas moins du rôle déterminant joué par le tiers parti. Ce qui incite à ranger la République fédérale d'Allemagne parmi les pays dotés d'un système de partis « à deux partis et demi ». Toutefois, si le seuil des 5 % exigé par le mode de scrutin avait éliminé les libéraux du Bundestag, un tel système aurait pu être remis en question[58]. Ce ne fut pas le cas en 1987, le FDP ayant dépassé 9 % et les Verts 8 % ; ni en 1990, le FDP ayant obtenu 10,9 % et les

57. Henri Menudier, *Les Élections allemandes, 1968-1982,* Paris, Centre d'études germaniques, 1982.
58. Klaus von Beyme, *The Political System of the Federal Republic of Germany,* Aldershot, Gower, 1983.

petits partis, respectivement 9,9 et 5,2 % dans les cinq Länder de l'Est. En 1998, avec 6,5 % des voix les Verts ont pris le relais du FDP qui, avec 6,3 %, a continué à franchir la barre des 5 % ; comme d'ailleurs le PDS avec 5,2 %.

2. La prise en considération de la dimension des partis

La référence à la dimension des partis tend donc, aujourd'hui, à supplanter la prise en considération de leur nombre. Mais, pour prendre la « mesure » d'un parti, de quel instrument la science politique dispose-t-elle ?

Le *nombre d'adhérents* n'est pas facile à connaître. En Grande-Bretagne, les statistiques des *Trade Unions* permettent d'établir que le parti travailliste compte environ 7 millions de membres (dont 85 % d'adhérents indirects) ; et on évalue à moins d'un million ceux du parti conservateur. En République fédérale d'Allemagne, la social-démocratie comptait, en 1981, selon von Beyme, 954 119 membres ; et la CDU-CSU 700 000. En Italie, le nombre des adhésions à l'ex-parti communiste a décru de 2 600 000 en 1955 à un chiffre impossible à évaluer actuellement ; *a fortiori* pour la démocratie chrétienne qui en affichait 1 700 000. En France, il est tout aussi difficile d'avancer des chiffres exacts, mais les effectifs sont encore plus faibles. A la fin de 1984, le parti communiste affichait 710 000 adhérents ; mais les spécialistes de science politique pensent que, si l'on éliminait les doubles comptes et si l'on retirait les adhésions qui n'ont pas été confirmées, le chiffre aurait été d'environ 500 000, dont 150 000 militants. Le RPR affirme, parfois, dépasser 700 000 membres ; mais il semble que le nombre de cartes placées se situe plutôt autour de 150 000. Entre 1980 et 1982, le parti socialiste, ayant gagné 23 000 adhérents, a atteint 213 000 membres ; ce qui est peu pour un parti qui a compté en 1981, avec le MRG, 9 376 853 électeurs ; il doit avoir aujourd'hui 120 000 inscrits. Quant à l'UDF, il faut totaliser, pour connaître ses effectifs, ceux de ses trois composantes, auxquelles s'ajoutent quelques adhésions directes ; mais ce parti de notables, qui annonce 313 000 membres, ne doit pas compter beaucoup plus de 50 000 membres actifs[59].

Devant ces incertitudes, on doit plutôt retenir, comme élément de mesure, le *nombre d'électeurs*. Celui-ci est facile à connaître puisqu'il résulte des statistiques électorales. Le concept de système de partis ayant pour objet d'expliquer le fonctionnement d'un régime politique, ce n'est pas tant le nombre de suffrages recueillis par une formation politique que la force parlementaire de celle-ci qui détermine sa capacité à contribuer à la gouvernabilité d'un pays.

Dès lors, il existe une convention entre spécialistes pour admettre le *nombre de sièges* obtenus par chaque parti à l'assemblée élue au suffrage universel comme élément performant. Parfaitement adapté à l'usage des régimes parlementaires, cet outil d'analyse doit, cependant, être complété par le nombre de suffrages exprimés à l'élection directe du chef de l'État, lorsqu'il s'agit d'un régime présidentiel ou semi-présidentiel.

Par référence au nombre de sièges ainsi répartis, une nouvelle typologie des systèmes de partis a été proposée. Elle repose sur trois concepts. Le premier est celui de *parti majoritaire* : est majoritaire tout parti dont le groupe parlementaire réunit à la chambre directement issue du suffrage universel la majorité absolue des sièges ; est à « vocation majoritaire » tout parti susceptible de se trouver, par suite de l'alternance, dans la situation précédente. Le deuxième est celui de *parti dominant*. On l'a déjà défini en étudiant l'alternance et la permanence au pouvoir[60]. Le troisième est celui de *parti minoritaire*. Sa dimension peut varier considérablement en deçà du seuil de la majorité absolue des sièges

59. Les chiffres indiqués par les partis eux-mêmes étaient recensés dans le très utile *Annuaire de la France politique,* publié en 1983 et 1984 par Alain et Marie-Thérèse Lancelot, FNSP ; les évaluations réalistes avancées sont tirées notamment de l'annuaire « Quid » dont l'édition 2000 est publiée par Robert Laffont.

60. Au chap. III de la 1re partie.

au Parlement. Aussi Maurice Duverger a-t-il dégagé le concept de « petit parti » dont l'analyse donne lieu à une page d'anthologie dans son ouvrage classique sur les partis politiques[61].

Doté de ces trois instruments, on peut alors présenter une seconde classification des systèmes de partis fondée sur leur dimension, et qui retient trois cas de figure :

— les systèmes fondés sur l'existence de partis à vocation majoritaire ;

— les systèmes caractérisés par la présence d'un parti dominant ;

— les systèmes de partis résultant de la coalition de partis minoritaires.

1. Les systèmes de partis fondés sur l'existence de partis à vocation majoritaire

Les systèmes de partis dotés de partis à vocation majoritaire sont ceux qui comprennent un ou deux partis capables de recueillir la majorité absolue des sièges à l'assemblée parlementaire élective. Deux versions différentes doivent être distinguées.

A. La première nous renvoie en pays connu. Elle suppose la compétition de *deux partis à vocation majoritaire* : l'un ayant recueilli la majorité des sièges est en situation de gouverner ; l'autre, siégeant dans l'opposition, attend l'alternance pour le faire à son tour. Cette version recoupe à l'évidence le *two-party system*. Elle a toutefois le mérite de montrer que celui-ci ne se définit pas seulement par le *nombre* des partis en présence, mais aussi, et peut-être surtout, par leur *dimension*.

B. La deuxième variante est moins souvent observée. Elle résulte du croisement de la dimension des partis avec la présence de plus de deux partis. Et elle permet de déceler des cas, moins rares qu'on ne veut bien le dire, de *multipartisme combiné avec la présence d'un parti majoritaire*.

---

61. Maurice Duverger, *Les Partis politiques, op. cit.*, p. 392-402.

Il est vrai qu'un tel sous-système ne se rencontre pas très fréquemment. Il n'en a pas moins correctement fonctionné dans les pays scandinaves lorsque le parti social-démocrate a disposé de la majorité absolue des sièges au Parlement. Et, en offrant une grande stabilité au pouvoir, il a permis à la social-démocratie d'élaborer le « modèle suédois ».

En dehors de ce cas bien connu, la présence d'un parti majoritaire en multipartisme a souvent été accidentelle. Mais de tels accidents se sont cependant répétés : en Italie, de 1948 à 1953, où la démocratie chrétienne, dirigée par De Gasperi, avec 48,5 % des voix, a obtenu 53,3 % des sièges à la Chambre des députés ; en Autriche, où, par trois fois, sous la conduite du chancelier Kreisky, le parti socialiste a recueilli, en 1971, 1975 et 1979, la majorité des voix et des sièges ; en France, où, à l'occasion des élections législatives anticipées de juin 1968, l'UDR, avec 37,7 % des suffrages exprimés, a réuni 60,2 % des sièges à l'Assemblée nationale ; et où, à la faveur de la consultation également anticipée de juin 1981, le parti socialiste a disposé, avec 37,5 % des voix, de 269 sièges sur 491 ; en Espagne, où, lors des élections législatives de 1982, le parti socialiste ouvrier a conquis, avec 48, 40 % des suffrages exprimés, 202 sièges sur 350 au Congrès et 134 sur 208 au Sénat[62] ; enfin en Grèce, où les élections législatives du 2 juin 1985, en accordant au PASOK d'Andreas Papandréou près de 46 % des suffrages exprimés, l'ont assuré de conserver la majorité absolue des sièges au Parlement, qu'il avait déjà acquise en 1981 avec 48, 07 % des voix et qu'il a retrouvée en 1993.

En dehors de ces circonstances, il est exceptionnel qu'un système multipartiste dispose d'un parti majoritaire. En tout cas, lorsque cette coïncidence se produit, elle n'est souvent que de courte durée. Et la présence d'une « Chambre introuvable » au cours d'une législature ne facilite pas, ensuite,

---

62. Cette situation s'est reproduite avec un score décroissant (184 et 175 sièges respectivement à la Chambre) à la suite des élections de 1986 et de 1989. Et, pour la première fois, elle a bénéficié au Parti populaire qui a recueilli la majorité absolue des sièges au Congrès des députés lors des élections législatives de 2000. L'Espagne se dirigerait-elle vers le bipartisme ?

l'alternance. Aussi est-il souvent préférable qu'un parti dominant ne détienne pas la majorité absolue des sièges à l'Assemblée, mais dirige une coalition.

2. Les systèmes caractérisés par la présence d'un parti dominant

Rappelons que le parti dominant se définit par deux traits : il tend à s'identifier au régime politique auquel il sert de soutien et, sous réserve de recueillir une proportion de suffrages exprimés qui ne peut être inférieure à 30 %, il distance en nombre de sièges les autres partis de gouvernement par un écart significatif et durable. Cette distance, qui constitue finalement le trait essentiel, est frappante quand on observe, par exemple, la série statistique des résultats électoraux au Danemark, tels que les retrace François Borella[63]. On constate, en effet, que le parti social-démocrate, dont le pourcentage de voix a varié entre un minimum de 25,7 % en 1973 et un maximum de 42,1 % en 1960, a distancé son plus proche adversaire de 6,7 points en voix et de 8 sièges lors de ses plus mauvais scores, et de 25, 5 points en voix et de 48 sièges à son apogée. Le même phénomène se produit partout où il est possible de déceler la présence d'un parti dominant, avec ou sans bipolarisation.

A. Le premier cas de figure trouve son illustration sous la Ve République. De 1962 à 1974, l'UNR, devenue l'UDR, joue pleinement le rôle de parti dominant. Elle distance à chaque élection législative le parti qui la suit et qui sera, jusqu'en 1978, le parti communiste. En 1962, le parti gaulliste obtient 31,9 % de suffrages exprimés et 48,3 % des sièges à l'Assemblée nationale, contre 21,8 % des voix au PC ; en 1967, 31,5 % des suffrages et 41,3 % des sièges contre 21,84 % ; en 1968, 37 % des suffrages et 62,2 % des sièges contre 20,02 % ; enfin, en 1973, 24,2 % des suffrages et 37,4 % des sièges contre 21,41 %. En 1978, un double changement intervient : d'une part, le RPR, suc-

63. François Borella, *Les Partis politiques en Europe, op. cit.*, p. 184.

cesseur de l'UDR (qui a perdu entre-temps l'Élysée et Matignon), tout en demeurant de justesse le premier parti de France en nombre de voix (22,62 %), est talonné par le parti socialiste qui recueille 22,58 % des suffrages exprimés et dépasse, pour la première fois depuis 1945, le parti communiste qui plafonne à 20,55 % ; d'autre part, l'ex-parti dominant est suivi de près en nombre de sièges par son partenaire-adversaire, l'UDF. Et, sous le septennat de Valéry Giscard d'Estaing, on ne peut plus écrire qu'il s'identifie encore au régime.

Il n'empêche que, pendant douze ans, le parti gaulliste a été dominant. Avec le concours permanent des républicains indépendants et, à partir de 1969, des centristes de Progrès et démocratie moderne, il a servi de pivot à la coalition qui a soutenu en permanence le gouvernement[64]. Il en est résulté une stabilité et une gouvernabilité aussi grandes qu'en système bipartiste, à ceci près que l'absence d'alternance a laissé près d'une moitié d'électeurs – et un tiers d'élus – en marge de toute responsabilité gouvernementale. Le phénomène fut d'autant plus visible en 1969 que le Premier ministre Jacques Chaban-Delmas voulait gouverner à la fois pour le compte des électeurs de la majorité, mais aussi de ceux qui durablement se trouvaient écartés du pouvoir, du fait même de la permanence de l'« effet de domination ».

Cependant, la rénovation du parti socialiste amorcée par Alain Savary et réalisée par François Mitterrand, ainsi que la signature en 1972 du Programme commun de gouvernement de la gauche, allaient déclencher le processus qui conduisit, en 1981, à la victoire d'un second parti dominant et à l'alternance. Si bien que l'expérience française d'un système de partis fondé, sous la Ve République, sur la présence d'un parti dominant aboutira finalement à la *bipolarisation* des

64. Sur la vie politique française à cette époque, on consultera principalement Jacques Chapsal, *La Vie politique en France de 1940 à 1958*, Paris, PUF, 1993 ; Hugues Portelli, *La Politique en France sous la Ve République*, 2e éd., Grasset, 1989 ; Serge Sur, *La Vie politique en France sous la Ve République*, Paris, Montchrestien, 1982.

partis, atténuée progressivement par la pluralité des coalitions[65]. Il en est allé tout autrement en Italie où la démocratie chrétienne a gouverné sans interruption jusqu'en 1992.

B. L'ampleur du multipartisme, qui autorise dans le cas de l'Italie à parler de pluripartisme (au moins seize partis officiellement recensés), n'est pas, en effet, le trait essentiel du système de partis italien. Celui-ci tient davantage à la longue *hégémonie* d'un parti dominant dans un système dépourvu de véritable alternance. Certes, la présence continue au pouvoir, depuis 1948, de la démocratie chrétienne a conféré à la politique intérieure et extérieure de la péninsule une réelle cohérence. Mais elle n'a pas su conjurer l'instabilité ministérielle qui a conduit l'Italie à connaître une cinquantaine de gouvernements en 40 ans.

A l'origine, l'écart séparant la démocratie chrétienne du parti communiste était considérable : 17,5 points en pourcentage de suffrages exprimés et 122 sièges à la Chambre des députés en 1948 ! Dix ans après, en mai 1958, cette distance s'accroît encore : 19,7 % en voix et 133 sièges. Mais, ensuite, l'écart s'amenuisera ; en mai 1968, il n'est plus que de 9,2 % et de 89 sièges et, en juin 1976, le parti communiste s'est nettement rapproché des scores du parti dominant en réduisant sa distance à 4,3 % en suffrages exprimés et à 35 sièges[66].

La question s'est donc posée de savoir si l'Italie ne s'orientait pas vers un système à deux partis dominants, et donc vers la bipolarisation. Et la réponse eût été évidemment oui, si certains observateurs n'avaient pas fait valoir le maintien d'une différence qualitative persistante entre les deux partis. Le parti communiste apparaissait toujours aux yeux d'une partie de l'opinion publique italienne comme un parti « anti-système » plutôt que comme un parti de gouvernement.

Naguère, G. Sartori et G. Galli s'étaient opposés en appliquant à la situation des partis politiques italiens deux interprétations qualifiées respectivement de « pluralisme

---

65. Jean-Claude Colliard, « La singularité française », *in* « La démocratie majoritaire, *Pouvoirs*, p. 85, avril 1998.
66. Geneviève Bibes, « Le système de partis italien », *Pouvoirs*, n° 18, 1981, p. 71-86.

polarisé » et de « bipartisme imparfait ». Mais l'un comme l'autre excluaient une évolution à moyen terme qui permette, à travers une bipolarisation à la française, une alternance profitant au parti communiste. Sans doute lui a-t-il manqué ce qui a bénéficié au parti social-démocrate allemand, à savoir la formation d'une grande coalition qui a conféré au SPD de 1966 à 1969 le « brevet » de parti gestionnaire et a rendu possible l'alternance dont il a profité en octobre 1969. Mais il faut reconnaître qu'entre cette formation et le PCI existait toute la distance séparant un parti socialiste d'un parti communiste, surtout après le revirement effectué par les sociaux-démocrates en 1959 au congrès de Bad Godesberg.

Certes, au cours de la législature qui s'est étendue en Italie de juin 1976 à juin 1979, sous la double influence du « compromis historique » et de l'action d'Aldo Moro, le parti communiste italien s'est rapproché du gouvernement. Dans le cadre de l'ouverture à gauche il lui a même apporté son soutien, sans qu'il ait, cependant, jamais été question de participation. Mais les médiocres résultats obtenus par le PCI aux élections suivantes (1979) ayant à nouveau creusé l'écart avec la démocratie chrétienne (8 points en voix et 61 sièges à la Chambre), sa stratégie l'a obligé à s'éloigner de la majorité. Et la direction du gouvernement, confiée par la démocratie chrétienne au leader du parti socialiste B. Craxi, a eu pour effet de refouler la bipolarisation et d'éloigner l'alternance.

Si bien que, malgré les analogies formelles que l'on a pu déceler entre les conjonctures respectives des systèmes de partis en Allemagne fédérale et en Italie depuis 1976, les différences culturelles ont continué à les opposer. Ce qui rend plus actuel que jamais le débat ouvert dans les années cinquante entre Maurice Duverger, promoteur de l'analyse de système, et Georges Lavau, observateur aigu des réalités sociales[67], compte tenu notamment de l'effondrement du système partitocratique italien qui a mis fin à la « Première République ».

---

67. Maurice Duverger, *Les Partis politiques, op. cit.* ; Georges Lavau, *Partis politiques et Réalités sociales,* Paris, A. Colin, 1953.

3. Les systèmes de partis résultant de la coalition des partis minoritaires

Les données de ce troisième cas de figure sont assez simples à exposer. Ne comportant ni parti majoritaire ni parti dominant, le système de partis ne recèle que deux sortes de formations politiques : des partis minoritaires de moyenne importance et des petits partis. Le problème est alors celui de la constitution d'une coalition susceptible de former une majorité[68].

La IVe République, en France, a offert successivement deux variantes de cette configuration. De la Libération à mai 1947, la *majorité tripartite* réunit trois partis de dimension équivalente : le parti communiste, qui compte aux élections législatives du 10 novembre 1946 28,2 % des suffrages exprimés et 182 sièges, le mouvement républicain populaire, 25,9 % des voix et 172 sièges, et le parti socialiste SFIO, 17,8 % des voix et 101 sièges. S'y ajoutent quelques petits partis : le plus important est le Rassemblement des gauches républicaines, qui dispose avec l'UDSR de 11,1 % des voix et de 55 sièges, les autres sont constitués par des indépendants modérés et une modeste « Union gaulliste ». Or, la majorité tripartite est axée à gauche et, avec, puis sans le général de Gaulle, elle mènera une politique économique et sociale conforme aux objectifs de la Résistance, prolongeant sur certains points (Sécurité sociale, conventions collectives, statut de la fonction publique, nationalisations, etc.) les mesures amorcées en 1936 par le Front populaire.

La deuxième variante s'est développée à partir du départ des ministres communistes du gouvernement et s'étendra jusqu'aux élections du 2 janvier 1956. Elle se caractérise par le retour à la conjonction des centres et prend, de 1947 à 1956, l'appellation de *troisième force*. Elle résulte de coali-

---

68. On ne s'attachera pas à décrire ici la théorie des coalitions établie en 1962 par William Rickler, qui n'éclaire pas directement les cas étudiés ; cf. à son sujet l'analyse précitée de Jean et Monica Charlot sur les groupes politiques.

tions variables de partis d'ampleur moyenne, dont les élections de 1951 donnent la mesure en suffrages exprimés et en sièges : socialistes SFIO (14,6 % et 94), MRP (12,6 % et 82), RGR (10 % et 77), modérés (12,9 % et 87). Cette majorité, coincée entre un parti communiste qui conserve 26,9 % des voix et 93 sièges, et un Rassemblement du peuple français qui acquiert 21,6 % des voix et 107 sièges, est fragile. Elle oscillera du pôle socialiste au pôle conservateur au profit de ce dernier, le parti socialiste ne revenant de manière effective au pouvoir qu'après les élections de 1956, dans le cadre du Front républicain.

Dans ces deux hypothèses, s'il existe une différence entre les partis de gouvernement et les partis d'opposition, aucun ne fait figure de parti dominant. Cette conjoncture sera naturellement la plus propice à l'instabilité ministérielle et au manque d'autorité des gouvernements. Elle a permis, néanmoins, l'amorce de quelques grandes politiques dues à l'action de trois présidents du Conseil : le redressement économique et financier (Antoine Pinay), l'intégration européenne (Robert Schuman), le règlement de la guerre d'Indochine et du problème allemand (Pierre Mendès France)[69].

A une telle conjoncture s'applique mal la notion de « système de partis », tant leur dimension fut réduite et leur interdépendance précaire… En vertu de quel paradoxe la période est-elle entrée dans l'Histoire sous le nom de « régime des partis » ? N'est-ce pas plutôt leur faiblesse que leur force qui a justifié la critique dont ils ont été l'objet, notamment de la part du général de Gaulle et de Michel Debré ?

Par rapport à cette conjoncture propre à la IVᵉ République, la pratique des gouvernements de coalition réalisée dans le

69. Sur cette période, on se reportera à Jacques Chapsal, *La Vie politique en France de 1940 à 1958, op. cit.* ; Jean-Pierre Rioux, *La France de la IVᵉ République,* Paris, Éditions du Seuil, « Points Histoire », 1983, t. II ; Jacques Julliard, *La IVᵉ République,* Paris, Calmann-Lévy, 1968 ; Philip Williams, *La Vie politique sous la IVᵉ République,* Paris, A. Colin, 1971 ; Jacques Fauvet, *La IVᵉ République,* Paris, Fayard, 1963.

cadre de la Vᵉ République en régime de cohabitation relève d'un modèle tout à fait différent. Certes, de 1986 à 1988, puis à partir de 1993, l'on ne peut pas dire que le RPR ou l'UDF aient joué l'un par rapport à l'autre un rôle de parti dominant. Mais la coalition qu'ils ont formée ensemble a réellement exercé cette fonction, ce qui rapproche davantage le mode de gouvernement pratiqué en France durant ces périodes d'un système multipartiste caractérisé par la présence d'un parti dominant[70], le système électoral et la pratique des institutions obligeant les deux partis coalisés à s'unir pour rester au pouvoir.

Sous la troisième cohabitation, bien que ne disposant pas de la majorité absolue des sièges à l'Assemblée nationale, le Parti socialiste jouera néanmoins le rôle de parti dominant au sein de la « gauche plurielle » si ce n'est au sein de l'Assemblée. Cette situation sera rendue possible grâce à l'écart existant entre lui (245 sièges), les communistes (37), les radicaux de gauche, le Mouvement des citoyens et les Verts.

---

70. Colette Ysmal, *Les Partis politiques sous la Vᵉ République*, Paris, Montchrestien, 1989.

4

Les tempéraments politiques :
la droite et la gauche

François Goguel définit le concept de tempérament comme « une disposition de l'être humain liée à des éléments physiques de sa nature et souvent héréditaire ». Et il cite à l'appui le témoignage d'Albert Thibaudet : « J'ai vu, dans la même région, à quelques mois de distance, un congrès de la Fédération catholique et un congrès radical. Il semblait, d'après les têtes, qu'ils fussent de races différentes. Les premières évoquaient la sculpture sur bois du XIIIe siècle, les portraits du XIVe et du XVe, tandis que les secondes allaient du XVIIIe siècle à Daumier[71]. »

Mais, plutôt que de se référer à la notion de race, « dont on sait l'approximation scientifique », François Goguel préfère « recourir à l'Histoire ». Et l'auteur estime que « le tempérament correspond à des attitudes simples, souvent inconscientes, et toujours irrationnelles. Il ne saurait se confondre avec l'idéologie politique, notion plus nette, plus facile à comprendre clairement, mais peut-être moins significative. Les tempéraments sont nécessairement moins divers que les idées. Celles-ci prolifèrent aisément, à cause de leur précarité ou, au moins, de leur contingence. Il y a trop de facteurs à la base des tempéraments pour qu'ils puissent être aussi instables. Leur caractère élémentaire fait qu'à leur niveau les questions se simplifient tellement qu'elles ne peuvent le plus souvent comporter que deux réponses, par oui ou par non.

71. François Goguel, « La Politique des partis sous la IIIe République », Paris, Éditions du Seuil, *Esprit*, 1946, p. 26-27.

L'antagonisme même des tempéraments entre eux contribue à réduire leur nombre à deux : des coalitions se nouent en effet irrésistiblement, lorsque les divergences secondaires s'effacent au bénéfice d'analogies plus profondes [...]. Telle est la raison pour laquelle je ne puis suivre André Siegfried lorsqu'il distingue en France trois tendances politiques essentielles, la droite, le centre et la gauche. Il a certainement raison s'il s'agit d'idées. Mais, pratiquement, la droite et le centre ont presque toujours fait bloc aux élections [72] ».

Délaissant provisoirement les controverses relatives au centre, on est forcé d'admettre que, depuis bientôt deux siècles, l'opposition entre la droite et la gauche a dominé le déroulement de la vie politique française. Au-delà des frontières de la France, on constate aujourd'hui qu'elle rend compte de la distinction des tempéraments politiques dans la plupart des démocraties occidentales. Certes, l'opposition américaine entre conservateurs et libéraux ne recoupe pas exactement la nôtre ; et le terme « radical » n'a pas le même sens en français et dans d'autres langues, telles que l'anglais ou l'italien. Mais, pour l'essentiel, la droite et la gauche permettent de classer, dans les régimes politiques pluralistes, les deux principales tendances opposées [73]. C'est pourquoi il a semblé indispensable d'en présenter une analyse sommaire pour achever l'étude des forces politiques.

1. L'origine et le contenu de la distinction

Historiquement, la distinction entre la droite et la gauche a pour point de départ la séance du 28 août 1789 au cours de laquelle il fut débattu à l'Assemblée nationale constituante du

72. *Ibid.*, p. 28-29.
73. Dans un souci de simplification, nous considérerons dans ce chapitre *tempérament et tendance* comme synonymes ; en revanche, on appellera *attitude* la manière de réagir d'un individu ou d'un groupe à l'égard d'un fait ou d'une idée politique (cf. Jean Meynaud, Alain Lancelot, *Les Attitudes politiques,* Paris, PUF, « Que sais-je ? », 1964). Un tempérament politique a tendance à perpétuer une attitude.

veto royal. Ce fut, au dire des historiens, en conclusion de cette séance que les tenants du veto allèrent siéger à droite du président, et que leurs adversaires se regroupèrent à gauche.

Cette origine pragmatique aurait pu, comme en Grande-Bretagne, limiter sa portée à la simple procédure du vote. Mais l'Histoire devait lui réserver un autre sort. Et il s'agit d'essayer d'en dégager la signification.

La plupart des tentatives entreprises pour expliquer la distinction entre la droite et la gauche par référence à leur contenu idéologique ont échoué. L'idéologie de gauche a depuis longtemps fait l'objet d'inventaires. On a dit : la gauche est pacifiste, anticolonialiste, antiraciste, anticléricale, anticapitaliste ; elle est soucieuse de développer les libertés (à l'exception de la libre entreprise), elle cherche à promouvoir l'égalité, et en ce sens elle serait nécessairement sociale, voire socialiste ; enfin, elle est sans cesse à la recherche du progrès.

Par opposition, on considère la droite comme soucieuse de maintenir l'ordre et respectueuse de l'ordre établi ; elle a le culte de l'autorité, de la hiérarchie ; elle reconnaît les obstacles que la nature dresse sur la voie du changement ; face au problème de l'égalité des chances, elle mesure le poids des contraintes et croit davantage aux dons innés qu'à la force de l'éducation. Bref, d'aucuns disent : la droite est pessimiste, tandis que la gauche est optimiste.

Est-il vrai, par conséquent, qu'une idéologie de droite s'oppose à une idéologie de gauche ? Si, dans le court terme, l'analyse est le plus souvent exacte, à long terme, il est permis d'en douter. Prenons comme exemple le nationalisme.

Incontestablement, sous la Révolution française, le nationalisme est à gauche. Mais il s'allie, sous Bonaparte, à l'Empire autoritaire. En 1870, avec le gouvernement de la Défense nationale, il fait un retour aux sources. Mais l'affaire Dreyfus, à nouveau, le fait virer à droite, alors que le boulangisme le situe plutôt à gauche. Avec la Chambre « bleu horizon », puis l'entre-deux-guerres, le patriotisme paraît s'enraciner à droite. Mais la Résistance le fait passer clairement à gauche. Le gaullisme des années soixante le fait à nouveau basculer à droite ; mais, depuis l'alternance de 1981, celle-ci n'en a plus le monopole, du fait, notamment, de la construction européenne.

Il semble, par conséquent, très difficile de définir la distinction de la droite et de la gauche par référence à des idées. Elle répond mieux, en effet, à des tempéraments.

2. Deux tempéraments opposés et six tendances hétérogènes

Si la IIIe République n'a pas connu l'alternance des partis au pouvoir, le parti radical ayant joué le rôle de parti pivot, du moins a-t-elle pratiqué l'opposition des tendances. Et cette opposition s'est forgée à travers la compétition de deux alliances électorales correspondant à deux tempéraments. François Goguel explique ainsi la rivalité permanente de deux coalitions, la droite et la gauche, qu'il qualifie respectivement de « parti de l'ordre » et de « parti du mouvement ».

Tandis que l'orientation favorable à l'ordre s'identifie à la résistance au changement[74], le penchant pour le mouvement oscille entre la réforme et la révolution. Peu importe, finalement, la terminologie employée : il existerait, au moins chez les Français, deux tempéraments opposés, l'un souhaitant que le changement, inéluctable, aille plus vite, et l'autre qu'il se réalise plus lentement.

Mais, s'ils sont manifestement opposés, ces deux tempéraments sont-ils respectivement homogènes ? En ce qui concerne la droite, René Rémond a démontré qu'elle recelait plusieurs courants. Et, dans *Les Droites en France*, il met en évidence trois tendances différentes[75].

Ces trois droites sont apparues à divers moments de notre

---

74. François Goguel explique que, tout en préférant l'expression « résistance » à celle qu'il a finalement retenue, son choix a été dicté en 1945 par la signification opposée prise par le terme « résistance », « depuis qu'il a servi de drapeau à ceux qui résistaient contre l'envahisseur » (*Les Partis politiques, op. cit.*, p. 29, note 1).

75. René Rémond, *Les Droites en France, op. cit.*

histoire. La première peut être identifiée dès 1815 sous le nom de droite « ultra ». *Légitimiste* par fidélité à la branche aînée des Bourbons, celle-ci rejette résolument la Révolution française, puis la République[76]. C'est un courant qui n'existe plus aujourd'hui que de façon sporadique, mais qui, telle une rivière souterraine, peut resurgir sous une nouvelle forme à l'occasion d'une crise de régime. N'a-t-on pas vu réapparaître, pendant la guerre d'Algérie, un mouvement ultra désireux d'arrêter le cours inflexible de la décolonisation ?

La deuxième droite que repère René Rémond est la droite *libérale*. Elle accepte la Révolution française et admet progressivement les valeurs de la démocratie. Ce fut d'abord la droite orléaniste ; puis, ralliée à la république, elle est devenue réformiste. Sa dernière manifestation s'est affirmée sous les traits du giscardisme[77].

La troisième serait la droite *nationaliste*. C'est une droite autoritaire et volontaire. Elle s'est d'abord incarnée dans le bonapartisme. Et René Rémond a cru percevoir dans le gaullisme une forme plus ouverte et plus moderne de sa réincarnation. Le récent « libéralisme » du RPR semble en éloigner de plus en plus ce parti, qui verse davantage dans le « populisme » ; mais le nationalisme persiste, comme on l'a observé, à travers une grande variété d'attitudes.

A l'opposé de cette droite hétérogène, la gauche serait-elle homogène ? Dans un numéro resté célèbre des *Temps modernes*, Simone de Beauvoir avait commis ce magnifique aphorisme : « La vérité est une, l'erreur est multiple, ce n'est donc pas un hasard si la droite professe le pluralisme » ! Or, Jean Touchard, qui cite ce passage dans un livre qui fait pendant à celui de René Rémond, a montré que la gauche réunit elle aussi différentes tendances politiques[78]. Ainsi fait-il l'inventaire d'une gauche autoritaire, d'une gauche humaniste et d'une gauche centriste.

---

76. Stéphane Rials, *Le Légitimisme, op. cit.*
77. « Le Giscardisme », *Pouvoirs*, n° 9, 1979.
78. Jean Touchard, *La Gauche en France depuis 1900*, Paris, Éditions du Seuil, « Points Histoire », 1977 (livre posthume).

« La diversité de la gauche, écrit Jean Touchard, me semble au moins égale […] à la diversité de la droite. Lorsqu'on essaie d'examiner objectivement l'histoire française, on ne peut pas oublier les batailles violentes entre radicaux et socialistes à partir de 1906, à la belle époque des affrontements entre Jaurès et Clemenceau. On ne peut pas oublier les batailles au couteau entre socialistes et communistes dans les années trente, à l'époque où les communistes traitaient les socialistes de social-fascistes, et plus tard au moment de la "guerre froide". On ne peut pas oublier l'époque, après tout peu éloignée, où Guy Mollet déclarait que les communistes ne se situaient pas à gauche, mais à l'Est. »

Non seulement la distinction de la gauche socialiste et de la gauche communiste témoigne de la diversité de ces tendances ; mais l'affirmation de l'autonomie des courants au sein du parti socialiste et l'apparition de sensibilités différentes à la marge du parti communiste l'ont amplifiée, sans même qu'il soit besoin d'évoquer la spécificité des « Verts ».

3. Une classification dépassée ?

Alors, faut-il remettre en question la validité de la distinction entre la droite et la gauche ? Depuis longtemps, le philosophe Alain a jeté l'anathème contre quiconque cherche à nier la frontière.

Dans les *Éléments d'une doctrine radicale*, publiés en 1925, on peut lire : « Lorsqu'on me demande si la coupure entre partis de gauche et partis de droite, hommes de droite et hommes de gauche a encore un sens, la première idée qui me vient à l'esprit est que l'homme qui me pose cette question n'est certainement pas un homme de gauche. »

Il est vrai que le refus d'admettre la permanence de la distinction est davantage le fait d'hommes du centre. On a observé, après François Goguel, qu'à travers ses alliances électorales le centre penchait à droite. Et, sur ce point, la Vᵉ République n'a pas infirmé la IIIᵉ. Il paraît donc toujours aussi difficile de ranger le *centrisme* parmi les tempéraments politiques[79]. Tantôt il est une tactique gouvernementale qui se traduit par la conjonction des centres ; tantôt il apparaît comme une stratégie qui peut conduire la gauche comme la droite à « gouverner au centre[80] », mais il ne constitue jamais une force permanente.

La distinction de la droite et de la gauche a été plus sérieusement contestée par les tenants de l'*apolitisme*. Celui-ci fut un temps à la mode, à l'époque où sur le terrain il conduisait à la dépolitisation. Mais derrière celle-ci, il fut aisé de reconnaître moins la « fin des idéologies » que la prépondérance de la technocratie[81].

Une autre tentative pour dépasser l'opposition droite-gauche fut entreprise par le psychologue anglais Eysenk. L'auteur, croyant déceler deux séries de tempéraments : le radical et le conservateur, l'autoritaire et le libéral, a entrepris de les croiser. Il en résulte quatre tendances politiques :

– les radicaux autoritaires (ainsi, les communistes) ;

– les radicaux libéraux (les travaillistes ou les sociaux-démocrates) ;

– les conservateurs autoritaires (les fascistes) ;

– les conservateurs libéraux (les modérés).

En fait, la théorie d'Eysenk conteste moins la distinction droite/gauche qu'elle ne la démultiplie. Or, n'avons-nous pas déjà décelé, à la suite de René Rémond et de Jean Touchard, l'hétérogénéité de chaque tempérament qui recèle, à son tour, plusieurs tendances ?

Depuis quelques années, passant outre à l'anathème d'Alain, l'opinion publique française semble remettre en cause l'opposition droite/gauche. Interrogés sur ce point, les Français étaient en 1981, 43 % à la trouver valable et 33 % dépassée. Dix ans plus tard, la proportion était inversée à

79. Serge Sur, « La Ve République et le centrisme », *Revue du droit public,* n° 6, 1983, p. 22 et suiv.

80. Maurice Duverger, *La République des citoyens, op. cit.,* chap. XII, « Le paradoxe du centre ».

81. Georges Vedel *et al., La Dépolitisation, mythe et réalité ?*, Paris, A. Colin, 1962 ; Pierre Birnbaum, *La Fin du politique,* Paris, Éditions du Seuil, 1975.

33 % contre 45 %. Et il est vrai qu'à beaucoup d'égards la politique conduite par Édouard Balladur ne s'est pas considérablement démarquée de celle menée par Pierre Bérégovoy.

Surtout, le clivage gauche-droite se trouve aujourd'hui ébranlé par la construction européenne. Car non seulement l'opposition entre européistes et eurosceptiques traverse les partis de gouvernement, mais elle transcende aussi les tendances. Et cette nouvelle dichotomie s'exprime à travers les votes au sein du Parlement européen où, en l'absence de groupe parlementaire majoritaire, s'établit une conjonction des centres entre le groupe du Parti populaire européen et celui de l'Union des socialistes européens.

Il n'en est pas moins vrai qu'en France et dans la plupart des démocraties occidentales la dimension droite/gauche résiste assez bien, au plan national, à la pression européenne[82], mais elle a du mal à s'étendre à l'échelle européenne où la recherche du compromis tend à estomper les anciens clivages d'ordre idéologique[83].

---

82. Bertrand Badie, *Culture et Politique,* Paris, Economica, 1983 ; Norberto Bobbio, *Droite et Gauche, Raisons et significations d'une distinction politique*, Éd. Donzelli, Rome, 1994.

83. Pierre Bréchon, « Cultures politiques de gauche et de droite en Europe » *in* Pierre Bréchon, Bruno Cautrès, *Les Enquêtes eurobaromètres*, L'Harmattan, 1998.

QUATRIÈME PARTIE

L'État
et l'administration publique

« Il n'y a pas de civilisation sans État. » Cette phrase, prononcée par Michel Rocard devant les élèves de l'École nationale d'administration[1], fait écho à un lointain passé. Et, de la part de l'un des plus ardents promoteurs de la décentralisation (rappelons-nous la formule : « décoloniser la province ! »), elle témoigne de la continuité d'une culture car, à travers l'administration et la politique, l'État pèse encore plus lourd que les modes passagères du type de celles que le néo-libéralisme ou le « management public » ont tenté d'accréditer.

S'agissant de la Ve République, personne n'a mieux édicté l'axiome, sur lequel a été bâti le régime, que le général de Gaulle présentant, le 4 septembre 1958, le projet de Constitution sur la place de la République : « La Nation française refleurira ou périra suivant que l'État aura ou n'aura pas assez de force, de constance, de prestige, pour la conduire là où elle doit aller. »

A cet égard, l'alternance au pouvoir opérée en 1981 n'a rien changé d'essentiel. Au lendemain du défilé au cours duquel un million de personnes ont protesté en 1984 de leur attachement à l'école libre, retenons les paroles que prononçait François Mitterrand : « Président de la République, j'ai l'impérieux devoir de préserver, en toutes circonstances, l'unité nationale, le respect de la Constitution,

1. *Le Monde*, 9 mai 1985.

le fonctionnement des pouvoirs publics, la continuité de l'État [2]. »

On comprendra qu'un régime politique, dont les composantes principales sont les institutions, un mode de scrutin et un système de partis, ne puise pas seulement son énergie dans la société civile qui l'environne, mais aussi dans la présence effective, si ce n'est dans la prédominance, de l'État.

Certes, les concepts d'État et de régime politique ne se recoupent pas nécessairement, et moins encore les réalités qu'ils expriment. Coïncidant aux États-Unis depuis 1787 – ce qui explique beaucoup d'aspects singuliers de la vie politique américaine –, ils n'ont revêtu ni la même antériorité ni la même longévité en France et dans beaucoup de pays d'Europe continentale. D'où l'incapacité fréquente d'un certain nombre de modèles ou de paradigmes empruntés à la science politique forgée aux États-Unis à dégager la signification des autres régimes politiques occidentaux.

Même s'il n'est pas seulement l'œuvre des juristes et s'il dispose – comme on le perçoit mieux aujourd'hui – d'une épaisseur philosophique, historique et sociologique considérable, le concept d'État n'est pas la seule source d'explication des régimes politiques. Sinon, on n'aurait pas consacré une partie importante de cet ouvrage à l'analyse des forces politiques issues de la société civile. Et, à certains égards, ou dans certaines conjonctures, il est juste de dénoncer « trop d'État » ou de diagnostiquer la crise de l'« État-providence » [3]. Il est également vrai qu'à l'encontre de la France et de la Prusse certaines sociétés se sont construites davantage autour d'un « centre politique » que par la grâce d'un État [4].

2. Déclaration diffusée le 12 juillet 1984 à 20 heures, sur les trois chaînes de télévision.

3. Pierre Rosanvallon, *La Crise de l'État-providence*, Paris, Éditions du Seuil, 1981. « L'État providence », *Pouvoirs*, n° 94, juillet 2000. En outre, à travers l'abondante littérature de qualité inégale qui traite sous ses aspects politiques du « trop d'État » émerge le livre de Michel Crozier, *État modeste, État moderne*, Paris Fayard, 1987.

4. Bertrand Badie, Pierre Birnbaum, *Sociologie de l'État*, Paris, Grasset, 1979, p. 189-241 ; Gérard Bergeron, *Petit traité de l'État*, PUF, 1990 ; Pierre Rosanvallon, *L'État en France, de 1789 à nos jours*, Seuil, 1990.

Mais on ne saurait étudier correctement les régimes politiques en négligeant leur rapport à l'État. Et, d'une façon générale, comme le déclarait Jean-Pierre Chevènement en ouvrant à Paris le 15 juillet 1985 le XIIIᵉ Congrès mondial de science politique, il est trop souvent vrai que « ceux dont l'intérêt commande la dissolution du cadre étatique des nations [sont] les puissants sûrs d'eux dans la libre concurrence, ceux pour qui l'État n'est pas une protection, mais une entrave à leur développement, les forces qui se jouent des frontières et qui s'épanouissent dans une division internationale du travail sans considération de l'intérêt propre des États nationaux [...]. Il y aurait beaucoup d'aveuglement ou d'impudence à invoquer la crise du *Welfare State* pour mettre en cause l'immense progrès qu'il présente dans la civilisation[5] ».

Sans doute, la mondialisation, le tournant néo-libéral et, davantage encore de ce côté-ci de l'Atlantique, la construction européenne, relativisent-ils un tel jugement aujourd'hui. Ce qui se traduit à travers le concept de « gouvernance » que certains auteurs substituent allègrement à la notion de gouvernement. Il n'en reste pas moins légitime de consacrer quatre chapitres à l'étude des relations entre les régimes occidentaux et l'État. Le premier portera sur ses origines et la diversité de ses formes. Le deuxième, plus classique, traitera de sa souveraineté et du fédéralisme. Le troisième examinera la nature de l'État occidental, considéré à la fois comme organisation et comme symbole. Enfin, le dernier opposera deux types de rapports entre l'État et les régimes politiques, selon que l'État constitue seulement un *instrument* au service des partis de gouvernement ou la source d'une puissance autonome qu'on appelle le *pouvoir d'État*.

---

5. *Le Monde*, 16 juillet 1985.

1

L'origine et la diversité des États occidentaux

La démarche du juriste comme celle du philosophe conduisent à définir l'État à l'aide de critères uniformes. Qu'il siège à Paris ou à Moscou, à Brazzaville ou à Pékin, l'État serait de nature uniforme ; et, pour beaucoup de libéraux et de marxistes, il aurait une nature oppressive. Ce serait le Léviathan de Hobbes ou le pouvoir répressif de la classe dominante.

A l'inverse, de plus en plus d'historiens et de sociologues considèrent qu'il n'existe pas un seul type d'État, mais une pluralité ; et cette diversité serait fonction à la fois du temps et de l'espace, mais aussi du type de relations existant entre l'État et la société. C'est-à-dire que l'État refléterait moins l'identité de sa nature que la variété des cultures qui l'environnent.

On tentera d'analyser ces deux approches, leur opposition constituant un point de passage obligé au-delà duquel il sera plus aisé d'étudier les rapports entre l'État et les régimes démocratiques.

1. L'État uniforme :
la démarche philosophique et juridique

Cette première démarche sera nécessairement exposée de façon très sommaire. Car son développement exigerait un long détour par l'histoire des idées politiques[6].

Étymologiquement, venant du terme *status*, l'État évoque, par opposition au mouvement, une situation statique. Dans son *Lexique des sciences sociales*[7], Madeleine Grawitz écrit qu'étymologiquement l'État implique la station d'une manière d'être momentanée. Mais, pour le juriste, dans une société organisée, l'État apparaît sous les traits d'une personne morale de droit public, territoriale et souveraine. Résumons en disant que l'État est une structure témoignant d'une certaine continuité et d'une certaine permanence.

Mais, si l'on poursuit le raisonnement, on peut grossièrement distinguer trois directions dans lesquelles la philosophie et le droit ont cherché à définir l'État. Dans l'une, l'État serait la résultante d'un processus d'institutionnalisation ; dans une autre, il incarnerait la rationalité ; enfin, selon les marxistes, l'État serait l'instrument de répression au service de la classe dominante ; il serait alors appelé à disparaître avec l'avènement d'une société sans classe.

1. La résultante d'un processus d'institutionnalisation

C'est la conception classique de l'État qui domine implicitement la plupart des manuels de droit constitutionnel[8]. Elle a été explicitée, en particulier, par Georges Burdeau

---

6. Cf. sur ce point : F. Chatelet, E. Pisier-Kouchner, *Les Conceptions politiques du XXᵉ siècle,* Paris, PUF, 1981 ; Philippe Braud, François Burdeau, *Histoire des idées politiques*, Paris, Montchrestien, 1984.

7. Paris, Dalloz, 1981.

8. Elle a suscité les réserves de l'École de la critique du droit (cf. sur ce point : Michel Miaille, *L'État du droit,* Presses universitaires de Grenoble, 1978 ; Jean-Jacques Gleizal, *Le Droit politique de l'État*, Paris, PUF, 1980).

dans l'ensemble de son œuvre, à la suite de Maurice Hauriou[9].

Cette première acception prend pour point de départ l'idée selon laquelle toute société politique se caractérise par l'opposition entre un petit nombre de gouvernants et un grand nombre de gouvernés. Or, pour un sujet, il n'est jamais agréable de se soumettre à la volonté d'un maître. Parce que l'homme se considère l'égal de l'homme, il conteste les titres que peut avoir l'un de ses semblables à le commander. Au fil des âges, il est donc apparu progressivement plus satisfaisant pour lui d'avoir à obéir à une entité transcendante, à une idée abstraite ou à une institution qu'à une personne, fût-elle auréolée de l'investiture divine, entourée d'une armée ou comblée de richesse ! Cette institution est l'État.

L'État serait donc né au moment historique où le pouvoir individualisé fait place au *pouvoir institutionnalisé*. Il serait la résultante de l'institutionnalisation progressive du pouvoir politique. Le titulaire du pouvoir n'est plus alors une divinité ou un homme rendu légitime par son charisme ou sa puissance, mais une entité abstraite, siège des pouvoirs publics, à travers laquelle la communauté se reconnaît, et dont les agents ne sont plus que les « ministres » ou les « représentants ».

L'État étant alors seul *titulaire* du pouvoir, les gouvernants n'en assumeront plus que *l'exercice*. Une telle évolution conférera à l'État une grande continuité que les légistes de l'Ancien Régime avaient déjà su exprimer à travers l'adage : « Le roi est mort, vive le roi ! », ce qui signifiait qu'au décès du monarque, sans solution de continuité, son héritier légitime était immédiatement intronisé. C'est ce qu'en novembre 1963, sous un régime républicain, les téléspectateurs ont perçu dans l'éclair de la tragédie, lorsque la télévision américaine a montré, à peine le président Kennedy assassiné, le vice-président Johnson prêtant serment sur la Bible, dans l'avion qui le ramenait à Washington. Ce ser-

9. Voir notamment Georges Burdeau, *L'État*, Paris, Éditions du Seuil, « Points Politique », 1970.

ment l'a immédiatement investi des pouvoirs de président des États-Unis.

2. L'incarnation de la rationalité

La deuxième direction dans laquelle s'est orientée l'approche philosophico-juridique tend à présenter l'État comme *l'incarnation de la rationalité*. A la source de celle-ci se trouve l'exaltation de l'idée dans sa relation dialectique avec les faits, telle qu'elle résulte de la philosophie de Hegel. Le philosophe, lui aussi, a rencontré l'État ; il l'a observé en Prusse. Et il a cru percevoir, à travers l'administration prussienne, l'incarnation la plus achevée de la rationalité, rêve abstrait de philosophe pour qui l'État serait « la réalité de l'idée morale », ou « l'image et la réalité de la raison ». Le mythe a donné naissance à plusieurs courants qui tendent tous à idéaliser l'État. Ainsi, chez Max Weber, l'État moderne apparaît à travers la *bureaucratie*. Celle-ci n'est autre que l'effort d'application à la gestion de l'État de la rationalité. La bureaucratie, pour Max Weber, est, d'une part, le support rationnel de l'État ; mais elle est, d'autre part, l'instrument de sa finalité qui n'est autre que la poursuite de l'intérêt général.

Cette conception de la bureaucratie chez Weber diffère de celles qui se développeront plus tard, tant sous l'influence marxiste, qui voit en elle tantôt un « parasite », tantôt un camouflage de la classe dominante, qu'à travers les travaux de la sociologie des organisations auxquels Michel Crozier, en France, a donné ses lettres de noblesse [10].

Pour Max Weber, en effet, « la bureaucratie est le type d'organisation sociale et administrative se développant lorsque les fondements de l'autorité sont la rationalité et le respect de l'autorité ». A l'inverse, pour Crozier, elle est « un système d'organisation dans lequel le circuit : erreur-

---

10. Michel Crozier, *Le Phénomène bureaucratique*, Paris, Éditions du Seuil, 1963 ; Michel Crozier, Erhard Friedberg, *L'Acteur et le Système*, Paris, Éditions du Seuil, 1977 ; Erhard Friedberg, *Le Pouvoir et la Règle*, Paris, Éditions du Seuil, 1993.

information-correction fonctionne mal et qui n'arrive pas à se corriger en fonction de ses erreurs[11] ».

Chez Durkheim, une autre version de l'État rationnel apparaît. L'État est aussi un produit de la raison ; mais il en est moins l'incarnation qu'il n'est l'aboutissement du développement de la division du travail et d'un processus parallèle de centralisation. La division du travail tend à isoler l'État par rapport aux autres organisations, à dégager son indépendance tant par rapport au pouvoir religieux qu'au pouvoir militaire ; la division du travail est source de *sécularisation*, voire de laïcisation. On mesure l'influence de Durkheim sur l'idéologie républicaine, telle qu'elle s'est forgée sous la IIIe République[12].

Ce caractère à la fois fonctionnel et rationnel de l'État a profondément marqué la pensée libérale. Bien entendu, cette conception a subi, comme il arrive souvent, une dérive qui a tendu à ériger l'État en *mythe*. Cette dérive s'est notamment manifestée à travers le fascisme qui tend à faire de l'État non plus un moyen au service de la société, mais une fin à laquelle doivent se plier la société et l'individu. C'est ce que Marcel Prelot a appelé la « statolâtrie ». Non contente d'idéaliser l'État, la statolâtrie le « déifie », l'érige en absolu, et fonde ainsi l'État totalitaire.

Ce n'est donc pas le moindre mérite de Karl Marx que d'avoir contribué à démythifier cet État idéal, même s'il a servi involontairement de caution à l'instauration d'une autre forme de totalitarisme : l'État stalinien.

3. *L'État comme instrument de domination*

Existe-t-il deux conceptions marxistes de l'État ? C'est la thèse que soutiennent Bertrand Badie et Pierre Birnbaum[13],

11. Michel Crozier, *Le Phénomène bureaucratique, op. cit.*, p. 247.
12. Pierre Birnbaum, *Dimensions du pouvoir*, chap. I, « Durkheim », Paris, PUF, 1984, p. 11-54 ; Bernard Lacroix, *Durkheim et le Politique*, Paris, FNSP, 1971 ; Claude Nicolet, *L'Idée républicaine en France. Essai d'histoire critique*, Paris, Gallimard, 1982.
13. Bertrand Badie, Pierre Birnbaum, *Sociologie de l'État, op. cit.*

qui partent de l'interrogation suivante : qu'y a-t-il de commun entre ces deux affirmations de Marx : la première où il énonce de manière absolue et uniforme que la structure économique de la société est la base concrète sur laquelle s'élève une superstructure juridique et politique, dont l'État serait l'un des éléments fondamentaux ; la seconde, que les futurs marxistes pourront s'inspirer du *Capital* pour faire progresser leur analyse dans tous les domaines, à l'exception du rapport entre les diverses formes d'États et les structures économiques de la société, ce qui semblerait signifier qu'il n'existe pas de lien de causalité, au moins direct, entre l'infrastructure économique et la superstructure étatique.

A l'appui de cette hypothèse selon laquelle se côtoieraient dans l'œuvre de Marx deux conceptions de l'État, les deux auteurs développent leur argumentation. Selon eux, la véritable intuition de Marx, qui leur paraît juste, est fondée sur l'idée selon laquelle il existe dans la réalité une *diversité d'États*. Ils soulignent ce passage de la critique des programmes socialistes dans lequel Marx écrit : « L'État actuel change avec la frontière. Il est dans l'Empire prusso-allemand autre qu'en Suisse et en Angleterre, autre qu'aux États-Unis. » Et ils ajoutent, à l'appui, ce texte extrait de l'*Introduction à la critique de l'économie politique* : « La société bourgeoise [aux États-Unis] n'a pas surgi du féodalisme, mais est partie d'elle-même ; les rapports modernes ne sont pas le résultat d'un développement séculaire, mais le point de départ d'une évolution nouvelle ; l'État, sans égard aucun aux structures nationales antérieures, a été d'emblée soumis à la société bourgeoise et à son mode de production et ne peut donc prétendre constituer une fin en soi. » Cette situation singulière de l'État aux États-Unis s'opposerait à celle de l'État prussien, héritier de la structure féodale.

Bien entendu Badie et Birnbaum sollicitent les textes de Marx, à l'appui de leur propre thèse. Cette hypothèse repose sur la *nature profondément diversifiée des États*, en raison de leur localisation et de leur situation historique. Ils admettent volontiers que les passages qu'ils ont ainsi extraits ne sont pas représentatifs du marxisme classique et qu'ils le sont encore moins des interprétations « réductionnistes » à l'aide desquelles marxistes et néo-marxistes ont fixé les rapports entre l'infrastructure économique et l'État. Aussi relèvent-ils d'autres citations qui contredisent les premières, en plaçant l'État dans la dépendance des rapports de production et des rapports de classes, pour en faire l'instrument de la classe dominante.

Dans cette seconde perspective, Friedrich Engels écrit que « l'État est l'État de la classe la plus puissante, de celle qui domine au point de vue économique et qui, grâce à lui, devient aussi classe politiquement dominante ». Et Badie et Birnbaum de rappeler cet extrait du *Manifeste du parti communiste* de 1848 selon lequel « le gouvernement moderne n'est qu'un comité qui gère les affaires communes de la bourgeoisie tout entière ».

Sans doute, les néo-marxistes ont-ils tenté d'atténuer cette interprétation réductionniste de l'État en la relativisant. Gramsci équilibre l'influence de l'infrastructure économique par la prise en considération de l'hégémonie exercée par l'idéologie dominante, qui se diffuse dans la superstructure, pour former avec l'infrastructure ce qu'il appelle un « bloc historique ». Louis Althusser distingue les appareils idéologiques de l'appareil répressif d'État. Et Poulantzas met en valeur d'autres nuances. Mais, chez tous ces auteurs, l'économie reste, en dernière analyse, la source d'explication du phénomène étatique, à travers l'analyse des rapports de production et de la lutte des classes.

Des constitutionnalistes contemporains, animateurs du mouvement « Critique du droit », ont puisé de leur côté dans deux écrits politiques de Marx : *La Guerre civile en France* et *Le 18 Brumaire de Louis-Napoléon Bonaparte*, l'opposition qu'ils ont proposée entre deux types d'appareils d'État. D'un côté, celui qui serait pris en charge directement par la bourgeoisie et dont la monarchie de Juillet, en France, offre le meilleur exemple, avec la présence au gouvernement d'hommes d'affaires et de banquiers. De l'autre, celui qui disposerait d'une autonomie relative par rapport à la classe dominante, par l'intermédiaire d'un appareil militaire et bureaucratique puissant, et dont le *bonapartisme* forme le type idéal. La tentation était grande de s'inspirer de ces deux modèles pour expliquer successivement les deux premières phases de la Vᵉ République : la phase gaullienne et la phase giscardienne [14]. Mais l'alternance du 10 mai 1981 a mis en cause ce mode d'explication.

Quoi qu'il en soit, ces divers efforts de réflexion s'accordent sur un point : l'État moderne donne naissance à un appareil distinct de la société civile et qui s'en différencie. Que l'on considère celui-ci comme une institution, comme une bureaucratie rationnelle ou comme l'instrument d'exploitation de la classe dominante, peu importe. Il est un fait sociologique et juridique que le libéralisme lui-même ne pourra contourner.

2. L'État diversifié : l'approche historico-sociologique

Ethnologues et historiens s'accordent à reconnaître que l'État n'a pas toujours existé. Tandis que les premiers interrogent les sociétés primitives, les seconds fixent la naissance de l'État moderne à la fin du Moyen Age. Sur ce point, l'école historique contemporaine a fait progresser considérablement la connaissance.

1. L'État n'a pas toujours existé

L'anthropologie politique montre, en effet, que les sociétés primitives ont été généralement, et sont encore lorsqu'elles survivent, des sociétés sans État [15].

Une controverse a néanmoins opposé les spécialistes sur le point de savoir si les sociétés primitives étaient ou sont aussi des sociétés sans pouvoir. Telle a été la thèse soutenue

14. Michel Miaille, « Les critiques des opposants », in *La Constitution de la Vᵉ République, op. cit.*, p. 53-74.
15. Georges Balandier, *Anthropologie politique*, Paris, PUF, 1967.

par Pierre Clastres, tandis que, pour J. William Lapierre, les sociétés primitives recèlent toutes l'amorce d'un certain type de pouvoir[16]. Sans doute s'agit-il d'un pouvoir diffus, dont la nature politique n'est pas totalement isolée, et qui se confond dans une sorte de syncrétisme avec l'autorité familiale élargie et une certaine forme d'autorité religieuse ou mythique, mais d'un pouvoir réel. Mais les sociétés primitives étaient, ou sont encore, dans certaines tribus indiennes reculées, des *sociétés sans État*.

L'Histoire a connu d'autres supports du pouvoir politique que l'État. Au fil des âges, ces supports ont varié. Dans l'Antiquité, le premier d'entre eux fut évidemment la *cité*. La cité grecque, expression juridique d'une communauté d'hommes libres, gouvernée tantôt tyranniquement, tantôt de façon oligarchique, souvent de manière démocratique, a été longtemps le siège du pouvoir. Aussi a-t-elle donné son nom à la politique, et a-t-elle produit les grandes œuvres philosophiques qui, de Platon à Aristote, sont parvenues jusqu'à nous. Par-delà la fédération des cités grecques, l'influence de la civilisation hellénique a dominé la pensée politique occidentale jusqu'aux réflexions de saint Augustin sur la Cité de Dieu et la Cité des hommes. Si bien que le terme de cité a très largement débordé son sens originel, limité à une communauté politique enracinée localement.

La deuxième dimension classique qui a servi de cadre au pouvoir politique est *l'Empire*. Certes, Rome ne l'a pas inventé et n'en a pas exercé le monopole. Songeons à l'Empire perse, à l'Empire pharaonique[17], à l'Empire aztèque, à l'Empire romain germanique et, plus récemment, à l'Empire napoléonien et aux empires coloniaux. L'empire, comme support du pouvoir politique, revêt une double dimension : il gravite autour d'une cité ou d'une société politique dominante, appelée métropole ; et il regroupe, sous sa domination, des

16. Pierre Clastres, *La Société contre l'État*, Paris, Éditions de Minuit, 1974. J. William Lapierre, *Vivre sans État ?*, Paris, Éditions du Seuil, 1977.
17. Yves Schemeil, *La Politique dans l'Ancien Orient*, Presses de Sciences-Po, 1999.

territoires périphériques qui lui sont subordonnés. On ne saurait trop conseiller ici la lecture du livre de Marguerite
Yourcenar, *Mémoires d'Hadrien*, qui fait revivre les préoc-
cupations d'un empereur partageant son temps entre la
défense des frontières et le fonctionnement régulier des pouvoirs publics à Rome.

Le point commun des cités et des empires, y compris
l'Empire romain, c'est la persistance en leur sein d'une
confusion entre le pouvoir politique et le pouvoir religieux.
A ce stade, la sécularisation chère à Durkheim est naturellement inconnue. La parabole du « rendez à César ce qui
appartient à César et à Dieu ce qui est à Dieu » n'a pas
encore été diffusée – car la révolution chrétienne ne se pro-
pagera que plus tard.

Enfin, la troisième institution que l'Histoire ait léguée,
avant d'asseoir l'État, est la *seigneurie*. La seigneurie s'inscrit dans une époque déterminée : le Moyen Age. Elle se
caractérise par deux traits : le premier illustre déjà, car nous
sommes en chrétienté, une tentative de différenciation du
pouvoir politique et du pouvoir religieux ; le second, plus
spécifique, tient au fait que la seigneurie réalise la confusion
de l'autorité politique et militaire avec le pouvoir patrimo-
nial. Le seigneur est titulaire du fief ; le cumul du domaine
réel dont il dispose et du domaine éminent qu'il exerce sur
les terres qui en dépendent ainsi que sur les hommes qui y
vivent lui confère la légitimité du pouvoir politique.

2. L'État est une institution historiquement datée

A grands traits, les historiens contemporains français,
américains, occidentaux s'accordent à dater l'apparition de
l'État sur la scène politique de la sortie du Moyen Age.
L'État constitue, à partir des XIIIe et XIVe siècles, et surtout
du XVe, une triple réaction contre l'Empire romain germanique, le pouvoir ecclésiastique et la seigneurie.

Les légistes de Philippe le Bel affirment que le roi est
« empereur en son royaume » pour rompre tout lien de
dépendance entre le royaume et l'empire. A l'encontre des

hommes d'Église, la théorie des deux glaives, reprise de celle des deux cités, tend à fonder l'autonomie du pouvoir civil par rapport au pouvoir religieux. Enfin, en réaction contre la seigneurie, les Capétiens réduiront progressivement l'aristocratie à la condition éphémère qu'elle occupera à la cour de Versailles[18].

Cette triple réaction a créé le terrain favorable à l'éclosion d'un nouveau type de support politique, qui a pris le nom d'État. A vrai dire, le terme est encore loin d'être répandu aux XIVe et XVe siècles. Nous verrons, en traitant de la souveraineté, que Jean Bodin lui préfère encore celui de « République ». La République n'était alors synonyme d'aucun type de régime politique. Elle désignait la « chose publique » et annonçait l'État[19].

La France, l'Angleterre, l'Espagne, le Portugal et plus tard la Prusse vont réussir leur sortie du Moyen Age en inventant l'État. Cette observation concordante des historiens se trouve corroborée par Karl Marx. Ne faisait-il pas remarquer, dans un texte déjà cité, que la différence entre les États-Unis et la Prusse tient au fait que l'État prussien est le produit du Moyen Age, et que les Américains ont pu édifier leur société sans avoir eu à briser préalablement les structures féodales ?

Ainsi, selon les cas, l'État moderne apparaît en Europe à la fin du XIIIe siècle ou au cours du XIVe siècle. Mais il continuera de se développer à la faveur de la colonisation. Et la Révolution française, en transférant les attributs du pouvoir de la monarchie à la nation, ne fera que l'exalter. Aujourd'hui, le nombre d'États membres de l'ONU, qui n'était encore que de 82 en 1958, atteint après l'implosion de l'URSS, le nombre de 189 !

On peut ainsi distinguer une première génération d'États formés par réaction aux structures médiévales et qui, progressivement, deviendront des nations. Ce sont les « États-

18. Sur les origines de l'État moderne, on consultera en particulier : Joseph R. Strayer, *Les Origines médiévales de l'État moderne*, Paris, Payot, 1979 ; Blandine Barret-Kriegel, *L'État et les Esclaves, op. cit.*

19. Yves Sassier, Albert Rigaudière, Olivier Guillot, *Pouvoirs, États et Sociétés dans la France médiévale*, Paris, A. Colin, 1994.

nations » dont l'épanouissement se manifeste au cours du XIXe siècle avec le principe des nationalités. Ils serviront de cadre aux futures démocraties occidentales. Et ils nous intéressent ici au premier chef.

Une deuxième génération d'États surgit au XXe siècle sur les ruines de l'Empire allemand, de l'Empire austro-hongrois et de l'Empire ottoman. L'entre-deux-guerres est confronté aux difficultés d'émergence et de consolidation de ces nouveaux États, les uns correspondant à d'anciennes nations qui ont survécu grâce à leur culture et à leur Église, telle la Pologne ; d'autres à des constructions plus complexes, comme la Tchécoslovaquie et la Yougoslavie, mais qui se forgeront provisoirement une identité.

Une troisième génération est directement issue, depuis 1945, de la décolonisation. Avec elle, le plus souvent, ce n'est pas la nation qui précède l'État, mais l'État qui a pour charge de bâtir la nation. Ainsi en a-t-il été en Algérie[20].

Enfin, une quatrième génération est issue de l'implosion de l'Union soviétique et de ses répercussions dans les Balkans, notamment dans l'ex-Yougoslavie. Ces quelques notations permettent de souligner que, par opposition aux vues abstraites et réductionnistes des philosophes qui tendent à l'uniformité, l'analyse des historiens et des sociologues autorise à déceler une grande diversité d'origine des États. D'autres arguments confortent cette diversité. Badie et Birnbaum repèrent en particulier des États fortement centralisés qui ont été constitués autour d'un appareil militaire, d'une armée permanente et d'une bureaucratie, et dont les deux prototypes sont la Prusse et la France. Ils leur opposent ce qu'ils appellent les « États minimum ». Ce sont ceux qui laissent à la société civile la première place, et dans lesquels les mouvements associatifs, les entreprises, les Églises jouent un rôle primordial, comme dans les sociétés anglo-saxonnes. Sur cette base, ces auteurs croient pouvoir établir une distinction entre les États formés autour d'un centre poli-

20. Jean Leca, Jean-Claude Vatin, *L'Algérie politique. Institutions et régimes*, Paris, FNSP, 1975.

tique, point de rencontre des composantes de la société civile cimentées par l'*establishment*, et ceux dont l'unité aura été forgée par un appareil central, tels que la France ou la Prusse à la fin du XIXe siècle[21].

3. L'État-nation n'est pas le stade indépassable de la société politique

Il faudrait un ouvrage entier pour évoquer la crise de l'État-nation face au développement des autonomies régionales et des organisations supranationales.

S'agissant des premières, le problème qui se pose aujourd'hui est de savoir jusqu'où elles pourront aller plus loin sans provoquer de sécession[22].

Quant aux secondes, dont l'Union européenne constitue la version la plus poussée, elles témoignent du fait que, comme la Cité ou l'Empire, même s'il résiste mieux aujourd'hui, l'État-nation est une forme précaire qui ne saurait prétendre au monopole ni de l'exercice du pouvoir politique, ni de la pratique de la démocratie. Le débat s'est ouvert spécialement en Europe occidentale à l'occasion de la ratification du traité de Maastricht. Et l'on ne saurait mieux faire que reproduire le propos tenu par le doyen Vedel peu avant le référendum destiné à cette ratification.

« Historiquement, déclarait-il, il peut être exact qu'à un moment la Nation ait représenté un espace offrant des caractéristiques juridiques uniques. Mais si la démocratie est un principe moral, la Nation n'est pas un principe moral, elle n'est qu'une donnée historique. La démocratie est un principe moral que l'on peut regarder comme éternel puisqu'il s'identifie à la recherche d'une société composée au maximum d'hommes libres. Elle peut-être appelée à se réaliser dans des formes qui ne sont pas celles historiques de la

21. Bertrand Badie, Pierre Birnbaum, *Sociologie de l'État, op. cit.*
22. Christian Bidegaray (dir.), *Europe occidentale, le mirage séparatiste*, Economica, 1997.

Nation. La Nation est une forme d'organisation, il y en a eu d'autres avant elle, il n'est pas impensable qu'il y en ait d'autres après elle. L'on ne peut pas attacher à la Nation un caractère éternel et sacré[23]. »

Est-il besoin de souligner qu'un tel jugement ne recueille pas à l'époque l'unanimité. Mais en refusant de reconnaître à la disposition de la Déclaration des droits de l'homme de 1789 selon laquelle « le principe de toute souveraineté réside essentiellement dans la nation » une valeur supraconstitutionnelle, le Conseil constitutionnel semble bien être situé sur la même longueur d'ondes. Et, en dernière analyse, seule l'Histoire dira si un espace public européen est capable de servir de support à un pouvoir politique transnational[24]. Fondé sur le « patriotisme constitutionnel », il pourrait d'ailleurs reposer sur une double légitimité : celle des États renforcée dans sa pérennité et celle de l'Union politique de l'Europe en voie de gestation. Tel pourrait être le sens de la Fédération d'États-nations proposée par Jacques Delors et reprise à son compte dans son discours de Berlin du 12 mai 2000 par Joschka Fischer, ministre allemand des Affaires étrangères.

---

23. Georges Vedel, Introduction à l'ouvrage collectif, *La Constitution et l'Europe*, Université Paris-II Panthéon-Assas, Journée d'étude du 25 mars 1992 au Sénat, Éd. Montchrestien, 1992, p. 29.
24. Jürgen Habermas, *Après l'État-nation, une nouvelle constellation politique*, Fayard, 2000.

ł

2

La souveraineté des États, le fédéralisme et la décentralisation

« République, gouvernement de plusieurs ménages et de ce qui leur est commun avec puissance souveraine » : telle est la définition de l'État que propose Jean Bodin en 1576 (*La République*). Puissance souveraine : telle est donc dès cette époque, pour le légiste, le critère de l'État.

L'affirmation ainsi posée à la fin du XVIᵉ siècle est aujourd'hui discutée. D'une part, l'emprise progressive du droit international apporte des limites croissantes à l'indépendance de l'État ; d'autre part, certaines catégories d'États ne disposent que d'une compétence limitée à l'exercice d'une simple autonomie. Il s'agit des États fédérés qui n'occupent que le second rang des structures étatiques. C'est pourquoi l'on analysera ces deux questions successivement :

— la souveraineté est-elle le critère de l'État ou un mythe dépassé ?

— le fédéralisme est-il un démembrement ou un dédoublement de l'État ?

1. La souveraineté : critère de l'État ou mythe dépassé ?

Que l'État soit une personne juridique, aucun auteur ne le conteste. L'État apparaît donc sous les traits d'une personne morale de droit public. Cela entraîne pour lui la possession d'un patrimoine auquel sont imputables des droits et des obligations.

L'État est la principale catégorie de personnes juridiques de droit public. Il n'est pas la seule, car il existe des collectivités territoriales dotées aussi de la personnalité : en France, les communes, les départements, les territoires d'outre-mer et, depuis 1986, les régions. Entre 1972 et 1986, les régions n'étaient paradoxalement que des établissements publics. Or, l'établissement public est un autre type de personne morale de droit public, dont l'assise n'est pas un territoire ou une communauté d'habitants, mais un service public spécialisé. En outre, un nombre de plus en plus important d'organisations internationales disposent aussi de la personnalité juridique.

Dans le foisonnement des personnes morales de droit public, l'État occupe la première place. Cette primauté résulte-t-elle encore de la souveraineté qui, selon Jean Bodin, constituait déjà en 1576 sa singularité ? C'est ce qu'il convient d'étudier aux plans théorique et pratique.

1. La théorie et la critique de la souveraineté

Le concept de souveraineté ne signifie pas que l'État peut tout faire. Il existe des limites à la compétence de l'État.

A. Le concept de souveraineté ne revêt pas un caractère absolu. Car l'État, personne juridique, souscrit des obligations elles-mêmes sanctionnées par le droit. Il en souscrit tant vis-à-vis d'autres États, sous forme de traités ou de conventions, que vis-à-vis d'organisations internationales. Il en souscrit aussi vis-à-vis de ses propres sujets ou des collectivités publiques qu'il recèle en son sein. L'État conclut désormais des contrats de plan avec les régions. Il s'engage à leur égard pendant un certain nombre d'années à financer ou à cofinancer tel ou tel équipement. L'État n'est donc pas juridiquement libre de faire n'importe quoi, à n'importe quel moment.

Le concept de souveraineté implique en revanche que, de toutes les personnes morales de droit public, l'État est la seule qui dispose de ce que le juriste allemand Jellinek appe-

lait la *compétence de la compétence*. Cette expression signifie que l'État est la seule personne morale capable de déterminer l'étendue et les limites de sa propre compétence, ce
que d'autres juristes interprètent en disant que l'État dispose
seul d'une compétence initiale. En conséquence, l'État
détient une compétence constituante sans qu'aucune entité
supérieure ne puisse s'y opposer. Il possède le pouvoir ini-
tial de fixer lui-même les règles établissant l'étendue des
attributions des collectivités publiques qu'il inclut. Et, dans
le cadre de la société internationale, il conclut des traités
avec d'autres États ou contribue à établir le statut d'organisations internationales, qui peuvent à leur tour, avec son
accord, fixer des bornes à sa compétence étatique.

Cette compétence dont l'État a le privilège donne lieu
généralement à une distinction entre la *souveraineté externe*
et la *souveraineté interne*. La première se manifeste dans les
relations internationales, dans le respect du droit international ; la seconde confère à l'État le droit de fixer l'étendue et
la limite de sa compétence par rapport aux autres collectivités publiques (commune, province, région) et par rapport
aux citoyens.

B. Cette théorie de la souveraineté est sujette aujourd'hui
à critique. Deux arguments lui sont principalement opposés.
Le premier consiste à soutenir qu'au XXe siècle la notion de
souveraineté serait illusoire, qu'elle serait le vestige d'une
société internationale archaïque où elle se prolongeait par
l'exercice discrétionnaire du droit de guerre. Or, aujourd'hui,
l'État est pris dans un véritable réseau d'obligations internationales. Généralement, il est membre de l'Organisation
des Nations unies. Il l'est souvent aussi d'une organisation
que le droit international appelle « régionale » (exemple :
l'Union des États américains ou l'OSCE). Enfin, il existe
entre les États un tissu de relations juridiques, multilatérales
et bilatérales, qui les empêche de prendre certaines décisions
sans l'accord de leurs partenaires. Lorsqu'un des États
membres de la Communauté européenne voulait dévaluer sa
monnaie, la décision réelle n'était plus prise dans sa capi-
tale : elle l'était à Bruxelles. Et depuis le 1er janvier 1999,

onze États sur quinze de l'Union européenne ont transféré à celle-ci la compétence exclusive de battre monnaie !

Mais, en vertu d'un second argument, de nature théorique, la souveraineté serait également illusoire. Le juriste autrichien Hans Kelsen a soutenu que l'ordre juridique interne, c'est-à-dire le droit étatique, se trouve structurellement subordonné à l'ordre juridique international qui lui serait hiérarchiquement supérieur. La logique de la formation du droit par degrés ferait que le droit international s'imposerait au droit interne. Dès lors, la souveraineté apparaîtrait comme un anachronisme par rapport à la hiérarchie des normes.

En outre, la souveraineté ne serait pas le critère de l'État puisqu'il existe des États non souverains, à savoir les États membres des États fédéraux. Dans une fédération, en effet, seul l'État fédéral est souverain. Les États fédérés qui le composent disposent seulement d'une autonomie que leur reconnaît la constitution. Ils n'en sont pas moins des États selon une tradition admise aussi bien aux États-Unis qu'en Suisse et en Allemagne fédérale. Mais, s'ils ont le pouvoir en tant que tel de se doter d'une constitution, celle-ci doit être conforme au droit fédéral. Et le domaine réservé à leur autonomie est fixé par celui-ci. Ils sont donc des États non souverains. Dès lors, la notion d'État désignerait tantôt des États souverains, tantôt des États non souverains...[25]

Il n'empêche : quelles que soient les faiblesses du concept, l'État apparaît encore sous les traits d'une entité juridique irréductible aux autres collectivités. Il n'existe peut-être plus de différence de nature entre l'État et ces autres collectivités ; il n'en demeure pas moins des différences de degré. Et elles restent fondamentales dans la mesure où presque partout les autres personnes de droit public détiennent leur compétence de la constitution ou de la législation de l'État dont elles relèvent ou, s'il s'agit d'un État fédéral, de la garantie que celui-ci accorde à leur constitution ou à leur statut.

25. Bertrand Badie, *Un monde sans souveraineté*, Fayard, 1999.

2. La souveraineté selon la jurisprudence du Conseil constitutionnel français

Prenons un exemple : l'article 54 de la Constitution française du 4 octobre 1958 est ainsi rédigé : « Si le Conseil constitutionnel, saisi par le président de la République, par le Premier ministre, par le président de l'une ou de l'autre Assemblée, ou par soixante députés ou soixante sénateurs[26], a déclaré qu'un engagement international comporte une clause contraire à la Constitution, l'autorisation de la ratifier ou de l'approuver ne peut intervenir qu'après la révision de la Constitution. » Cela signifie que, si le Parlement est invité à autoriser le chef de l'État à ratifier une convention internationale contenant une clause contraire à la Constitution, les autorités que détermine l'article 54 peuvent saisir le Conseil constitutionnel pour qu'il apprécie la constitutionnalité de la convention en question. Or, si le Conseil constitutionnel constate que cette convention est en tout ou en partie opposée à la loi fondamentale, le Parlement ne peut pas voter l'autorisation de la ratifier, sauf à réviser préalablement la Constitution pour la mettre en harmonie avec la convention.

Cet article a fait l'objet de nombreuses applications. Une première fois en 1970, le Conseil constitutionnel a été saisi par le Premier ministre à propos de la création des ressources propres à la Communauté européenne. Une deuxième fois, en 1976, le président Giscard d'Estaing lui a demandé de se prononcer sur la conformité à la Constitution de la décision du Conseil européen de faire procéder à l'élection de l'Assemblée des communautés européennes au suffrage universel direct. Une troisième fois, en 1985, le président Mitterrand lui a soumis le protocole n°6, additionnel à la Convention européenne des droits de l'homme sur l'abolition de la peine de mort avec l'article 16 de la Constitution. D'autres saisines sont intervenues à l'occasion du Traité de

---

26. Ce dernier membre de phrase a été ajouté lors de la révision constitutionnelle du 25 juin 1992.

Maastricht, des accords de Schengen, du traité d'Amsterdam et de l'institution du Tribunal pénal international.

Dans les trois premiers cas, le Conseil a déclaré conformes les dispositions invoquées ; mais la deuxième application mérite une attention particulière, car elle a permis au Conseil constitutionnel de préciser la portée et l'étendue de la souveraineté nationale.

En l'espèce, le problème était de savoir si le recours au suffrage universel direct pour l'élection du Parlement européen pouvait faire l'objet d'une autorisation législative du Parlement français sans révision préalable de la Constitution. Avant même que le débat ne s'ouvre dans les Assemblées, le président Giscard d'Estaing avait tenu à faire trancher cette question par le Conseil constitutionnel.

Cette instance a rendu sur ce point, les 20 et 30 décembre 1976, une décision très importante. Le problème consistait à confronter deux principes figurant dans la Constitution : un passage du Préambule de 1946, toujours en vigueur, selon lequel « sous réserve de réciprocité, la France consent aux limitations de la souveraineté nécessaires à l'organisation et à la défense de la paix », avec l'article 3 de la Constitution du 4 octobre 1958, alinéa 1er, ainsi rédigé : « La souveraineté nationale appartient au peuple qui l'exerce par ses représentants et par la voie du référendum ». Or, en vertu de ce deuxième texte, seul le peuple est titulaire de la souveraineté et il ne peut l'exercer que de deux manières, soit par ses représentants élus, soit directement par référendum.

De cette disposition, le Conseil constitutionnel a déduit que la Constitution française n'autorisait aucun transfert mais seulement des limitations de souveraineté au profit d'une organisation internationale. Mais, par rapport à ce principe, il a également constaté que la décision du Conseil européen tendant à procéder à l'élection de l'Assemblée européenne au suffrage universel direct n'impliquait aucune modification des attributions de cette Assemblée, donc aucun nouveau transfert de souveraineté. Seul le mode de désignation de ses membres se trouvait modifié. Et, de ce fait, le Conseil en a déduit que la décision soumise en 1977 au Parlement était conforme, ou du moins non contraire, à la Constitution. Mais la situation sera différente quinze ans plus tard.

En 1992, préalablement à la ratification du traité de Maastricht, le président de la République, François Mitterrand, a saisi à nouveau le Conseil constitutionnel de la conformité du traité à la Constitution. La décision rendue le 9 avril a retenu trois chefs d'inconstitutionnalité (octroi du droit de vote et d'éligibilité aux ressortissants de la CEE, substitution à la monnaie nationale de l'écu et adoption d'une politique de change commune ; adoption d'une politique commune pour l'attribution des visas aux ressortissants étrangers). Ce qui a conduit le chef de l'État à engager une procédure de révision constitutionnelle conduisant à l'adoption par le Congrès de la Loi constitutionnelle du 25 juin 1992 pour permettre les transferts de compétences prévus par le traité.

On doit donc observer qu'à l'occasion de sa décision du 9 avril 1992, le Conseil constitutionnel a sensiblement infléchi sa jurisprudence de 1976. Certes, il a rappelé que, pour l'avenir, toute clause contraire à la Constitution ou entraînant un transfert de compétence nécessiterait une révision constitutionnelle. Mais, s'appuyant sur le Préambule à la Constitution de 1946, il a considéré que « la souveraineté nationale ne fait pas obstacle à ce que la France puisse conclure sous réserve de réciprocité des engagements internationaux en vue de participer à la création ou au développement d'une organisation internationale permanente dotée de la personnalité juridique et investie de pouvoirs de décision par l'effet de transferts de compétences consentis par les États membres[27] ».

Enfin, à la suite d'un recours engagé par 60 sénateurs, le Conseil constitutionnel a jugé qu'en dehors de la référence à la forme républicaine de gouvernement, il n'existait en France aucune règle ayant valeur supra-constitutionnelle susceptible de s'opposer à des transferts de compétence au

---

27. « La Constitution française et le traité de Maastricht », *Revue française de droit constitutionnel*, 1992.

profit de l'Union européenne. Et, depuis lors, l'examen auquel il procède pour dire s'il y a lieu ou non, face à un nouveau traité, de réviser la Constitution se fonde soit sur l'existence d'une clause contraire parmi les dispositions du traité, soit sur la présence parmi elles d'une atteinte aux conditions essentielles d'exercice de la souveraineté nationale.

De leur côté, les Cours constitutionnelles allemande et italienne sont apparues quelquefois plus sourcilleuses. Ainsi, en 1993, à l'occasion du traité de Maastricht, le Tribunal constitutionnel de Karlsruhe a-t-il estimé que les transferts de souveraineté ne pourraient être acceptés qu'au profit d'institutions européennes offrant les mêmes garanties aux citoyens que celles que leur accorde la République fédérale[28].

2. Le fédéralisme : démembrement ou dédoublement de l'État ?

Le fédéralisme participe d'une philosophie fondée sur le pluralisme. Mais, tandis que la séparation des pouvoirs se traduit par une répartition des fonctions étatiques, le fédéralisme tend à distribuer les missions de l'État à différents niveaux territoriaux. Il s'oppose ainsi à l'État unitaire qui monopolise au profit d'un État unique, centralisé ou décentralisé, l'exercice de la souveraineté.

Le principe fédératif implique donc une architecture à plusieurs étages. Il entraîne la superposition, sur un même espace politique, d'une pluralité de pouvoirs : les pouvoirs publics confédéraux ou fédéraux, et ceux de chacun des États confédérés ou fédérés. En ce sens, il renforce l'idée, avancée par Robert Dahl, selon laquelle la démocratie est une « polyarchie[29] ».

---

28. Jörg Gerkrath, « La critique de la légitimité démocratique de l'Union européenne selon la Cour de Karlsruhe » *in* Gérard Duprat (dir.), *L'Union européenne, droit, politique, démocratie*, PUF, 1996, p. 209 *sq.*

29. Robert Dahl, *Polyarchy,* Gale University Press, 1971.

1. Les variantes du fédéralisme

Plusieurs variantes du fédéralisme doivent être examinées[30] :

A. La première oppose la *confédération d'États* à l'*État fédéral*. La confédération d'États est une formule souple, qui précède souvent l'institution d'un État fédéral. Elle n'est encore qu'une alliance au terme de laquelle des États souverains, sans renoncer au droit de sécession, donnent compétence à des instances confédérales, où ils sont représentés en tant que tels, d'exercer certaines attributions : par exemple, en matière de défense, de diplomatie ou de commerce extérieur. Mais ces instances statuent à l'unanimité.

Pour illustrer le propos, il suffit de se reporter aux articles de la Confédération du 15 novembre 1777 qui régirent pendant dix ans les treize colonies américaines ayant accédé à l'indépendance en 1776. L'alliance des treize nouveaux États américains permit de mener à son terme la guerre d'Indépendance. A cette fin, il fallait qu'ils puissent négocier d'une seule voix avec les puissances européennes et lever une armée unifiée. Ils le firent par la double décision du Congrès d'envoyer Franklin en France comme ambassadeur et de confier à Washington le commandement en chef des milices levées pour lutter contre les forces anglaises. Le Congrès n'était cependant pas le représentant du peuple des États-Unis, mais la réunion des délégations des treize États. En conséquence, il ne pouvait disposer ni d'un pouvoir exécutif ni d'un pouvoir judiciaire. Une fois la guerre terminée, l'expérience montra la nécessité d'aller plus loin sur la voie de l'intégration, d'où l'avènement de la Constitution de 1787, qui substitua à la confédération d'États un État fédéral.

Deuxième exemple de confédération d'États : la Confédération d'Allemagne du Nord, créée en 1867. Elle est le

---

30. Maurice Croisat, *Le Fédéralisme dans les démocraties contemporaines*, Paris, Montchrestien, « Clefs », 3ᵉ éd., 1999.

prélude à la formation de l'État fédéral allemand proclamé en 1871 à Versailles, dans la galerie des Glaces.

La structure confédérale fut également retenue par le général de Gaulle comme cadre destiné à renforcer l'intégration européenne. Le plan Fouchet, proposé avant l'entrée de l'Angleterre dans le Marché commun, tendait à ériger la Communauté européenne en confédération, dans le respect de la souveraineté des États membres. Ce plan ayant été rejeté, l'Union européenne n'est aujourd'hui ni une confédération d'États ni un État fédéral, mais une Communauté à la recherche de son identité[31].

L'*État fédéral* est de nature différente. Il s'agit d'un super-État doté de compétences qu'il reçoit directement du peuple, tandis que subsistent à la base des États fédérés amputés de ces compétences. Sa création réalise ainsi une véritable division du travail entre l'État fédéral au sommet et l'État fédéré à la base, dans un ensemble intégré qui fait perdre aux États membres l'exercice de leur souveraineté en les ramenant à la situation de collectivités autonomes.

B. La seconde distinction oppose le *fédéralisme par agrégation* au *fédéralisme par désagrégation.*

Dans sa philosophie, le fédéralisme est essentiellement « fédérateur ». Il tend à réunir des entités séparées, non pas pour les fondre dans l'uniformité, mais pour maintenir un équilibre entre l'unité et la diversité. C'est une démarche vers un certain degré d'unité tel qu'il s'est réalisé en Suisse, aux États-Unis, en Allemagne.

Or, à ce fédéralisme par agrégation, on oppose un fédéralisme par désagrégation. Il y aurait fédéralisme par désagrégation lorsqu'une entité, souvent de type impérial, gérée par un État unitaire, se désagrège sous la pression de minorités ou sous la menace internationale. Le fédéralisme arrêterait cette désagrégation à un certain stade en substituant à

---

31. Pierre Gerbet, *La Construction de l'Europe*, 3e éd., Paris, Imprimerie nationale, 1999 ; Charles Zorgbibe, *Histoire de la construction européenne*, PUF, 1993 ; Dusan Sidjanski, *L'Avenir fédéraliste de l'Europe*, PUF, 1993.

l'État unitaire un État fédéral apte à reconnaître et à garantir des compétences étatiques à différentes entités reconnues autonomes.

Ainsi, par rapport à l'empire tsariste, l'Union soviétique telle qu'elle fut créée en 1922 offrirait l'exemple d'un fédéralisme par désagrégation; il en serait de même de la Yougoslavie de 1945, par rapport à l'État unitaire yougoslave né au lendemain du traité de Versailles. Quant à l'Allemagne, elle aurait d'abord été l'expression d'un fédéralisme par agrégation; mais, devenue État unitaire en 1933 sous la férule d'Hitler, elle serait revenue au fédéralisme en 1949 sous la pression des puissances alliées; et, de façon ambivalente, sa Loi fondamentale serait à la fois l'expression d'un fédéralisme par désagrégation et la manifestation, à partir de l'autonomie recouvrée progressivement par les Länder, d'un fédéralisme par agrégation.

En fait, depuis l'implosion de l'URSS et de la Yougoslavie, survenue après la chute du Mur de Berlin, l'exemple le plus probant de fédéralisme par désagrégation est celui de la Belgique, dont les régions et les communautés linguistiques forment – non sans tensions ni difficultés – depuis 1988 un État fédéral[32].

Aussi, cette distinction apparaît-elle fictive et mythique. Car, lorsque l'URSS se constitua en 1922, lorsque la Yougoslavie resurgit en 1945 et lorsque l'Allemagne fédérale adopta la Loi fondamentale de 1949, elles le firent non pas à partir d'un État unitaire qui se serait désagrégé, mais en fédérant des entités historiquement désagrégées.

C. Enfin une troisième classification distingue le *fédéralisme territorial* du *fédéralisme culturel*.

L'on peut en situer l'origine dans la pratique des démocraties consociatives qui, des Pays-Bas au Liban ont tenté, avec ou sans succès, de garantir non pas par l'autonomie d'un territoire donné mais, par celle d'une population définie selon une culture, une langue ou une religion déterminée, la péren-

---

32. Delwit, Pascal, De Waele, Jean-Michel, Maguette, Paul, *Gouverner la Belgique*, PUF, 1999.

nité de cette culture, de cette langue ou de cette religion – une solution de ce type avait été imaginée par l'Autriche-Hongrie si elle avait survécu à la guerre de 1914-1918 [33].

Lénine avait concédé l'existence d'un certain fédéralisme culturel au profit de la communauté juive en URSS. En Occident, le fédéralisme culturel s'applique, après combien de difficultés, en Belgique. Depuis la révision constitutionnelle entamée en 1970, un système très complexe s'y imbrique avec le fédéralisme territorial. Ainsi la Belgique combine-t-elle aujourd'hui trois régions administratives : Wallonie, Flandre et région bruxelloise, avec trois régions linguistiques : francophone, néerlandophone, et germanophone. Conséquence : en matière d'éducation, par exemple, il y a deux ministres, le ministre de l'Éducation francophone et le ministre de l'Éducation néerlandophone, dont la compétence territoriale est assez difficile à déterminer. C'est certainement l'un des modes de gouvernement les plus compliqués du monde.

2. La spécificité de l'État fédéral

La confédération d'États laisse subsister, au moins de façon formelle, la souveraineté de chacun des États membres. A l'inverse, l'État fédéral, répartit la compétence étatique à deux niveaux, et quelquefois davantage ; mais il attribue au seul État central l'exercice de la souveraineté.

Il en résulte que l'État fédéral se caractérise par une communauté de structures que l'on retrouve avec plus ou moins d'intensité dans presque toutes les formules pratiquées. De cette communauté de structure, certains auteurs ont cru pouvoir dégager ce qu'ils ont appelé les « lois du fédéralisme ». L'État fédéral s'ordonnerait ainsi autour de trois lois sociologiques : la loi d'autonomie, la loi de participation et la loi d'arbitrage.

---

33. Stéphane Pierré-Caps, *La Multination*, Odile Jacob, 1995 ; « Les démocraties consociatives, *Revue internationale de politique comparée*, vol. 4, n° 3.

A. La *loi d' autonomie*. Elle implique l'existence, au profit de chaque État fédéré, d'un domaine réservé d'intervention. Dans ce domaine, plus ou moins étendu selon les cas, l'État fédéré exerce la fonction législative, la fonction gouvernementale et la fonction juridictionnelle. Ce domaine est d'autant plus stable qu'il est garanti par la constitution fédérale. Deux traits caractérisent ce domaine réservé :

— le premier tient au fait que la constitution fédérale le définit généralement par soustraction : il est rare, en effet, que la constitution fédérale énumère les matières dans lesquelles l'État fédéré est habilité à légiférer, à administrer ou à juger ; c'est généralement l'inverse : la constitution fédérale dresse la liste des matières dans lesquelles l'État fédéral est limitativement habilité à intervenir. Par déduction, les domaines qui ne sont pas de la compétence de l'État fédéral relèvent de celle de chaque État fédéré, en application du *principe de subsidiarité*.

Quelquefois, la répartition des compétences entre État fédéral et États fédérés est plus complexe. A côté des domaines attribués en exclusivité à l'État fédéral et aux États fédérés, existe un *domaine concurrent*. Le droit d'intervention appartient alors au « premier intervenant ». Mais, si après intervention des États fédérés, l'État fédéral estime nécessaire d'établir entre eux une coordination, celle-ci peut donner lieu à un fédéralisme coopératif.

— la deuxième caractéristique de ce système tient au fait que l'État fédéré est autonome en son domaine, mais que, dans les matières qui ressortissent à la compétence de l'État fédéral, le droit de l'État fédéré doit céder devant le droit fédéral. C'est ce que les Allemands expriment d'une phrase qui est beaucoup plus chargée de sens en allemand qu'en français : « Le droit fédéral brise le droit des États. » Cela veut dire que, s'il y a conflit entre le droit fédéral et le droit d'un État fédéré dans un domaine relevant de la compétence concurrente, c'est la loi fédérale qui s'applique et la loi de l'État qui doit être écartée.

Généralement, la structure d'un État fédéral est édifiée à deux niveaux. Mais, quelquefois, elle comporte davantage de degrés. Ainsi, l'Union soviétique était-elle construite selon une architecture à plusieurs étages : l'Union, quinze républiques fédérées et, dans quatre d'entre elles dont la Russie, vingt républiques autonomes.

B. La *loi de participation*. La « loi de participation » suppose que les instances centrales de l'État fédéral ne soient pas seulement représentatives des citoyens, mais aussi des collectivités fédérées. Cette représentation se traduit, dans la plupart des cas, par l'existence d'une seconde chambre au sein du Parlement, qui peut être paritaire ou pondérée. Le sénat américain est composé de deux sénateurs par État, quelle que soit l'importance de sa population. A l'inverse, au sein du Bundesrat, la représentation des gouvernements des Länder est pondérée ; chaque Land dispose en principe de trois délégués, mais les Länder dont la population est supérieure à deux millions d'habitants ont droit à quatre délégués, ceux dont la population excède six millions d'habitants à cinq et ceux dont la population dépasse sept millions en ont six.

Il est plus rare que la loi de participation s'applique au pouvoir exécutif. On peut cependant en trouver la trace dans le système complexe qui préside aujourd'hui à l'élection du président des États-Unis au suffrage universel indirect. En effet, celui-ci est formellement élu par de grands électeurs – eux-mêmes désignés au suffrage universel direct. Or, le nombre des grands électeurs pour chaque État est égal au total du nombre de représentants et du nombre de sénateurs dont il dispose au Congrès. Ce lien qui unit le mode de désignation du président à la structure fédérale des États-Unis sert de prétexte au maintien en vigueur du suffrage indirect.

En République fédérale d'Allemagne, outre la structure singulière du Bundesrat, une conférence informelle réunit régulièrement, sous la présidence du chancelier fédéral, les ministres-présidents des Länder. Cette pratique suivie au Canada n'a pas d'équivalent aux États-Unis.

C. La *loi d'arbitrage*. Le fait que, sur un espace politique donné, deux ou plusieurs structures étatiques se superposent peut être générateur de conflits. La loi d'un État fédéré peut se trouver en contradiction avec la loi fédérale, et des conflits de compétence peuvent surgir entre différents États. Toute constitution fédérale doit donc prévoir un organe appelé à arbitrer ces différends.

Dans les démocraties occidentales, la solution classique consiste, sur la base de la séparation des pouvoirs, à confier à un organe juridictionnel le soin de trancher ces litiges. Par structure, le fédéralisme occidental implique, par consé-quent, le contrôle de la constitutionnalité des lois. La Cour suprême des États-Unis ou la Cour constitutionnelle alle-mande sont compétentes pour faire prévaloir la constitution fédérale en cas de différend intervenant entre la législation fédérale et celle d'un État membre.

Il ne sera pas question, ici, de la *Communauté* et de l'*Union européenne*, le sujet ayant été traité ailleurs[34]. Certains auteurs, tel Dusan Sidjanski, perçoivent à travers l'évolution de ses institutions l'amorce possible d'un État fédéral. Pour le moment, contentons-nous d'y voir un système politique non encore identifié, ayant pour principale carac-téristique d'associer la coopération des États à des structures intégrées, ce qui nous conduit, avec Maurice Croisat, à le qua-lifier de « fédéralisme intergouvernemental »[35].

3. Fédéralisme et décentralisation

Par rapport au fédéralisme, la décentralisation apparaît à première vue comme une notion approximative. Elle désigne aussi bien l'installation de l'École polytechnique à Palaiseau et le transfert des archives du ministère des Affaires étrangères à Nantes que l'attribution au président du Conseil général de compétences antérieurement exercées par le préfet, ou la création de nouvelles collectivités territoriales comme les régions. En fait, elle désigne tout processus de délégation de compétences allant du centre vers la périphérie.

34. Jean-Louis Quermonne, *Le Système politique européen*, Paris, Montchrestien, « Clefs », 3ᵉ éd., 1998.
35. Maurice Croisat, Jean-Louis Quermonne, *L'Europe et le Fédéralisme*, Montchrestien, « Clefs », 2ᵉ éd., 1999.

Mais, dans une approche plus rigoureuse, la décentralisation se définit par opposition à la *déconcentration*. La déconcentration est le transfert aux représentants locaux du pouvoir central d'une partie des attributions de l'État. L'autorité préfectorale constitue l'exemple classique d'une autorité déconcentrée. La *décentralisation* consiste dans le transfert à des autorités autonomes par rapport au pouvoir central d'attributions qu'elles seront appelées à exercer au nom et pour le compte d'une collectivité publique distincte de l'État. L'autonomie de ces autorités est le plus fréquemment assurée par l'élection. Le maire, au nom de la commune, illustre parfaitement ce type d'autorité.

Un État unitaire, comme la France, peut assortir la centralisation de ses structures de mesures de déconcentration et de décentralisation. Un État unitaire décentralisé est celui dont la constitution ou la loi reconnaissent l'existence en son sein de collectivités publiques distinctes de l'État, dotées d'une autonomie administrative et financière.

Dans un État unitaire décentralisé, cette autonomie peut bénéficier à deux sortes d'entités :

– les *collectivités territoriales*. Ainsi, l'article 72 de la Constitution française déclare : « Les collectivités territoriales de la République sont les communes, les départements, les territoires d'outre-mer. » Mais la liste n'est pas limitative car la disposition ajoute : « Toute autre collectivité territoriale est créée par la loi. » C'est ainsi que le législateur, par la loi du 2 mars 1982, a prévu que les régions deviendraient, lors de l'élection de leur conseil au suffrage universel direct, des collectivités territoriales ; ce qui est advenu le 16 mars 1986.

– les *établissements publics*. En principe, un établissement public est un service public doté de la personnalité morale et d'attributions spécialisées. Exemple : une chambre de commerce et d'industrie ou une université. Mais la notion d'établissement public a été étendue au domaine industriel et commercial. Ainsi, l'Électricité de France est un établissement public à caractère industriel et commercial.

Une fois les collectivités territoriales constituées, qu'est-ce qui les distingue des États fédérés ? Juridiquement, le fait qu'un État fédéré dispose de la plénitude de sa compétence, y compris constituante, dans la limite établie par la constitution fédérale. Ainsi le Land de Bavière est maître d'élaborer sa propre constitution ; le Texas aussi. Et l'on sait que les plus célèbres déclarations des droits américains ne sont pas celles de l'État fédéral qui résulte des dix premiers amendements apportés à la Constitution de 1787, mais celles qui précèdent la Constitution de certains États fédérés comme l'État de Virginie. En revanche, les collectivités territoriales décentralisées n'ont ordinairement de compétence que réglementaire et administrative. Parfois – c'est le cas des régions italiennes à statut particulier –, elles disposent exceptionnellement de compétences législatives. Mais c'est toujours l'État central qui détient pour elles la compétence constituante en élaborant lui-même leur propre statut. Ainsi, l'article 72 de la Constitution déclare, dans son alinéa 2 : « Ces collectivités s'administrent librement par des conseils élus et dans les conditions prévues par la loi. » C'est donc la loi qui, en France, a compétence pour définir le statut des collectivités territoriales[36]. Aller plus loin supposerait, comme cela a déjà été le cas pour certains territoires d'outre-mer, une révision de la Constitution.

Il en est de même *a fortiori* des établissements publics. Encore que ce ne soit pas toujours la loi qui ait compétence pour en fixer le statut : ce peut être un simple décret. Car, dans le cadre de la répartition des compétences établies entre le pouvoir législatif et le pouvoir réglementaire de l'État, l'article 34 de la Constitution n'impose l'intervention du Parlement que pour la création de nouvelles « catégories » d'établissements publics. Il existe cependant une exception au fait que les établissements publics ne peuvent pas élaborer eux-mêmes leur propre statut. Cette exception relève de la loi d'orientation de l'enseignement supérieur de 1968 qui, sur ce point, n'a pas été sensiblement modifiée par la loi Savary.

36. François et Yves Luchaire, *Le Droit de décentralisation, op. cit.*

Jusqu'à la Ve République, la décentralisation territoriale en France fut limitée à deux niveaux[37] :

– d'une part, la *commune,* avec la loi de 1884 qui reconnaissait au conseil municipal compétence pour « régler par ses délibérations les affaires de la commune ». Cette loi concernait les trente-huit mille communes de France qui existaient alors, héritières des vieilles paroisses, à l'exception de Paris qui, à la suite de la Commune, avait été ramenée au rang de « commune d'exception ». L'autonomie des communes instituée par la loi de 1884 était réelle puisqu'elle concernait à la fois le pouvoir délibérant exercé par le conseil municipal, et l'exécutif communal. Le conseil municipal était élu au suffrage direct par les habitants, et la municipalité, c'est-à-dire le maire et ses adjoints, au deuxième degré par le conseil municipal.

– d'autre part, en vertu de la loi de 1871, le *département* connaissait une autonomie plus réduite. Il possédait bien un pouvoir délibérant, élu au suffrage universel direct dans le cadre cantonal, exercé par le conseil général. Mais le pouvoir exécutif, c'est-à-dire l'autorité chargée de préparer et d'exécuter les délibérations du conseil général, était attribué à un agent de l'État : le préfet. Ce qui faisait du préfet un personnage ambivalent ; car, selon les cas, il agissait comme représentant de l'État dans le département, ou comme exécutif de la collectivité départementale sous le contrôle d'une commission du conseil général, appelée commission départementale. La loi du 2 mars 1982 a mis fin à cette anomalie en transférant au président du conseil général les compétences exercées par le préfet en tant qu'exécutif de l'assemblée départementale[38].

Pendant longtemps, la France n'a pas connu d'échelon territorial intermédiaire entre le département et l'État. Au

---

37. Yves Meny, *Centralisation et Décentralisation dans le débat politique français (1945-1969),* Paris, LGDJ, 1974 ; Pierre Grémion, *Le Pouvoir périphérique,* Paris, Éditions du Seuil, 1976.

38. Albert Mabileau, *Le Système local en France*, Montchrestien, « Clefs », 1991 ; Jacques Rondin, *Le Sacre des notables*, Paris, Fayard, 1985 ; Bruno Rémond, Jacques Blanc, *Les Collectivités locales*, FNSP-Dalloz, 2e éd., 1992.

regard de l'unité et de l'indivisibilité de la République, le *régionalisme* était suspect de vouloir rétablir les anciennes provinces supprimées par la Révolution française. Et la tentative entreprise par le gouvernement de Vichy pour instituer les préfets régionaux avait achevé de le classer parmi les thèmes réactionnaires.

Paradoxalement, la dimension régionale a été réhabilitée par la Ve République dans les années soixante à l'occasion de la régionalisation du plan. Considérée comme une simple circonscription destinée à faciliter l'intervention économique de l'État et la mise en œuvre de sa politique d'aménagement du territoire, la circonscription d'action régionale a d'abord servi de cadre à la planification. Deux décrets de 1964 ont institutionnalisé cette pratique en définissant les pouvoirs du préfet de région et en créant, dans chaque région, une commission de développement économique régionale associant, à titre consultatif, les représentants des élus locaux et des forces économiques et sociales régionales à l'action de l'État[39].

En écho au mouvement de contestation et de revendication qui s'est manifesté en 1968, le général de Gaulle a cru pouvoir utiliser un peu plus tard la région, après l'université, comme cadre de sa politique de participation. En même temps qu'il portait sur la transformation du Sénat, le référendum du 27 avril 1969 tendait à ériger les régions en collectivités territoriales, sans toutefois les doter d'un conseil élu au suffrage universel direct[40].

L'échec du référendum ayant entraîné le départ du général de Gaulle, Georges Pompidou soumit au Parlement un projet moins ambitieux. La loi du 5 juillet 1972 dota les régions du statut d'établissement public en même temps qu'elle limitait leur compétence en matière d'aménagement du territoire, de planification et de réalisation des équipements collectifs. L'*établissement public régional* ainsi cons-

39. *Administration traditionnelle et planification régionale,* Cahier n° 135 de la FNSP, Paris, A. Colin, 1965 ; « Régions », *Pouvoirs,* n° 19, 1981.
40. Institut d'études politiques de Grenoble, *La Réforme régionale et le Référendum du 27 avril 1969,* Paris, Cujas, 1970.

titué était géré par un conseil régional comprenant, outre les parlementaires de la région, des représentants élus par les conseils généraux et les maires des grandes villes. L'exécutif étant confié au préfet de région.

En 1981, l'une des premières décisions du gouvernement et de la majorité socialistes fut de promouvoir un projet de loi relatif aux droits et libertés des communes, des départements et des régions. La loi du 2 mars 1982 a prévu que les régions seraient érigées en collectivités territoriales et que cette mesure prendrait effet à l'occasion de l'élection au suffrage universel direct du conseil régional. Cette élection, tout d'abord prévue en même temps que les élections municipales de 1983, a eu lieu en 1986. Seule parmi les régions métropolitaines[41], la Corse est dotée par la loi d'un statut particulier. Il lui confère des attributions élargies en matière culturelle et éducative. Dans l'ensemble, les régions se voient attribuer un pouvoir d'intervention économique allant jusqu'à la possibilité d'allouer des aides indirectes aux entreprises. Et elles disposent d'un budget d'investissement important. En matière de gestion, leur compétence reste, cependant, limitée à la formation professionnelle et à l'enseignement secondaire. Et leurs services ne mobilisent encore qu'un personnel restreint.

La loi du 2 mars 1982 portant *statut spécial de la Corse* a été déférée par l'opposition au Conseil constitutionnel ; mais celui-ci ne l'a pas jugée contraire à l'unité et à l'indivisibilité de la République[42]. En revanche, saisi à nouveau du statut institué par la loi du 13 mai 1991, qui crée un exécutif collégial de six membres, il a rejeté l'expression de « peuple corse », jugée contraire à l'indivisibilité de la République. L'autonomie reconnue à la Corse est moindre que celle accordée par l'Italie à la Sardaigne et surtout à la Sicile. Elle permet à l'assemblée régionale d'adresser des

---

41. Les départements d'outre-mer ont été transformés en régions-départements et leurs électeurs désignent de façon distincte un conseil général et un conseil régional.

42. Décision du Conseil constitutionnel du 25 février 1982.

propositions de modification ou d'adaptation des dispositions législatives ou réglementaires en vigueur ou en cours d'élaboration, ainsi que des résolutions relatives aux conditions du développement économique, social et culturel de la Corse, mais elle n'institue, sur place, aucun pouvoir législatif.

En Italie, le principe de la régionalisation ne résulte pas seulement de la loi, mais de la Constitution (art. 123). Celle-ci a posé le principe de l'autonomie régionale. Et les Italiens ont commencé par créer des régions à statut particulier : d'abord la Sicile, sans attendre le vote de la Constitution de 1948, car les autonomistes siciliens risquaient de faire éclater l'unité italienne ; puis la Sardaigne et trois autres régions ; ce qui porte à cinq le nombre des régions italiennes dotées d'un statut spécial. Plus tard, en 1970, quinze régions à statut ordinaire ont été instituées. Les démocrates-chrétiens au pouvoir craignaient que ces régions ne soient dirigées par l'opposition communiste ; ils ont donc attendu vingt ans pour mettre en œuvre la régionalisation[43].

L'Espagne distingue également entre des communautés autonomes à statut spécial et des communautés à statut ordinaire. Les premières concernent la Catalogne, le Pays basque espagnol, la Galice et l'Andalousie. Mais leur singularité tient moins à l'ampleur de leurs compétences qu'au rythme auquel la Constitution les leur a accordées[44].

Il n'est pas jusqu'au Royaume-Uni qui, sous l'impulsion de Tony Blair, n'ait pratiqué récemment une politique hardie de « dévolution ». À la suite des référendums positifs de septembre 1997, ont été élus le 6 mai 1999 un parlement écossais et un quasi-parlement gallois ; et l'administration écossaise est passée sous l'autorité d'un Premier ministre élu par le Parlement d'Édimbourg. Parallèlement, un processus de paix a été engagé en vue d'accorder une autonomie

43. Claude Pallazoli, *Les Régions italiennes. Contribution à l'étude de la décentralisation,* préface de J.-L. Quermonne, Paris, LGDJ, 1964.
44. François d'Arcy, Mariano Del Alcazar, *Décentralisation en France et en Espagne,* Economica, 1986.

importante à l'Irlande du Nord, et le Conseil du Grand Londres, supprimé par Margaret Thatcher, a été rétabli[45].

En France, le problème de la décentralisation politique est déjà relancé, la question corse étant revenue au premier rang de l'actualité.

De façon générale, il est frappant d'observer la convergence qui rapproche, en Europe occidentale, les États fédéraux (Allemagne, Autriche, Belgique, Suisse) des États régionalement décentralisés (Italie, Espagne et même France et Royaume-Uni)[46]. A terme, il n'est peut-être pas exclu qu'une « Europe des régions » puisse en résulter, qui conduise à l'établissement de trois niveaux politiques articulés autour du principe de subsidiarité : la région, l'État et l'Union européenne. Le traité de Maastricht est une modeste étape sur cette voie.

45. Patrick Le Galès, « Dévolution à tous les étages » *in* « Le Royaume-Uni de Tony Blair », *Pouvoirs*, n° 93, p. 67-86.
46. [...] Patrick Le Galès, Christian Leguesne, *Les Paradoxes des régions en Europe*, La Découverte, 1997.

3

L'État
comme organisation et comme symbole

Rares sont les études consacrées à la nature de l'État. L'État comme idée a donné lieu à la réflexion des historiens et des philosophes ; l'opposition entre l'État-gendarme et l'État-providence a retenu l'attention des sociologues et des économistes ; la souveraineté a fait le bonheur des juristes. Et l'analyse systémique a passé au crible les *inputs* et les *outputs* qui se pressent à l'entrée et à la sortie de sa « boîte noire ».

Mais l'investigation de cette boîte noire a été négligée. Or, c'est en observant les acteurs et les structures qu'elle recèle que juristes, sociologues et politistes en dévoilent progressivement certains traits. Ils montrent qu'elle n'est pas une « boîte vide », mais que les rapports de pouvoir qui s'établissent en son sein permettent d'analyser l'État comme une *organisation*. Qu'on qualifie ses composantes de services publics (Duguit écrivait déjà au début du siècle que l'État est « un faisceau de services publics »), de bureaucraties ou d'appareils, peu importe la dénomination. Le contenu de l'État révèle l'existence d'un *holding* aux sous-ensembles diversifiés.

Mais, dans sa globalité, l'État est également perçu par ses sujets comme un *symbole*. Et c'est peut-être ce qui le différencie d'autres organisations. Il relève du domaine des valeurs. Aussi, après avoir esquissé un rapide inventaire de ses composantes, tentera-t-on d'analyser deux de ses symboles : la Couronne et la République.

1. L'État comme organisation : un bref inventaire

En marge des systèmes de partis, qui relèvent davantage de la société civile, l'État recèle donc de nombreuses composantes. Leur analyse relève d'un autre livre[47]. On ne pourra, à travers quelques exemples, en donner ici qu'un aperçu sommaire.

1. L'*administration publique*. Elle aussi est diverse et, par son ampleur (en personnels et en services), dépasse de loin le rôle des autres composantes. Sans prétendre en présenter une investigation complète, on évoquera seulement quelques-uns de ses éléments[48] :
– on distingue traditionnellement les *administrations centrales* des *services extérieurs* ; les premières existent dans tous les pays et forment la configuration des ministères à la tête desquels sont placés les membres du gouvernement ; les seconds sont liés à l'existence d'un État déconcentré dont ils quadrillent le territoire au niveau local ou régional ; en France, avant 1982, le système préfectoral en a constitué le prototype ;
– dans les années soixante, Edgard Pisani a tenté d'opposer les *administrations de gestion* aux *administrations de mission* ; tandis que les premières assurent le fonctionnement régulier des services publics, les secondes, plus légères et de nature polyvalente, sont censées assumer, depuis l'apparition aux États-Unis de la *Tennessee Valley Authority*, des tâches de développement et d'aménagement ; le commissariat au Plan et la Délégation à l'amé-

---

47. Jean-Louis Quermonne, *L'Appareil administratif de l'État*, Paris, Seuil, « Points Politique », 1991.
48. Pour une analyse plus approfondie des appareils bureaucratiques de l'État : Jean-Luc Bodiguel, Jean-Louis Quermonne, *La Haute Fonction publique sous la Ve République, op. cit.*, chap. III, p. 140-211 ; Henri Oberdoff, *Les Institutions administratives*, « Cursus », A. Colin, 1998.

nagement du territoire en ont été, en France, la principale illustration ;

– nous avons nous-mêmes proposé d'ajouter à ces deux « idéaux types » l'*administration de contrôle*, dont les inspections générales et les cours des comptes offrent l'exemple, et l'*administration d'état-major*, issue de l'expérience des cabinets ministériels. Celle-ci nous est apparue caractérisée par trois traits : elle s'exerce au sommet de l'État, assistant ses principaux décideurs ; elle ne coïncide avec aucun corps de fonctionnaires, mais fait appel à plusieurs ; elle prospère aux confins de l'administration et de la politique. En outre, dans les pays où ils existent, les « grands corps de l'État » disposent, à la fois, de la continuité qui les enracine dans la tradition historique et de la légitimité qu'ils tirent de la compétence professionnelle de leurs membres [49].

2. Des autres composantes de l'État, l'*armée* est l'une des plus anciennes. Elle n'a pas donné lieu à de nombreuses études de science politique. Pourtant, là même où la défense nationale n'en conditionne pas l'existence – comme en Amérique latine ou dans certains pays d'Afrique –, elle est un des piliers de l'État et constitue, trop souvent, un obstacle à la démocratie (de décembre 1960 à mai 1980 : quarante coups d'État réussis en Afrique).

La démocratie occidentale émet à son sujet une pétition de principe : la subordination de l'autorité militaire au pouvoir civil. D'où les prérogatives accordées au chef de l'État et au Premier ministre. La Constitution française de 1958 confère au président de la République les fonctions de « chef des armées » et de président du Conseil supérieur de la défense nationale et du Conseil de défense (article 15). Et le décret du 14 janvier 1964 lui donne compétence pour décider éventuellement de l'emploi des forces stratégiques de dissuasion.

49. Marie-Christine Kessler, *Les Grands Corps de l'État,* Paris, FNSP, 1986.

Ainsi, le 18 août 1985, le président Mitterrand a-t-il demandé au Premier ministre de transmettre au ministre de la Défense une directive aux forces armées réitérant « l'ordre donné [...] d'interdire, au besoin par la force, toute entrée non autorisée dans les eaux territoriales françaises et l'espace aérien français des atolls polynésiens du secteur de Mururoa et Fangataufa ».

Quant au Premier ministre, la Constitution ajoute qu'il est « responsable de la défense nationale » (art. 21), le gouvernement disposant constitutionnellement de la force armée (art. 20).

Aux États-Unis, une institution particulière a été créée en 1947, dans le cadre de l'*Executive Office*, pour conseiller le président en matière de défense : le Conseil national de sécurité. « Il est composé de façon à prendre en considération les points de vue des départements ministériels intéressés. Ses membres de droit sont le président, le vice-président, le secrétaire d'État, le secrétaire à la Défense, le directeur de la CIA, le président du Comité des chefs d'état-major, le directeur du bureau de mobilisation. Le président peut y inviter toute autre personne dont l'avis lui semble indispensable[50]. »

Malgré ces précautions, la subordination de l'autorité militaire au pouvoir civil n'a pas toujours été sans à-coups. En France, en 1954, les incartades du maréchal Juin ont amené le gouvernement à le démettre provisoirement de ses fonctions. Sous la Ve République, le putsch des généraux Challe, Jouhaud, Salan et Zeller a conduit le général de Gaulle à faire application de l'article 16. Et ses successeurs ont tous fait prévaloir leur autorité sur les états-majors militaires[51]. Aux États-Unis, le président Truman fut obligé de relever le général MacArthur de son commandement pour éviter l'extension de la guerre de Corée à la Chine communiste.

---

50. Samy Cohen, *Les Conseillers du président*, Paris, PUF, « Politique aujourd'hui », 1980, p. 17.
51. Samy Cohen, *La Défaite des généraux*, Paris, Fayard, 1994.

A l'inverse, le corps des officiers a parfois fourni à l'État démocratique une partie de son personnel politique. Citons l'exemple du général de Gaulle en France et celui du général Eisenhower aux États-Unis.

3. La *justice* constitue un troisième type d'appareil, propre à l'État régalien. Attribut à l'origine de la monarchie absolue, la fonction juridictionnelle a pris son indépendance avec l'avènement de la démocratie. Mais, si la République a substitué en France le système de la « justice déléguée » à celui de la « justice retenue », elle a maintenu la magistrature au rang d'une simple « autorité », sans l'ériger, comme aux États-Unis, en « pouvoir ». On a rappelé, dans la deuxième partie de ce livre, les raisons historiques qui ont conduit certaines démocraties à respecter l'unité de juridiction et d'autres à instaurer la dualité.

4. La *police* offre un quatrième exemple d'appareil étatique. Si la démocratie exclut naturellement toute police politique, elle distingue généralement la *police administrative*, chargée d'assurer la tranquillité, la salubrité et l'ordre publics, de la *police judiciaire*, qui a pour mission de constater les infractions, d'en rassembler les preuves et d'en rechercher les auteurs.

Mais la lutte contre l'espionnage et la défense de la sécurité intérieure et extérieure de l'État ont conduit la plupart des démocraties occidentales à se doter de « services spéciaux » qui, lorsqu'ils disposent d'une autonomie excessive, peuvent désobéir aux autorités gouvernementales. Le rôle du SDEC en France ne fut jamais clairement élucidé en 1965 lors de l'affaire Ben Barka ; et saura-t-on jamais la part exacte prise par la DGSE dans l'affaire du *Rainbow-Warrior* ? Aux États-Unis, la CIA donne souvent lieu à critique dans la presse et de la part des membres du Congrès. La lutte antiterroriste elle-même peut devenir, dans certains cas, une affaire d'État. Et sous des gouvernements faibles, comme sous la IIIe République lors de l'émeute du 6 février 1934, la police a pu menacer le régime. Sans aller jusque-là, son usage répressif peut provoquer, comme en Grande-Bretagne à la suite de la grève des mineurs de 1984, une dégradation de l'image protectrice qu'elle se doit de refléter[52].

5. Enfin, l'organisation de l'information et de la communication – aujourd'hui les _médias_ – forme l'un des éléments constitutifs de ce qu'Althusser appelait les « appareils idéologiques d'État ». Pendant longtemps, la liberté de la presse fut un dogme de la démocratie occidentale. Mais la guerre, en rétablissant la censure, puis le processus de concentration dont elle a été l'objet en ont fait un enjeu du pouvoir. Et la promotion de l'audiovisuel a fait le reste.

Certains pays, comme la Grande-Bretagne en créant la BBC, ont fourni un réel effort pour rendre la radio et la télévision autonomes. En revanche, la république gaullienne, à travers la RTF puis l'ORTF, en a surveillé de près le fonctionnement au point que l'ancien ministre Alain Peyrefitte raconte que, lorsqu'il succéda le 15 avril 1962 à Christian de La Malène, son prédécesseur lui montra sur le bureau ministériel une batterie de boutons de sonnette : « Celui-ci c'est pour faire venir l'huissier, cet autre votre chef de cabinet, et ceux-là le directeur de la RTF, le directeur des journaux parlés et télévisés, le directeur des programmes de la télévision, le directeur des programmes de la radio [...]. Tous les jours, vers cinq heures, vous les appellerez pour arrêter les grandes lignes du journal du soir [...]. Vous pourrez ainsi à tout moment leur donner des instructions par le téléphone intérieur[53]. »

Heureusement, la loi de 1974 démantelant l'ORTF et instituant la concurrence des trois chaînes, et celles de 1981 et 1982 instituant la Haute Autorité et dérogeant au monopole

---

52. J.-J. Gleizal, S. Gatti-Domenach, C. Journès, _La Police, le cas des démocraties occidentales_, Paris, PUF, « Thémis », 1993.
53. Alain Peyrefitte, _Le Mal français_, Paris, Plon, 1976, p. 69.

pour les radios privées locales, ont fait passer un souffle de liberté. Mais les habitudes prises sont longues à disparaître. Et malgré l'action pionnière d'un homme comme Pierre Desgraupes, il aura fallu d'autres efforts pour que l'audiovisuel soit débarrassé de l'emprise de l'État[54].

Ce « bref inventaire » laisse naturellement de côté beaucoup d'autres services publics, administratifs, culturels ou industriels qui témoignent de l'étendue du « secteur public » dans la plupart des démocraties occidentales. Et les exemples choisis n'ont que valeur de spécimen. Ils suffisent cependant à démontrer le caractère « impérial » de l'État comme organisation. Ils montrent que, de l'État-gendarme à l'État-entrepreneur, la palette est vaste. Aussi, aux États-Unis comme en France, les partisans d'une politique de « privatisation » ont-ils eu fort à faire pour promouvoir un « État-minimum ».

2. L'État comme symbole : deux illustrations

La recherche historique est précieuse à la science politique. Après avoir situé l'origine de l'État occidental à la sortie du Moyen Age, la voilà qui s'efforce de valoriser, aujourd'hui, la signification symbolique de celui-ci dans la mémoire des peuples. Or, si le premier signe à inscrire parmi les lieux de mémoire est incontestablement la Couronne, le seul qui lui ait réellement disputé avec succès le long monopole dont elle a disposé est la République. On les étudiera, par conséquent, l'un après l'autre.

1. L'allégeance à la Couronne

« Les émissions consacrées à la famille royale dans les cinq dernières années battent régulièrement tous les records

---

54. Francis Balle, *Médias et Société,* Paris, Montchrestien, 1985 ; Roland Cayrol, *La Presse écrite et audiovisuelle,* Paris, PUF, 1973.

d'audience. Une interview de la princesse Ann et du capitaine Mark Phillips en novembre 1973, juste avant leur mariage [...] a été suivie par plus de 23 millions de Britanniques. Les cérémonies mêmes du mariage princier ont été regardées par 28 millions de personnes bien qu'elles aient eu lieu un jour de semaine et le matin [...]. Quatre ans plus tard, la couverture par la télévision des principales cérémonies du Jubilé d'argent de la reine Élisabeth II rencontre le même succès populaire[55]. »

De ce constat, dressé par Monica Charlot, l'auteur rapproche ce jugement porté un siècle plus tôt par Bagehot : « Rien ne pouvait sembler plus enfantin que l'enthousiasme des Anglais au mariage du prince de Galles [...]. Une famille royale adoucit la politique en y ajoutant régulièrement le faste et la ferveur. Elle introduit dans les affaires du pouvoir des faits sans rapport, mais des faits qui font vibrer les hommes[56]. » Et Monica Charlot de constater que la télévision a encore renforcé les attitudes déjà favorables des Britanniques à l'égard de la monarchie. « C'est ce que montre, en tout cas, la double enquête de la BBC réalisée en 1977 avant et après les cérémonies du Jubilé. En mars 1977, avant le Jubilé, 82 % des Britanniques estiment la monarchie "utile", 87 % souhaitent l'existence d'un monarque. Après la retransmission, ces pourcentages déjà très élevés sont encore accrus. Toutes les évolutions de l'opinion vont d'ailleurs dans le même sens : les pourcentages des Britanniques qui trouvent la monarchie "pertinente", "utile" et "nécessaire" augmentent, les indécis ayant passé au soutien, et, surtout, des contestataires de la monarchie ayant viré de bord – notamment chez les jeunes de 15 à 24 ans et les étudiants. On en vient même à prêter au monarque un surcroît de pouvoir : avant le Jubilé télévisé, un quart seulement des Britanniques l'estiment "puissant", après, cette proportion s'élève à un tiers[57]. »

55. Monica Charlot, *L'Angleterre, cette inconnue*, Paris, A. Colin 1980, p. 247 ; Claude Journès, *L'État britannique*, Paris, Publisud, 1985. 2ᵉ éd., 1994.
56. Walter Bagehot, *La Constitution britannique*, 1867, p. 85-86.
57. Monica Charlot, *L'Angleterre, cette inconnue, op. cit.*, p. 248.

Malgré le déclin des institutions sociales victoriennes, la Couronne a réussi, à travers l'évolution politique profonde qu'a traversée la Grande-Bretagne en un siècle, à conserver un rôle fondamental en s'épurant politiquement pour s'identifier à l'État. Certes, elle a perdu toute capacité de décision politique dans l'exercice du pouvoir au profit successivement de la Chambre des communes, du cabinet et du Premier ministre. Mais, comme l'écrit Albert Mabileau, « la monarchie est toujours un symbole extrêmement vivace, autour duquel se regroupent la plus grande partie des individus[58] ».

Et un auteur, peu suspect de sympathie pour elle, reconnaît que « la monarchie est plus visible que jamais. En effet, elle reste proche de la population par des événements familiaux comparables à ceux d'une autre famille. Elle s'est ainsi parfaitement adaptée à l'ère des médias… Car la fonction de monarque exige avant tout d'être visible : il est d'abord le *symbole physique de l'État*, de la communauté nationale. Malgré les péripéties de la famille royale, l'État britannique en porte encore la marque : les institutions ne sont ni publiques ni nationales, comme en France, mais royales. Marx disait avec ironie que seule la dette publique était nationale en Angleterre. Ainsi, l'effigie royale est reproduite sur les timbres et les pièces de monnaie, l'hymne national est adressé au souverain[59] ».

Le Royaume-Uni n'est pas le seul pays, parmi les démocraties occidentales, à identifier l'État à la Couronne. Belgique, Pays-Bas, Luxembourg, Danemark, Suède, Norvège et, à nouveau, l'Espagne s'inscrivent, à des degrés divers, dans ce même courant. Ailleurs, il n'a trouvé d'alternative que dans la République.

---

58. *Encyclopaedia Universalis*, 1985, p. 835.
59. Claude Journès, *L'État britannique, op. cit.*, p. 233 ; c'est nous qui soulignons.

2. L'image de la République

« On l'a aimée, on s'est battu pour elle et, quand on la savait insuffisante, on la croyait perfectible. Les dévouements les plus généreux qu'elle suscita ont été souvent obscurs et silencieux à l'exemple de ces instituteurs qui faisaient de l'éducation des enfants du peuple une mission sacrée[60]. » Cette « religion véritable de la République » témoigne de la ferveur qu'elle suscita à son « âge d'or ».

Sans doute n'en a-t-il pas toujours été ainsi. L'époque au cours de laquelle la République a acquis sa légitimité s'échelonne en effet de *1879* à *1919*. Claude Nicolet peut justement écrire : « C'est sous la IIIe République que ce que j'ai appelé "la tradition républicaine" a trouvé son expression la plus complète. Sur le plan des institutions et du droit constitutionnel en premier lieu, parce que la durée – pour certains surprenante et inattendue – du régime inauguré en 1870 et précisé par les lois constitutionnelles de février 1875 a permis aux théoriciens et aux praticiens du droit de se faire et d'exposer de façon systématique une opinion qui, pour les désapprouver ou les approuver, rendait compte, au vu de l'expérience, des principes et de la pratique d'un régime républicain [...]. D'autre part, la IIIe République est le premier régime, dans l'histoire de France, qui ait toléré ou assuré la plus totale liberté intellectuelle ; mieux [...] qui ait fait de cette liberté à la fois la condition et le but de son existence[61]. » Et Pierre Nora peut ajouter, comme en écho, qu'il est légitime « de mettre l'accent sur la troisième des républiques, la vraie sinon la seule pour tous les Français, et particulièrement sur sa période fondatrice, qui se dote d'une véritable stratégie de la mémoire, au détriment de deux autres cibles : en amont, la période révolutionnaire, en aval, celle qui va du Front populaire à la Résistance. Légitime

60. Jean-Pierre Azema, Michel Winock, *La IIIe République, op. cit.,* p. 10.
61. Claude Nicolet, *L'Idée républicaine en France, op. cit.,* p. 38-39.

encore d'insister, en son cœur, sur les instruments de sa pédagogie, puisque la République tout entière est un apprentissage et que son histoire est celle d'une acculturation[62] ».

Cette tradition, le général de Gaulle s'efforcera en 1944 de la respecter : « La République ! il fut un temps où elle était reniée, trahie par les partis eux-mêmes. Alors moi, j'ai redressé ses armes, ses lois, son nom. J'ai fait la guerre pour obtenir la victoire de la France et je me suis arrangé de telle sorte que ce soit aussi la victoire de la République. Je l'ai fait avec tous ceux, sans aucune exception, qui ont voulu se joindre à moi. A leur tête, j'ai rétabli la République chez elle [...][63]. »

Et, malgré les origines du régime et les doutes qu'il suscita longtemps chez les dénonciateurs du « coup d'État permanent », c'est encore elle qui sortira affermie de l'instauration de la Ve République : « Ni la philosophie sociale ni l'idéologie politique n'ont été atteintes », écrit dès 1959 Georges Burdeau. « De cette continuité, le préambule de la Constitution [...] apporte un témoignage officiel en affirmant tous ensemble les principes de 1789 et de 1946[64]. »

Or, la sémantique nous apprend que la République est synonyme de l'État : « Dans le discours savant, République veut tout simplement dire État, organisation politique, chez Bodin par exemple[65]. » Et le sens du mot République, c'est-à-dire celui d'État ou de Constitution, se prolongera jusqu'au milieu du XIXe siècle. « République française, Napoléon empereur » : des devises monétaires de 1805 l'attestent encore.

Sans doute est-ce cette ambiguïté qui a conduit de Gaulle à osciller parfois entre la République et la monarchie. La publication de sa correspondance et de ses entretiens avec le

62. Pierre Nora (éd.), *Les Lieux de mémoire*, Paris, Gallimard, 1985, t. I, « La République », p. IX.

63. Conférence de presse tenue au palais d'Orsay, le 19 mai 1958.

64. Georges Burdeau, « La conception du pouvoir selon la Constitution du 4 octobre 1958 », *Revue française de science politique*, vol. 9, n° 1, 1959, p. 87.

65. Claude Nicolet, *L'Idée républicaine en France, op. cit.*, p. 24.

comte de Paris[66] témoigne de cette hésitation, manifestée à la veille de la première élection présidentielle au suffrage universel, à laisser tenter sa chance au prétendant à la couronne de France ou, en se présentant lui-même, à laisser plus tard la voie libre à Georges Pompidou. Or c'est cette deuxième option qui permettra au second président de la Vᵉ République, non seulement de maintenir la République, mais encore de réintégrer le régime instauré en 1958 dans le cycle républicain et, finalement, de préserver le pouvoir d'État plus sûrement que s'il était tombé entre les mains d'un prince incertain.

Car, dans l'esprit de la majorité des Français, la République a pris une autre résonance. « La République, écrit Claude Nicolet, emprunte au sacré, voire au divin ses mots et peut-être plus que ses mots. Ce n'est pour surprendre ni les républicains ni les historiens. A toute une lignée des premiers, l'Être suprême a longtemps paru nécessaire. Ceux-là mêmes qui ont nié et détrôné Dieu ont voulu – c'est bien connu – instaurer un "culte" révolutionnaire, utiliser au profit de la République les signes extérieurs d'un rituel. Pour d'autres, la République elle-même, sous la double espèce de la Patrie puis de l'Humanité, devient le sacré lui-même[67]. » C'est-à-dire, conclurons-nous, un _symbole_[68]. Dans l'atmosphère de crise de la représentation où baigne cette fin de siècle, les symboles sont redevenus les points de repère à la recherche desquels les peuples se mobilisèrent. D'où l'importance de la politique symbolique, « quelque chose, écrit Lucien Sfez, qui n'est pas à l'opposé de la représentation, mais qui fait partie du système et sans qui aucune représentation ne serait possible[69] ».

---

66. Comte de Paris, général de Gaulle, _Dialogue sur la France_, Paris, Fayard, 1994.

67. Claude Nicolet, _op. cit._, p. 498.

68. Lucien Sfez, _L'Enfer et le Paradis,_ Paris, PUF, 1978, 2ᵉ partie, « L'administration du symbole ».

69. Lucien Sfez, _La Politique symbolique_, PUF, « Quadrige », 1993, p. 11.

4

L'État partisan et le pouvoir d'État

Organisation et symbole, l'État n'est-il qu'un instrument, un mythe, ou est-il également doté d'un pouvoir ? La question est d'autant plus importante que la réponse apportée par le système soviétique fut dépourvue d'ambiguïté. L'État, théoriquement destiné à dépérir, n'est qu'un appareil au service du parti unique. L'article 5 de la Constitution de l'URSS de 1977 s'en explique[70]. Le pouvoir d'État y apparaît sous les traits d'un « pouvoir confisqué[71] ».

Dans les démocraties occidentales, très souvent, le pouvoir appartient aussi aux partis qui accèdent au parlement et au gouvernement parce qu'ils coopèrent, selon l'article 24 de la Loi fondamentale allemande, « à la formation de la volonté du peuple ». Mais, en marge des partis, l'État lui-même peut-il être source de pouvoir ?

Le pouvoir est, pour l'immense majorité des auteurs, l'objet central de la politique. Et le pouvoir politique est généralement défini, à la suite de Weber, comme le monopole de la contrainte légitime. Parallèlement, David Easton le considère comme un système autoritaire d'allocation des valeurs. L'une des contributions les plus pertinentes à sa

70. L'article 5 est ainsi rédigé : « Le parti communiste de l'Union soviétique est la force qui dirige et oriente la société soviétique ; il est le noyau de son système politique, des organisations d'État et des organisations sociales [...] »

71. Hélène Carrère d'Encausse, *Le Pouvoir confisqué*, Paris, Flammarion, 1980.

compréhension est due à l'économiste américain Galbraith. Il existe, selon lui, trois instruments privilégiés de pouvoir : la dissuasion, la rétribution et la persuasion. Or, « ces trois procédés d'exercice du pouvoir découlent de trois sources […]. Ces trois sources sont la personnalité, la propriété (y compris, bien entendu, le revenu disponible) et l'organisation ». Et l'auteur ajoute que « l'organisation, principale source du pouvoir dans les sociétés modernes, entretient une relation privilégiée avec le pouvoir persuasif[72] ».

Mais la préoccupation majeure de Galbraith, fondée, naturellement, sur l'observation de ce qui se passe aux États-Unis, tient à la double concentration du pouvoir industriel et du pouvoir militaire. Or, face à cette hégémonie, que représente réellement la force des partis[73] ?

S'agissant des démocraties occidentales, deux interprétations président à la réflexion sur la localisation du pouvoir. Juridiquement, elles s'accordent à considérer l'État comme son siège. Mais, sociologiquement, elles diffèrent fondamentalement.

Selon la première interprétation, le pouvoir politique serait occupé par les partis ; l'État ne serait pour eux qu'un instrument et l'administration un outil. Cette interprétation domine à l'heure actuelle l'analyse des régimes politiques fondée sur la prise en considération des systèmes de partis. Elle explique assez correctement le fonctionnement des régimes parlementaires ; et Maurice Duverger l'a étendue à la compréhension des régimes semi-présidentiels[74].

Mais d'après une seconde interprétation, resurgie à l'initiative de Georges Burdeau, l'État ne serait pas seulement un cadre vide laissé à la discrétion de l'alternance ou de la coalition des partis. La Constitution française de 1958, notamment, l'aurait rétabli « au rang des forces animatrices de la vie politique ». Et, à condition de disposer d'un titulaire

---

72. John Kenneth Galbraith, *Anatomie du pouvoir*, Paris, Éditions du Seuil, 1985, p. 15.
73. *Ibid.*, p. 166.
74. Maurice Duverger, *Échec au Roi, op. cit.*

légitimé par le suffrage universel, il pourrait redevenir, comme au temps de la monarchie, la source principale du pouvoir ; ce qui fournirait un meilleur principe d'explication des régimes à dominante présidentielle.

La première hypothèse se résume dans la formule de l'État-instrument ; et elle débouche sur ce que l'on peut appeler : l'État partisan. La seconde hypothèse accorde plus d'importance aux institutions et conduit à reconnaître l'autonomie du pouvoir d'État. Analysons sommairement l'une et l'autre.

1. L'État comme instrument ou l'État partisan

Considéré comme un instrument du pouvoir, l'État occidental apparaît comme un ensemble d'organisations et de réglementations de plus en plus complexes. Mais, si elles donnent, comme on l'a observé dans le chapitre précédent, un contenu à l'État, elles ne le dotent pas d'un maître. Ce maître, désigné par le suffrage universel, est formé du parti majoritaire, du parti dominant ou de la coalition des partis au pouvoir. D'où l'importance que revêt, selon cette analyse, la prise en compte du système de partis pour expliquer le fonctionnement d'un régime démocratique déterminé.

Le système de partis devient alors la source du pouvoir. Et l'arbitrage populaire intervenu au soir d'élections disputées légitime la formation ou les formations politiques qui ont réussi à placer le plus grand nombre de députés au sein de l'assemblée élective du Parlement. Le cas échéant, si le chef de l'État est également élu au suffrage universel direct, la majorité présidentielle devient aussi un enjeu pour les partis. Et tout parti de gouvernement doit pouvoir disposer en permanence d'un ou plusieurs candidats présidentiables.

Certes, la manière dont chaque parti politique conçoit la pratique du pouvoir n'est pas indifférente ; elle n'est d'ailleurs pas neutre. Et chacun garde en mémoire la distinction que Léon Blum avait établie en 1936 entre les deux options qui s'offraient au parti socialiste : l'occupation ou l'exercice du pouvoir[75]. Au-delà de ce débat théorique, chacun sait aujourd'hui que la latitude d'action que réserve à la majorité victorieuse le contrôle de l'appareil d'État et des services publics est toujours limitée[76], même si, entre la politique de Mrs. Thatcher et le « modèle suédois », la distance séparant les politiques publiques semble respectable.

1. Le parti apparaît cependant comme *un rouage indispensable au bon fonctionnement de la démocratie occidentale*. Et la démocratie est d'autant plus forte que les partis le seront. A cette condition, ils pourront disposer du quasi-monopole du pouvoir politique ; et, quand ils ne l'exerceront pas, ils trouveront place, en réserve, dans l'opposition. Bien que les constitutions en traitent peu, ils sont les acteurs majeurs de la vie politique et sont comptables de la légitimité du régime. Il en résulte ce que les Allemands appellent le *Parteienstaat*, l'État de partis. D'où l'importance que revêt, en République fédérale d'Allemagne, le problème de leur financement[77].

« Sur cette base, écrit Alfred Grosser, l'article premier de la loi allemande de 1967 attribue un champ d'action si vaste, si exceptionnel dans les textes régissant les démocraties pluralistes, que la notion de *Parteienstaat* découle tout naturellement de sa lecture, avec un risque considérable. Au cas où les partis se discréditeraient collectivement, ne passeraient-ils pas pour se partager l'abusif monopole du pouvoir qu'exerce ailleurs un parti unique ? Non que l'alinéa 1 de l'article premier soit contestable : les partis sont un élément constitutif, nécessaire en droit constitutionnel, de l'ordre fondamental démocratique et libéral [...]. La plupart

75. René Rémond, Pierre Renouvin (dir.), *Léon Blum, chef de gouvernement*, Paris, FNSP, « Références », 1982.
76. Léo Hamon, « La latitude d'action des catégories dirigeantes : réalités et limites », *Revue française de science politique*, vol. 15, n° 5, 1965, p. 904.
77. Klaus von Beyme, *The Political System of the Federal Republic of Germany*, Gower, 1983, chap. IV, « The party system », p. 47-80.

des neuf précisions de l'alinéa suivant se bornent également
à énoncer des évidences. Mais plusieurs, en particulier
l'avant-dernier [...], leur confèrent une sorte d'omniprésence que les constituants français de la Ve République ont
voulu écarter afin d'éviter toute confusion entre les fonctions des partis et les responsabilités propres aux pouvoirs
institutionnels[78]. »

Sans avoir jamais poussé aussi loin le souci de l'expliciter dans les textes, les démocraties anglo-saxonnes ne diffèrent pas, dans la pratique, de cette conception. Le choix effectif du Premier ministre et le statut de l'opposition en
Grande-Bretagne mettent en évidence le rôle primordial
occupé par les partis. Et l'organisation des élections aux
États-Unis, notamment à l'occasion des primaires, illustre la
confusion qui existe partiellement entre les partis et les pouvoirs publics.

Si, en théorie, surtout dans un premier stade, la
IIIe République n'a jamais admis un tel amalgame, la
IVe République, fruit du tripartisme, fut, dans l'intention de
ses « pères fondateurs », un régime de partis. Le général de
Gaulle ne s'y trompa pas. Mais il manqua aux partis d'être
assez forts et assez implantés dans la société civile pour
jouer le rôle qui leur avait été assigné. Plus qu'aucun autre
système, l'État de partis implique aussi l'existence entre eux
d'un certain consensus[79]. Aussi la rupture, intervenue en
mai 1947, du parti communiste et des partis de gouvernement consommait-elle en France la ruine de l'édifice ébauché. D'une façon plus générale, on peut se demander si la
société française, dont si peu de membres adhèrent aux partis politiques, est adaptée à une telle architecture politique.
Mieux que quiconque, Stanley Hoffmann a posé la question : « Les gouvernés : la contestation permanente ? » Ce

---

78. Alfred Grosser, *L'Allemagne en Occident, op. cit.*, p. 146.
79. C'est ainsi qu'en République fédérale d'Allemagne ils s'entendent
sur la composition du Tribunal constitutionnel de Karlsruhe et qu'ils se sont
toujours accordés sur les révisions subies par la Loi fondamentale ; c'est également dans cet esprit qu'ils se sont prêtés, de 1966 à 1969, à la cohabitation
dans le cadre de la « grande coalition » . (cf. von Beyme, *op. cit.*).

titre évocateur donné à l'un des chapitres des *Essais sur la France* montre assez que l'un des meilleurs connaisseurs de notre pays doute de la capacité de nos concitoyens à s'auto-gérer à travers les forces issues de la société civile, sans recourir à l'État[80]. Les sondages les plus récents continuent à témoigner du faible attachement des Français pour les partis politiques[81].

2. Ainsi, les systèmes de partis sont apparus aux observateurs politiques comme un *facteur prioritaire d'explication des régimes politiques*. Certes, la pratique du bipartisme en Grande-Bretagne et dans une moindre mesure aux États-Unis, le bipartisme à deux partis et demi à l'allemande et le pluripartisme italien, contribuent, chacun à sa façon, à placer les partis au premier rang des acteurs politiques ; et leur éclat a terni quelque peu dans ces pays celui des institutions. Mais, même en France, Maurice Duverger a fait prévaloir la référence au système de partis sur les institutions pour expliquer la Ve République[82].

Il n'est pas moins vrai que les systèmes de partis sont fragiles. Ils ne survivent souvent, comme en Grande-Bretagne, qu'à l'aide d'un mode de scrutin déformant. En Allemagne fédérale, ils s'inscrivent dans un ordre constitutionnel dont le poids a transformé la Cour de Karlsruhe en « pouvoir neutre », au sens où Benjamin Constant appliquait cette expression au chef de l'État. Aux États-Unis, auraient-ils la capacité d'assumer la charge d'un véritable « empire » sans un régime présidentiel qui fait la part belle aux institutions et à l'administration ?

Certes, pendant longtemps, en Occident, les « démocraties qui fonctionnent » ont tiré davantage leur énergie des

---

80. Stanley Hoffmann, « Essais sur la France », Paris, Éditions du Seuil, *Esprit*, 1974, p. 160 et suiv.

81. Pierre Bréchon, *Les Partis politiques*, *op. cit.*

82. Maurice Duverger, *La République des citoyens*, *op. cit.*, chap. VII, « Le pouvoir majoritaire », p. 145-164.

forces politiques que de l'État. « La cause en est, écrivait Georges Lavau en 1963, que, prises dans leur ensemble, ces sociétés occidentales, au moins relativement, sont contentes. Bien que très insuffisamment informés – et pas très curieux –, les hommes en savent cependant assez sur l'Asie, sur l'Afrique, sur l'Amérique latine et sur *le propre passé récent de l'Occident* pour deviner confusément que des formules telles que prolétariat, damnés de la terre ne peuvent plus déterminer leurs conduites concrètes. Certes, il y a encore quelques objectifs à conquérir (mais on aperçoit les délais et les contrecoups…), mais il y a surtout *tant de choses à conserver et à assurer*, et ici on sait bien que les risques de reprise par l'adversaire sont relativement limités[83]. » Or, trente ans après, la crise a produit ses ravages ; et même si, politiquement, ceux-ci se manifestent à retardement, ils atteignent la croyance en la vertu des partis. En France, en tout cas, cette conjoncture confirme, en les amplifiant, les réticences des citoyens à leur encontre[84]. Et il n'est peut-être pas inutile que, même là où elle avait été reléguée au second rang, subsiste partout la faculté du recours à l'État. En cas de crise politique grave, on peut penser que l'État peut offrir une « réserve de puissance » que le système de partis ne serait plus en mesure de fournir. La France a fait à deux reprises l'amère expérience de cette nécessité, par des voies différentes, en 1940 et en 1958. Peut-être parce que, plus que d'autres pays, elle a éprouvé la faiblesse du pouvoir partisan.

---

83. Georges Lavau *et al.*, *Démocratie aujourd'hui*, Paris, Spes, 1963, p. 180.

84. La méfiance des citoyens à l'égard des hommes politiques, donc des hommes de partis, s'est rarement manifestée de manière aussi brutale qu'à l'occasion d'une enquête effectuée du 22 au 29 août 1984 par la SOFRES pour *Le Monde*. Aux termes de cette enquête, à la question : D'une façon générale, estimez-vous que les hommes politiques disent la vérité ? 82 % des enquêtés ont répondu : non, plutôt pas, contre 10 % plutôt oui et 8 % sans opinion ; SOFRES, *Opinion publique, 1984, op. cit.*, p. 18.

2. L'État comme pouvoir ou le pouvoir d'État

Cherchant à dégager la conception du pouvoir que contenait la Constitution qui venait à peine d'être adoptée, Georges Burdeau écrivait en 1959 : « Le trait essentiel de la Constitution de 1958 réside dans le rétablissement de l'État au rang des forces animatrices de la vie politique. Cet État [...] nous le voyons soudain reparaître, non plus comme un symbole ou une allégorie, mais comme une puissance armée pour l'action[85]. »

Ce texte, devenu classique, évoque d'abord l'idée de « puissance d'État ». Cette idée avait été utilisée par Carré de Malberg pour illustrer, sous la IIIe République, l'autorité singulière qui s'attache aux pouvoirs publics chaque fois qu'ils exercent leurs compétences au nom de l'État[86]. Car, dans un pays comme la France, pétri d'État, il semblait impossible de borner son existence à une organisation et à un symbole placés, au gré des circonstances, entre les mains d'un gouvernement partisan. Or, s'il était déjà le lieu d'une puissance sous un régime faible, pourquoi l'État ne serait-il pas devenu le siège d'un pouvoir dans un régime renforcé ?

Une telle conception heurte à première vue la conscience démocratique et paraît mieux correspondre à l'essence de la monarchie. Et l'on pourra citer cette confidence que prête au général de Gaulle Alain Peyrefitte : « Ce que j'ai essayé de faire, c'est d'opérer la synthèse entre la monarchie et la République[87] ! » Mais Georges Burdeau nous rappelle ailleurs que « l'État n'est pas que le déguisement de la puissance des factions. Il a une raison d'être qui ne peut lui être enlevée sans dommage pour la société. Il est le régulateur de la lutte dont il est l'enjeu. C'est à cette place qu'il occupe dans la dynamique politique que nous nous attacherons à res-

85. Georges Burdeau, « La conception du pouvoir... », *art. cit.*
86. Raymond Carré de Malberg, *Contribution à la théorie générale de l'État, op. cit.*, p. 121.
87. Alain Peyrefitte, *Le Mal français, op. cit.*, p. 56.

tituer son importance car elle est dangereusement méconnue lorsqu'on ne voit en lui que l'État partisan ou l'État de partis. Certes, il doit beaucoup aux partis mais, destiné à arbitrer leur rivalité, son pouvoir ne peut être constitué uniquement de la force qu'ils lui prêtent[88]. »

Confronté à une interpellation de cette ampleur, on ne saurait échapper à une triple interrogation : en quoi a consisté, sous la Ve République, le pouvoir d'État ? Quels ont été ses soutiens ? Et dans quelle mesure le concept apparaît-il aujourd'hui pertinent ?

1. Le pouvoir d'État sous la Ve République

Pour qu'en dehors de la monarchie émerge à nouveau le pouvoir d'État, encore faut-il qu'il puisse *se réincarner dans un titulaire*. L'établissement de la Ve République en 1958 a offert à Georges Burdeau l'occasion de l'observer : « Légitimé par le référendum, doté d'un organe – le président de la République – assuré de faire efficacement valoir ses exigences grâce aux prérogatives dont il dispose, défini enfin par son assise nationale et par son rôle de mainteneur de la cohésion et de la grandeur françaises, l'État est un pouvoir[89]. » Tel est, à peine la Constitution publiée, le diagnostic aussitôt formulé. Voici les principaux points de l'argumentation.

Elle se fonde d'abord sur la *distinction des deux plans* où se situent respectivement, selon l'auteur, le pouvoir d'État et le pouvoir démocratique : « Le premier, c'est celui des options irréversibles, celui où se décide l'avenir de la collectivité […] c'est le plan où se situe l'histoire et, dans l'histoire, le destin de la France […]. Au plan du pouvoir démocratique, se déroule la vie quotidienne. Alors les intérêts s'affrontent ; classes et familles spirituelles font entendre leurs exigences ; les partis élaborent les programmes, encadrent les forces, accusent les antagonismes de telle sorte que

---

88. Georges Burdeau, « La conception du pouvoir… », *art. cit*, p. 88-89.
89. *Ibid.*

sur les problèmes de l'heure, la volonté populaire puisse se prononcer[90]. »

Le deuxième argument consiste à lever l'objection : « Mais alors, dira-t-on, en consacrant ces deux pouvoirs, la Constitution n'introduit-elle pas, dans son assise même, l'éventualité de leurs conflits ? » Et Georges Burdeau de répondre qu'il n'en sera rien dans la mesure même où la source des deux pouvoirs est la même, contrairement à ce qui existe sous la monarchie orléaniste : *c'est le peuple.* La révision constitutionnelle de 1962 viendra conforter, par le recours à l'élection présidentielle au suffrage direct, l'interprétation avancée dès 1959.

Quant au partage des pouvoirs, le président de la République, écrit Georges Burdeau, sera d'abord amené « à faire prévaloir un pouvoir d'arbitrage que les prérogatives dont il est par ailleurs investi lui permettront d'exercer avec plus d'autorité que n'y était autorisé son prédécesseur de la IVᵉ République. Mais enfin la règle démocratique lui imposera de s'incliner devant la volonté non équivoque du Parlement. Il lui appartiendra alors de peser ce que cette volonté met en cause ; et si l'examen lui révèle que le jeu devient dangereux pour la nation, il pourra le suspendre. *Ce n'est plus des exigences d'une majorité parlementaire que dépendront les options politiques, mais d'un impératif étatique*[91] ».

La phrase est lourde de conséquences... Elle n'est évidemment admissible que parce que Georges Burdeau reconnaît, à travers le pouvoir d'État, le *visage de la République* et relie la Vᵉ République à la longue chaîne du passé. Citons ce passage essentiel à l'appui : « L'État, à peine de demeurer une notion vaine, doit incarner un pouvoir. Ce pouvoir, qui ne procède pas des partis, qui n'est pas délégué par eux, *c'est le pouvoir de la République*. Il est tout à fait remarquable que, dans tous ses appels et ses discours, c'est elle que le Général invoque, c'est de son service

---

90. *Ibid*, p. 90-91.
91. *Ibid.*, p. 98 ; c'est nous qui soulignons.

qu'il se réclame. Et dans ce message même, alors que, pas une fois, il n'est question de la démocratie, en revanche, le mot République sonne à chaque paragraphe, du même éclat du cuivre qui, dans les heures sombres de 1792, de 1871, de 1940, sut rameuter les Français autour de l'unité nationale[92]. »

Il paraît inutile de pousser plus loin l'analyse. Il suffit d'évoquer, en écho, la conférence de presse du général de Gaulle du 31 janvier 1964 dans laquelle le chef de l'État déclare que « le président, qui, suivant notre Constitution, est l'homme de la nation, [est] mis en place par elle-même pour répondre de son destin, [qu'] il doit être évidemment entendu que l'autorité indivisible de l'État est confiée tout entière au président par le peuple qui l'a élu, qu'il n'en existe aucune autre, ni ministérielle, ni civile, ni militaire, ni judiciaire qui ne soit conférée et maintenue par lui ». Ainsi, le fondateur de la Ve République n'exclut-il du champ de son autorité, fondée sur le pouvoir de la République, que le parlement, titulaire du pouvoir partisan.

2. Les ressources du pouvoir d'État

Avec la fin de la république gaullienne, le président de la Ve République a perdu son pouvoir charismatique. Et les successeurs du général de Gaulle ont puisé leur autorité, comme il l'avait souhaité, dans le suffrage universel qui les a élus. Encore que, pour beaucoup d'auteurs, à la suite de Maurice Duverger, celle-ci ait davantage profité du soutien de la majorité parlementaire que des prérogatives constitutionnelles[93]. Si l'on excepte, donc, le charisme (disparu) et le système de partis, dont la majorité parlementaire est tributaire, sur quelles ressources le titulaire du pouvoir d'État pourra-t-il bien compter ?

92. *Ibid.*, p. 92 ; c'est nous qui soulignons.
93. Maurice Duverger, *Échec au Roi, op. cit.* ; l'auteur n'hésite pas à écrire à propos de la Ve République : « La clef de voûte, c'est la majorité parlementaire. »

L'*armée* fut longtemps le principal soutien du pouvoir monarchique. Mais, en dehors d'une conjoncture exceptionnelle comme la « révolution des Œillets »[94], la démocratie occidentale ne saurait en dépendre. Et, s'il a envisagé un instant d'y recourir (en mai 1968), le général de Gaulle y a aussitôt renoncé. Ce soutien ne saurait être évidemment la *police*, même lorsque sa fonction protectrice fait place, dans certaines circonstances, à des interventions répressives. Il convient d'exclure également les médias. Deux ressources restent alors à la disposition du pouvoir d'État pour faire prévaloir sa continuité et faire triompher l'intérêt général contre l'immobilisme ou une éventuelle obstruction de la classe politique : l'opinion publique et l'administration.

L'*appel à l'opinion publique* ne peut intervenir qu'en temps de crise et à condition de ne pas opposer, en contradiction avec la démocratie libérale, le « pays réel » au « pays légal ». Il n'est donc possible que si la Constitution en offre au président les moyens. L'un d'eux est le référendum. Il a joué un rôle déterminant à l'origine de la Vᵉ République, au cours de la guerre d'Algérie (deux référendums furent nécessaires pour imposer la paix à l'armée et aux états-majors des partis), et enfin au moment de la crise de régime qui a conduit le général de Gaulle à instituer l'élection directe du président de la République au suffrage universel. Un autre est la dissolution, pour laquelle, en France, le chef de l'État n'a besoin ni de la proposition ni du contreseing du Premier ministre. Une troisième ressource pourrait, le cas échéant, consister, pour le président en exercice, à démissionner et à se représenter. Mais aucune de ces procédures ne saurait servir de mode ordinaire de gouvernement[95].

Au contraire, le personnel appartenant à la *haute fonction publique* peut offrir un soutien permanent. Or, il est établi que, depuis la Vᵉ République, une fraction de ses membres

94. *Portugal : dix ans de démocratie, problèmes politiques et sociaux,* Paris, La Documentation française, n° 507, 8 mars 1985.
95. Jean-Louis Quermonne, *La Notion de pouvoir d'État et le Pouvoir présidentiel sous la Vᵉ République. Itinéraires,* Études offertes à Léo Hamon, Paris, Economica, 1982.

n'observe plus, vis-à-vis de la politique, le même comportement. Ce changement s'est opéré en trois étapes.

Au cours de la première, qui correspond à la république gaullienne, des hauts fonctionnaires ont été appelés à exercer au service de l'État des tâches de premier plan, qui étaient souvent confiées, sous les régimes précédents, à des hommes politiques ou à des militaires, sans obligation, pour autant, de sortir de l'administration. Trois exemples : Paul Delouvrier, en Algérie, puis au District de la région parisienne ; Pierre Guillaumat, au Commissariat à l'énergie atomique ; Pierre Laurent, au secrétariat général, reconstitué pour lui, de l'Éducation nationale. Mais, surtout, on a pu observer, dès la formation du gouvernement présidé par le général de Gaulle le 1er juin 1958, la présence de ministres-fonctionnaires à la tête des plus importants départements ministériels : Affaires étrangères, Intérieur, Armées. Ce faisant, le fondateur de la Ve République entendait moins introduire des « grands fonctionnaires » dans le champ politique que déplacer la frontière séparant l'administration de la politique, en la fixant non plus entre le gouvernement et l'administration, mais entre le gouvernement et le parlement[96].

Dans une deuxième étape, qui fut marquée par l'influence de Georges Pompidou et de Valéry Giscard d'Estaing, s'est développé un processus d'intégration d'une partie de la haute fonction publique dans la classe politique. En 1962, l'échec du « cartel des non » fut celui du personnel politique de la IVe République. Le vide ainsi créé fut comblé par l'élection à l'Assemblée nationale de hauts fonctionnaires, dont certains avaient déjà été ministres. En outre, la promotion des administrations d'état-major et l'attention portée par le chef de l'État à la sélection des candidats appelés à pourvoir les emplois discrétionnaires ont contribué à instituer, à l'intérieur de la fonction publique, un *spoils system* à la française. « Nous allons vers un présidentialisme accru », avait confié, avant d'accéder à l'Élysée, Valéry Giscard

---

96. Francis de Baecque, Jean-Louis Quermonne (dir.), *Administration et Politique sous la Ve République*, Paris, FNSP, « Références », 1982.

d'Estaing à François Bloch-Lainé, « et il faut en tirer les conséquences. Les équipes dirigeantes sont appelées à changer avec l'élu du peuple au pouvoir exécutif[97] ».

Une troisième étape, engagée dans la foulée de l'alternance de 1981, a consacré la promotion, auprès du pouvoir politique, de fonctionnaires – et, au cours des premiers mois de gouvernement socialiste, de militants et de syndicalistes – qui avaient œuvré au cours des années précédentes au service de l'opposition[98]. Et malgré les professions de foi manifestées en faveur de l'État impartial, cette pratique n'a pas cessé de se développer, à gauche comme à droite, à la faveur des alternances de 1986, de 1988 et de 1993.

Aujourd'hui, le rôle des militants politiques et syndicaux s'étant affaibli, il semble que l'on s'achemine vers une conception plus classique de la fonction publique, à ceci près que l'attention de l'Élysée et de Matignon s'est encore accrue en ce qui concerne le choix des titulaires des emplois discrétionnaires, dont la liste a été étendue, et des nominations au tour extérieur. Mais persistent les causes structurelles qui justifient l'interprétation selon laquelle la haute fonction publique, ou une fraction de celle-ci, joue le rôle de *force de soutien à l'égard du pouvoir d'État*[99].

Cette force de soutien, dont la singularité tient au lien organique qui l'unit à l'État, la différencie, certes, de celles qui ont pour source la société civile. Mais cette spécificité ne l'a pas empêché d'exercer tout au long de la Ve République une influence que nous croyons plus forte que celle des partis politiques : 50 % de députés, 55 à 60 % de ministres, la grande majorité des Premiers ministres ont été originaires de la fonction publique. Et si elle perd aujourd'hui de sa puis-

97. François Bloch-Lainé, *Profession : fonctionnaire,* Paris, Éditions du Seuil, 1976, p. 231.
98. Monique Dagnaud, Dominique Mehl, *L'Élite rose. Qui gouverne ?* Paris, Ramsay, 2e éd., 1988.
99. Jean-Luc Bodiguel, Jean-Louis Quermonne, *La Haute Fonction publique sous la Ve République, op. cit.,* chap. IV, p. 254-266 ; Pierre Birnbaum, *Les Élites socialistes au pouvoir. 1981-1985,* Paris, PUF, 1985 ; Dominique Chagnollaud, *Le premier des ordres,* Paris, Fayard, 1991.

sance, cela tient moins au retour en force des partis, qu'à la désaffection des Français pour la fonction publique au profit des emplois que leur offre la société civile.

3. La pertinence du pouvoir d'État face à la mondialisation

Les bouleversements produits depuis la fin des années 1980, à la fois par la mondialisation et par la chute du Mur de Berlin, conduisent à soulever désormais la question du rôle de l'État par rapport à la société et des États-Unis face à la libre circulation. Sans compter le tournant néolibéral qui affecte autant les idéologies que la reconversion des politiques publiques.

A. La crise de l'État-providence et le paradigme de la gouvernance

Le retour du libéralisme qui a marqué l'Administration Reagan aux États-Unis et qui s'est développé sous la férule de Margaret Thatcher au Royaume-Uni était annonciateur d'une transformation plus profonde qui affecte aujourd'hui le monde occidental. Et il se nourrit à la fois de l'expansion du libre-échange, de la crise de l'État-providence et de l'échec du « socialisme dans un seul pays ».

Il en résulte un courant généralisé de dérégulation qui met en cause l'interventionnisme de l'État de même que la place prépondérante qu'il occupait dans la conduite des politiques publiques. Et un tel courant s'accompagne d'une privatisation des entreprises nationales qui atteint, notamment en France, le dogme traditionnel du « service public ».

Dès lors, à la fonction de « gouvernement économique », à laquelle avait contribué la mise en œuvre du « Welfare state », tend à s'opposer désormais *le paradigme de la gouvernance* qui vise à théoriser la pratique de l'État-minimum, si ce n'est de l'État-creux[100], replié sur ses missions régaliennes. Encore est-il que, même dans les secteurs tradition-

---

100. Jean Leca, *La Gouvernance de la France sous la Ve République, une perspective de sociologie comparative*, *op. cit.*, p. 350 s.

nels de son activité, la pratique de la décision exécutoire et de l'arbitrage, correspondant à la vision wébérienne, fait souvent place au recours à de nouveaux instruments plus aptes à entraîner l'adhésion qu'à imposer la sanction, ce qui conduit les gouvernements à recourir à une panoplie d'outils mieux adaptés à opérer la régulation, tels que la concertation, le partenariat, la mise en réseau, la négociation et, en fin de course, l'évaluation. En outre, par opposition à la rigidité des administrations et des services publics, l'État fait davantage appel à des agences quand il n'abdique pas son rôle au profit d'instances proches du modèle de l'entreprise ou relevant directement ou indirectement de la société civile et de ses prolongements.

Sans doute, le concept de gouvernance est-il encore difficile à définir, du fait même de la flexibilité qui en constitue la substance. Et l'incertitude qu'il engendre traduit la crise de société que provoque à son tour la crise de l'État[101]. Mais il exprime une réalité qui, un peu partout en Occident, après des années de dirigisme ou de pouvoir d'État, témoigne d'une mutation qu'amplifient l'ouverture des frontières et l'interrogation qui s'impose un peu partout sur l'avenir de l'État-nation.

B. La crise de l'État-nation et la gouvernance à plusieurs niveaux

Partie du concept de polyarchie, cette réflexion amène à remettre en cause le monopole dont jouissait l'État-nation de l'exercice de la contrainte légitime. Et cette contestation profite à une diversité d'instances dont il est difficile de situer les limites.

D'une part, l'autorité naguère indépassable de l'État se disperse aujourd'hui à différents niveaux géographiques. Elle s'étend du pouvoir local aux organisations internationales, telles que le FMI ou le G7, en passant par le pouvoir régional et les structures continentales, notamment l'ALENA, le

---

101. Cf. le numéro spécial de la *Revue internationale de politique comparée* (vol. 6, n° 3) sur la « Crise de la gouvernance et la mondialisation », notamment l'étude de Pierre Muller.

Mercosur et surtout l'Union européenne, seule organisation à vocation politique explicite. Or, enserré dans des réseaux de cette nature, l'État ne dispose plus de la latitude d'action qui lui permette de mener une politique économique et monétaire, voire une politique publique tout court, de manière autonome. Et sa crédibilité s'en ressent aux yeux des citoyens. D'autre part, le rôle autrefois monopolisé par la puissance publique, tend à être partagé par des puissances privées à géométrie variable, qu'il s'agisse d'entreprises multinationales aux intérêts parfois divergents, des marchés monétaires guidés par la spéculation ou d'organisations non gouvernementales à but humanitaire transcendant les frontières. Il n'est pas jusqu'au droit d'ingérence, manifesté à la faveur de la guerre du Koweït ou des crises de Bosnie et du Kosovo, qui n'ait profondément ébranlé la croyance des peuples en la souveraineté et l'indépendance des États.

Par conséquent, eu égard à ces divers phénomènes sommairement évoqués, la notion de pouvoir d'État s'est trouvée fortement fragilisée, celle du pouvoir partisan n'ayant d'ailleurs pas tiré bénéfice d'un ébranlement qui atteint le pouvoir politique dans sa substance, tantôt au profit d'organismes d'expertise qui manquent d'assises légitimes, tantôt même au bénéfice d'intérêts financiers mal identifiés, quand il ne s'agit pas de groupes de pression anonymes, voire même de « mafias »[102].

C. L'Union européenne comme espace ou comme puissance ?

« La France est ma patrie, l'Europe est notre devenir », cette phrase prononcée par François Mitterrand au soir de sa vie indique-t-elle une direction vers laquelle le pouvoir politique, désormais dépouillé au niveau étatique, pourrait retrouver une nouvelle envergure à l'échelle européenne ? La question reste ouverte. Certes, par rapport aux zones de libre-échange qui se développent sur divers continents, l'intégration européenne comporte une dimension politique à nulle autre pareille. Et chacun de leur côté, le Conseil euro-

02. Isabelle Sommier, *Les Mafias*, Montchrestien, « Clefs », 1998.

péen, la Commission et le Parlement s'efforcent de la développer. Il n'en reste pas moins vrai que si la monnaie unique est venue couronner l'intégration d'un grand marché, elle n'a pas automatiquement entraîné l'Union européenne sur les chemins de la puissance politique [103]. Et la perspective de son élargissement au continent tout entier laisse perplexe quant à son destin démocratique et politique.

En prescrivant l'élaboration d'un livre blanc sur la gouvernance, le président Romano Prodi a bien compris que, de toute manière, l'Union, même politique, ne serait pas la résurrection à plus grand gabarit de l'État-nation. Si elle doit devenir plus qu'un marché, c'est au prix du développement de ses missions régaliennes en matière de sécurité intérieure et de justice comme en matière de politique étrangère et de défense. Ainsi seulement pourra-t-elle à la fois affirmer sa légitimité politique au regard des citoyens et parler d'une seule voix sur la scène internationale.

Dès lors, que deviendraient ses États-membres ? Leur destin ne pourra se réduire à celui du Texas ou même de la Californie, d'où le caractère utopique des États-Unis d'Europe qu'escomptaient les « pères fondateurs ». Mais si l'État-nation, comme l'affirme Jacques Delors, n'est pas appelé à disparaître, leur union ne pourra générer une puissance politique qu'à condition de former un jour une fédération, ou du moins d'édifier en son centre de gravité une avant-garde politique capable d'entraîner l'ensemble vers un destin qui restitue au plan européen la capacité de dégager l'intérêt général, au sens démocratique du terme, dont la plupart des États-membres ont perdu aujourd'hui la faculté de le faire prévaloir en leur sein [104].

Ainsi, la fédération d'États-nations pourrait-elle assurer l'équilibre entre la pérennité des États et la montée en puissance de la société civile.

---

103. Fritz Scharpf, *Gouverner l'Europe*, Presses de Sciences-Po, 2000.
104. Commissariat général au Plan : « L'Union européenne en quête d'institutions légitimes et efficaces », Rapport du groupe de réflexion présidé par Jean-Louis Quermonne, La Documentation française, 1999.

Conclusion

La démocratie, écrit Georges Burdeau, « n'est pas seulement une forme d'organisation politique [...] elle est une valeur. Et c'est cette valeur – l'inaliénable vocation des hommes à prendre en charge leur destin, tant individuel que collectif – qui constitue l'unité profonde de ce que, pour la clarté de l'analyse, on appelle les différentes conceptions de la démocratie [105] ».

Cette unité profonde s'incarne dans le *principe de légitimité unique* auquel se réfèrent les démocraties occidentales. Ses différentes conceptions s'expriment à travers la *multiplicité des régimes politiques* qui l'illustrent.

Or, peut-on, au terme de leur étude, dégager de cette multiplicité, à la fois historique et géographique, quelques « types idéaux » ?

Incontestablement, la référence au système de partis permet d'identifier de façon privilégiée le modèle britannique. Après avoir été la « mère des parlements », la Grande-Bretagne est devenue l'orfèvre du bipartisme. Mais, entre le *two-party system*, qu'elle est à peu près seule à pratiquer en Europe, et les bipartismes imparfaits ou les systèmes bipolarisés qui ont cherché à l'imiter, on a pu vérifier que la distance restait grande. A dire vrai, le régime britannique est demeuré davantage un régime inédit ; et sa longévité apparaît tributaire aujourd'hui d'un mode de scrutin déformant.

---

105. Georges Burdeau, *La Démocratie*, *op. cit.*

Les États-Unis offrent toujours l'image du « vrai » régime présidentiel. Ils le doivent moins à leur système de partis « à structure souple », inapte à dégager au Congrès une majorité stable et cohérente, qu'à l'institution présidentielle dont l'affermissement progressif a fait reculer les limites de la « présidence impériale ». Mais l'affaire du « Watergate » a révélé ses faiblesses. Et, sans retourner au système « congressionnel », le régime américain a retrouvé l'équilibre des *checks and balances* sur lequel il repose. Jusqu'à présent, hormis quelques essais infructueux, aucun pays occidental ne l'a durablement importé. Il est donc, lui aussi, demeuré un régime singulier.

Si l'on excepte la Suisse, qui a édifié pour elle-même un régime intransposable ailleurs, et la France, on n'a donc pu repérer que deux types de régimes inspirés généralement du modèle britannique et plus rarement du modèle américain : parlementarismes multipartites, dotés ou non d'un parti dominant ; présidentialismes atténués. Les premiers ont tantôt donné lieu à des régimes stables, tels que les régimes scandinaves ou la République fédérale d'Allemagne ; tantôt à des régimes hypothéqués par d'incessantes crises ministérielles, comme ceux de Belgique, d'Italie et des Pays-Bas. L'expérience espagnole, dont la Constitution apparaît exemplaire, est encore trop récente pour qu'il soit possible d'en tirer des conclusions définitives [106]. Les seconds types de régimes, d'inspiration présidentialiste, ont fait l'objet d'un effort d'analyse comparative qui a donné naissance à la théorie des régimes semi-présidentiels ; mais la diversité de leurs institutions et de leurs systèmes de partis rend difficile tout diagnostic à leur sujet : car, en dehors de la Finlande, et de certains pays d'Europe centrale et orientale, leur parenté avec le parlementarisme reste étroite.

Le point commun à tous ces régimes, qui forment la majorité des systèmes politiques occidentaux en vigueur, tient en

---

106. Voir cependant Dmitri-Georges Lavroff, *Le Régime politique espagnol*, Paris, PUF, « Que sais-je ? », 1985 ; et les ouvrages cités de Georges Couffignal et Pierre Bon.

même temps à la rationalisation de leurs institutions et à la précarité de leurs systèmes de partis. Aussi n'est-il pas étonnant que les plus stables combinent avec une certaine intensité le parlementarisme rationalisé et la présence d'un parti dominant.

La France peut-elle trouver sa place dans cet essai de classification ? Parce qu'elle fut essentiellement « le gouvernement des députés », la IIIe République a été rattachée par la majorité des auteurs au « parlementarisme moniste » lorsqu'elle ne fut pas qualifiée de « régime d'assemblée ». Quant à la Ve République, après avoir donné l'illusion de restaurer le « parlementarisme dualiste »[107], elle a été considérée par Maurice Duverger comme le prototype du régime semi-présidentiel. Croyant, pour notre part, qu'elle constitue un régime inédit, que nous avons tenté de qualifier de régime présidentiel dualiste[108], il nous paraît nécessaire, avant de conclure, de rappeler les différences culturelles qui la situent par rapport à la tradition anglo-saxonne et qui tiennent plus à l'histoire qu'à la sociologie des partis ou au droit.

« Pour les Américains libéraux, écrivent à cet effet Georges Lavau et Olivier Duhamel, la société est bonne, elle fonctionne naturellement bien, le commerce et le libre-échange offrent la meilleure garantie des droits de l'homme [...], le pouvoir politique doit être réduit au minimum. Comme l'écrivait Thomas Paine en 1776, la Société naît de nos besoins et l'État de nos faiblesses. Dans la stricte continuité de Locke, l'ordre politique a pour seule tâche de conserver et de laisser fonctionner la société qui lui préexiste. Pour les Français, non seulement jacobins, mais aussi physiocrates, la société est corrompue, l'homme est pervers [...]. La réalisation des droits de l'homme passe par une institution politique. [...] La liberté ne sortira que du volontarisme du philosophe qui se fait législateur. Dans la stricte continuité de

107. Claude Émeri, « Les déconvenues de la doctrine », in *La Constitution de la Ve République*, *op. cit.*, p. 75-90.

108. Cf. à l'appui de cette thèse : Jean Massot, *Chef de l'État et chef du gouvernement, dyarchie et hiérarchie*, La Documentation française, 1993.

Rousseau, l'institutionnalisation des droits fondamentaux n'a pas seulement pour tâche de maintenir une substance préexistant à l'État mais doit créer, imposer et maintenir, contre une vie sociale dépravée, un ensemble constitué par elle [...] Il faut pour ce faire un pouvoir politique omnipotent et, à cet effet, l'intégration démocratique de ce pouvoir dans une volonté constamment active (Habermas) [109]. »

Ainsi, une différence essentielle sépare la tradition révolutionnaire et républicaine de la France de la conception anglo-saxonne : « Ici, précisent encore Lavau et Duhamel, tout part de la société et les forces révolutionnaires interviennent pour contenir le despotisme du pouvoir. Là, tout part de l'État, que les forces révolutionnaires construisent pour recréer la société. Ici, l'intérêt fonde les droits de l'homme, là la vertu. »

Or, tandis que les libéraux du XIXe siècle s'étaient efforcés en vain de transposer en France les institutions d'Amérique et d'Angleterre, les « pères fondateurs » de la Ve République ont cherché, comme le rappelait Georges Pompidou en 1972, à la doter « d'un régime politique qui ne se propose pas pour modèle les lois d'autrui [110] ». Longtemps décrié par l'opposition et mis en doute par la doctrine, ce régime, au-delà des perspectives ouvertes par le général de Gaulle, s'est progressivement enraciné en permettant d'abord à la droite de gouverner sans interruption pendant vingt-trois ans. Mais « l'épreuve de l'alternance et l'usage par la gauche d'institutions qui lui avaient paru l'expression antirépublicaine du coup d'État permanent » ont abouti à ce que « la Constitution gaullienne [soit], au bout de vingt-cinq ans, devenue la Constitution nationale républicaine » [111].

---

109. Georges Lavau, Olivier Duhamel, « La démocratie », in *Traité de science politique*, *op. cit.*, t. II, chap. II, p. 58-59.

110. Discours prononcé le 8 décembre 1972 à l'occasion du centenaire de l'École libre des sciences politiques, reproduit en annexes dans notre ouvrage sur *Le Gouvernement de la France sous la Ve République*, *op. cit.*, 4e éd., p. 682-686.

111. Pierre Nora (dir.), *Les Lieux de mémoire*, t. I, *La République*, *op. cit.*, p. 658.

On trouverait à travers les travaux les plus récents des historiens consacrés à la République une source d'explication de ce paradoxe[112]. Certes, il serait excessif de faire de Gambetta le précurseur de la Ve République[113]. Mais le recul du temps permettrait maintenant de trouver à travers l'histoire républicaine autant de points communs entre les trois Républiques qui se sont succédé – et qui les distinguent globalement des régimes étrangers – que de différences, causées par la présidentialisation que la Constitution de 1958 a fortement accentuée.

Dès lors, la République, dans la mesure où elle s'identifie à l'État en le revêtant d'une dimension symbolique mais surtout en démocratisant son pouvoir, a conféré à l'actuel régime politique de la France un caractère inédit. Celui-ci ne provient pas, comme on le répète trop souvent, d'un mode de scrutin majoritaire ou d'une bipolarisation des partis qui n'ont jamais été, ni l'un ni l'autre, consubstantiels au régime[114]. Il tient davantage au rôle primordial confié par le général de Gaulle au président de la République qui « demeure (jusqu'à présent) le lieu véritable du pouvoir de l'État[115] ». Mais le restera-t-il encore très longtemps ?

Car, « en dépit du progrès réalisé vers un consensus institutionnel, il convient de souligner enfin un obstacle à la stabilisation complète de notre système politique [...], le prési-

112. Cf. notamment les ouvrages de Claude Nicolet, Odile Rudelle et Jean-Marie Mayeur précités.

113. Odile Rudelle cite le témoignage de l'un des collaborateurs de Gambetta qui, dans un livre oublié, en 1889, affirme avoir entendu celui-ci dire que « la Constitution qui convenait à la France était celle de la Présidence du prince Louis-Napoléon comportant la responsabilité directe du chef de l'État », in *La République absolue*, Paris, Publication de la Sorbonne, 1982 ; sur la réfutation de cette interprétation, cf. Maurice Duverger, *Le Système politique français,* Paris, PUF, 1985, p. 185.

114. N'oublions pas que la bipolarisation n'est apparue qu'à partir de 1965 et qu'elle dérive aujourd'hui vers des coalitions de partis au détriment des partis dominants ; quant au mode de scrutin, il a changé en France 10 fois en 116 ans !

115. Alain Bergounioux, Gérard Grunberg, « Les fragilités de la démocratie française », *in* Alain Rouquié (dir.), *La Démocratie ou l'Apprentissage de la vertu, op. cit.*, p. 78.

dent est tout à la fois celui qui symbolise l'unité de la nation, le véritable chef du pouvoir exécutif et l'élu d'une coalition de formations politiques ». En un mot, il combine, *par son origine*, le rôle dévolu à un leader politique, chef d'une majorité présidentielle, à l'édification de laquelle participent activement les partis, et, *par sa fonction même*, celui de l'homme d'État. Or, cette ambivalence est source d'ambiguïté. Elle conduit de plus en plus souvent la classe politique, pour sortir de l'impasse, à céder alternativement à deux tentations : revenir au régime parlementaire classique, qui ne manquerait pas de rétablir le « gouvernement des députés » ; ou franchir le pas qui nous sépare encore du régime présidentiel[116]. L'institution du quiquennat l'atteste !

Le premier terme de l'alternative n'est plus officiellement recommandé par personne. Le second trouve des appuis à gauche et à droite. L'un et l'autre feraient perdre à la Ve République sa spécificité. Et l'option en faveur du régime présidentiel, outre que l'expérience a démontré les risques qui lui sont attachés, aggraverait la distance qui sépare déjà les institutions politiques de la France de celles de ses partenaires de la Communauté européenne. Ne faut-il pas plutôt réserver le régime présidentiel à l'Union européenne, si un jour elle accède, par la voie du fédéralisme, à l'union politique ? La République française n'a pas besoin d'ajouter à une liste déjà longue une constitution de plus[117] !

En revanche, deux questions essentielles l'interpellent. La première est spécifique aux États membres de l'Union européenne. Elle concerne la compatibilité de leurs systèmes politico-administratifs avec celui de l'Union. Sans qu'une uniformisation des institutions étatiques soit rendue nécessaire, une harmonisation est souhaitable. Elle est déjà intervenue dans la mesure où la ratification du traité de Maastricht a conduit en 1992 la plupart des États à réviser leur Consti-

---

116. Jean-Marie Donegani, Marc Sadoun, *La Ve République. Naissance [e]t mort*, Gallimard, 1999.

117. Jean-Louis Quermonne, *L'instabilité constitutionnelle de la République en France*, Philosophie politique, 4, 1993 ; Claude Emeri, Christian [Bi]garay, *La Constitution en France, de 1789 à nos jours*, A. Colin, 1997.

tution. La seconde question est propre à la Vᵉ République. Elle concerne, comme on l'a vu, la volonté d'une large part de la classe politique d'exorciser le risque d'une installation chronique de la cohabitation. Or le seul recours au quinquennat ne saurait suffire à l'écarter. Et ses effets pervers sont difficiles à évaluer.

Reste le problème ci-dessus mentionné du déficit démocratique de l'Union européenne. Or vouloir le résoudre par référence aux régimes politiques en vigueur dans les États occidentaux relèverait du mimétisme et risquerait d'être factice.

Les deux vraies questions qui se posent, en fait, à son sujet, sont d'une part d'améliorer l'articulation entre les institutions de l'Union et celles des États membres, à la fois en réglant les « reliquats d'Amsterdam » et en conférant au Conseil des ministres la permanence et la polyvalence que l'on peut attendre d'un Conseil européen qui ne saurait se réunir plus d'une fois par trimestre.

Quant à l'avenir à long terme de l'Union européenne, il devra passer par la mutation destinée à transformer l'« Europe carolingienne », conçue par les « pères fondateurs », en une « Europe continentale » aux frontières encore incertaines. Ce qui nécessitera la conciliation entre son élargissement et son approfondissement

Dans un tel contexte géopolitique, outre l'articulation entre les régimes politiques des États membres et le système politique de l'Union à laquelle on a fait allusion, viendra à se poser au sein du monde occidental le problème des relations entre les deux rives de l'Atlantique. Et c'est alors qu'apparaîtra en toute clarté la différence entre leurs cultures politiques.

Nul mieux que Jean-Marie Guéhenno n'a montré l'opposition entre les « communautés de mémoire » que constituent encore aujourd'hui nos États-nations européens et la « communauté de contrat » qui fut à la base des options prises en 1787 par la Convention de Philadelphie.

Or la question qui interpelle l'Europe est celle de savoir si elle sera capable d'inventer une nouvelle forme politique qui opère la synthèse entre « la logique fonctionnelle et la logique d'identité ».

« En conjuguant des patriotismes nationaux fondés sur la mémoire historique avec un patriotisme institutionnel européen fondé sur le choix volontaire de lier dans la construction politique de l'Union européenne des destins jusqu'alors séparés – écrit, en effet, Guéhenno – les Européens ont la possibilité d'inventer une forme politique dans laquelle chaque patriotisme appuie l'autre tout en le modérant[118]. » Et l'auteur décèle, à travers cette démarche, la possibilité pour l'Europe, d'« avancer sur la voie d'une invention démocratique dont l'enjeu dépasse largement les seuls Européens[119] ».

Doit-on en conclure qu'à plus long terme il pourrait en résulter à un niveau supérieur une interdépendance avec d'autres démocraties, et d'abord par-delà l'Atlantique, avec les États-Unis ? « Qu'un tel projet soit difficile à réaliser, admet Guéhenno, ne serait-ce que parce que les États-Unis n'acceptent pas aujourd'hui l'interdépendance, ne suffit pas à le condamner[120]. »

L'Histoire dira si la communauté de valeurs qui fonde la démocratie occidentale sera ou non capable de promouvoir un jour un processus d'intégration politique qui se poursuivra au-delà des limites de l'Europe et qui s'étendra aussi au monde occidental.

Le 1er mai 2000.

118. Jean-Marie Guéhenno, *L'Avenir de la liberté*, *la Démocratie dans la mondialisation*, Flammarion, 1999, p. 173.
119. *Ibid.*, p. 182.
120. *Ibid.*, p. 180.

Orientation bibliographique

Sauf exception, on n'a cité en note et l'on n'indiquera dans cette orientation bibliographique très sommaire que des documents ou des ouvrages rédigés en français. On ne mentionnera pas les nombreux manuels d'institutions politiques et droit constitutionnels, qui contiennent tous les développements sur les régimes politiques occidentaux (généralement sur la France, la Grande-Bretagne, la République fédérale d'Allemagne, l'Espagne, l'Italie, la Suisse et les États-Unis).

1. Documents

Les *pays d'Europe occidentale en...* sous la direction d'Alfred Grosser, Notes et études documentaires, publiées annuellement.

Gerbert, Pierre, F. de La Serre, G. Nafilyau, *L'Union politique de l'Europe, jalons et textes*, La Documentation française, 1998.

Grewe, Constance, Oberdorff, Henri, *Les Constitutions des États de l'Union européenne*, La Documentation française, 1999.

Pactet, Pierre, *Textes de droit constitutionnels*, LGDJ, 3ᵉ éd., 1995.

Rials, Stephane, *Textes constitutionnels étrangers*, Paris, PUF, « Que sais-je ? ».

Revue *Pouvoirs*, Chronique « Repères étrangers ».

2. Manuels

Almond, Gabriel A., Birgham Powel Jr, G., *Comparative Politics Today, a World View*, Scott, Foreman and Company, 4ᵉ éd., 1988.

Blanc, Jacques, Virieux, Jean-Marc, Waguet, Philippe, *Les Grands Régimes politiques étrangers, Notions essentielles*, Sirey, 1988.

Chagnollaud, D., Droit constitutionnel contemporain, Sirey, 1999.

Duhamel, Olivier, *Les Démocraties : régimes, histoires, exigences*, Paris, Éditions du Seuil, 1993.

Kriesi, Hauspeter, *Les Démocraties occidentales*, Economica, 1994.

Lalumière, Pierre, Demichel, André, *Les Régimes parlementaires européens*, Paris, PUF, « Thémis », 2ᵉ éd. , 1998.

Lauvaux, Philippe, *Les Grandes Démocraties contemporaines*, Paris, PUF, « Droit fondamental », 1990.

Mény, Yves, *Politique comparée, les démocraties : États-Unis, France, Grande-Bretagne, Italie, RFA*, Montchrestien, 5ᵉ éd., 1994.

Pactet, Pierre, *Institutions politiques et droit constitution nel*, 20ᵉ éd., A. Colin, 1999.

Ziller, Jacques, *Administrations comparées, les systèmes politico-administratifs de l'Europe des Douze*, Montchrestien, 1993.

3. Traités

Burdeau, Georges, *Traité de science politique*, tome v : « Les régimes politiques », LGDJ, 1985.

Grawitz, Madeleine, Leca, Jean, (éd.), *Traité de science politique*, PUF, 1985, tome ii : « Les régimes politiques contemporains ».

Duhamel, O., Mény, Y., *Dictionnaire constitutionnel*, PUF, 1992.

4. Essais et études sur les régimes politiques

Aron, Raymond, *Démocratie et totalitarisme*, Gallimard, 1965.

Badie, Bertrand, Hermet, Guy, *Politique comparée*, Paris, PUF, « Thémis », 1990.

Colliard, Jean-Claude, *Les Régimes parlementaires contemporains*, FNSP, 1978.

Croisat, Maurice, *Le Fédéralisme dans les démocraties contemporaines*, Montchrestien, « Clefs », 3ᵉ éd., 1999.

Duverger, Maurice, *L'Échec au Roi*, Albin Michel, 1978. *Les Régimes semi-présidentiels*, Paris, PUF, 1986.

Favoreu, Louis, *Les Cours constitutionnels*, Paris, PUF, « Que sais-je ? », 2ᵉ éd., 1992.

Gaxie, Daniel, *La Démocratie représentative*, Montchrestien, « Clefs », 1993.

Hottinger, J.T., Seiler, D.L., *Les Partis politiques en Europe de l'Ouest*, Economica, 1998.

Manin, Bernard, *Principes du gouvernement représentatif*, Calmann-Lévy, 1994.

Marcou, Jean, *Justice constitutionnelle et Systèmes politiques*, Presses Universitaires de Grenoble, 1997.

Mény, Yves (dir.), *Les Politiques du mimétisme institutionnel : la greffe et le rejet*, L'Harmattan, 1993.

Mény, Yves, Surel, Yves, *Par le peuple, pour le peuple, le populisme et les démocraties*.

Pelassy, Dominique, *Qui gouverne en Europe ?*, Fayard, 1992.

Quermonne, Jean-Louis, *L'Alternance au pouvoir*, Paris, PUF, « Que sais-je ? », 2ᵉ éd., 1995.

Rideau, Joël (dir.), *Les États membres de l'Union européenne*, LGDJ, 1997.

Rousseau, Dominique, *La Justice constitutionnelle en Europe*, Montchrestien, « Clefs », 3ᵉ éd., 1998.

Seiler, Daniel-Louis, *La Vie politique des Européens*, Economica, 1998.

Seurin, Jean-Louis (éd.), *La Démocratie pluraliste*, Economica, 1980.

Sfez, Lucien, *La Politique symbolique*, Paris, PUF, « Quadrige », 1993.

5. Revues

Pouvoirs, revue trimestrielle, PUF ; à partir de 1994 : Éditions du Seuil. *Revue française de science politique*, FNSP.
Revue française de droit constitutionnel, PUF (à partir de 1990).
Revue du droit public et de la science politique, LGDJ.
Revue internationale de droit comparé, Éditions du CNRS
Revue internationale de politique comparée, De Boeck Université, Bruxelles (à partir de 1994).
Revue française de science politique, Presses de Sciences-Po.

6. Quelques titres par pays

Allemagne :
Autexier, Christian, *Introduction au droit public allemand*, PUF, 1997.
Froment, Michel, *Les Institutions de la RFA*, *Documentation d'études*, La Documentation française, 1993.
Grosser, Alfred, *L'Allemagne en Occident*, Fayard, 1985.
Grosser, Alfred, Menudier, Henri, *La Vie politique en Allemagne fédérale*, A. Colin, 9e édition, 1992.
Le Gloannec, Anne-Marie, *La République fédérale d'Allemagne*, Le Livre de Poche, 1994.
Rovan, Joseph, *L'Allemagne du changement*, Calmann-Lévy, 1983.
Revue *Pouvoirs*, n° 22 et n° 66.

Autriche :
Pasteur, Paul, *L'Autriche de la libération à l'intégration européenne*, Les études de La Documentation Française, 1999.

Belgique :
Delpérée, Francis, *Droit constitutionnel*, Bruxelles, Larcier, 2ᵉ vol.
Delwit, P., De Waele, J. M., Maguette, P., *Gouverner la Belgique*, PUF, 1999.
Revue *Pouvoirs*, n° 54.
Uyttendaele, Marc, *Le Fédéralisme inachevé, réflexion sur le système institutionnel belge, issu des réformes de 1988-1989*, Bruylard, 1991.

Canada :
Bernard, André, *La Politique au Canada et au Québec*, Presses de l'université de Québec, 1976.
Croisat, Maurice, *Le Fédéralisme canadien et la question de Québec*, Anthropos, 1979.
Croisat, Maurice, Petiteville, Franck, Tournon, Jean, *Le Canada, d'un référendum à l'autre*, Talence, AFAEC, 1992.

Espagne :
Bon, Pierre (dir.), *L'Espagne d'aujourd'hui,* les études de La Documentation française, 1993.
Couffignal, Georges, *Le Régime politique de l'Espagne*, Montchrestien, « Clefs », 1993.
Hermet Guy, *L'Espagne au xxᵉ siècle,* Paris, PUF, 1986.
Lavroff, Dmitri-Georges, *Le Régime politique espagnol*, Paris, PUF, « Que sais-je ? », 1985.
Letamendia, Pierre, *Les Partis politiques espagnols*, Paris, PUF, « Que sais-je ? », 1983.

États-Unis :
Brown, Bernard, *L'État et la Politique aux États-Unis*, PUF, « Thémis », 1994.
Lasalle, Jean-Pierre, *La Démocratie américaine*, Paris, A. Colin, 1991.
Lasalle, Jean-Pierre, *Les Partis politiques aux États-Unis*, Paris, PUF, « Que sais-je ? »,1986.

Schlesinger, Arthur, *La Présidence impériale*, Paris, PUF, 1976.

Skidmore, M. J., Catertripp, M., *La Démocratie américaine*, Paris, Éditions Odile Jacob, 1985.

Toinet, Marie-France, *Le Système politique des États-Unis*, Paris, PUF, « Thémis », 1987.

France :
Chagnollaud, Dominique (dir.), *La Vie politique en France*, Paris, Éditions du Seuil, « Points Essais », 1993.

Chagnollaud, Dominique, Quermonne, Jean-Louis, *La Ve République*, 4 vol., Flammarion, 2000.

Chapsal, Jacques, *La Vie politique sous la Ve République*, Paris, Grasset, 1987.

Debbasch, Charles, *et al.*, *La Ve République*, 2e éd., Economica, 1988.

Duhamel, Olivier, *Le Pouvoir politique en France*, Paris, Éditions du Seuil, 2e éd., 1993.

Mény, Yves, *Le Système politique français*, Montchrestien, « Clefs », 2e éd., 1993.

Portelli, Hugues, *La Politique en France sous la Ve République*, Paris, Grasset, 1987.

Grande-Bretagne :
Charlot, Monica, *Le Pouvoir politique en Grande-Bretagne*, Paris, PUF, « Thémis », 1990.

Journès, Claude, *L'État britannique*, Paris, Publisud, 1985.

Leruez, Jacques, *Gouvernement et politique en Grande-Bretagne*, FNSP, « Amphithéâtres », 1989.

Leruez, Jacques, *Le Système politique britannique depuis 1945*, Paris, A. Colin, 1994.

Mathiot, André, *Le Régime politique britannique*, Paris, A. Colin, 1955.

Revue *Pouvoirs*, « Le Royaume-Uni de Tony Blair », n° 93, avril 2000.

Italie :
Bibes, Geneviève, *Le Système politique italien,* Paris, PUF, 1974.

Georgel, Jacques, *L'Italie au xxᵉ siècle (1919-1999)*, Les études de La Documentation Française, 1999.

Lapalomba, Joseph, *Démocratie à l'italienne,* Paris, Plon, 1990

Morel, Laurence (dir.), *L'Italie en transition*, L'Harmattan, 1997.

Revue *Pouvoirs*, n° 18, 1974.

Suisse :
Papadopoulos, Yannis (dir.), *Élites politiques et peuple en Suisse, analyse des votations fédérales : 1970-1987*, Lausanne, Réalités sociales, 1994.

Papadopoulos, Yannis, *Démocratie directe*, Economica, 1998.

Revue *Pouvoirs*, n° 43.

Rohr, Jean, *La Démocratie en Suisse,* Economica, 1987.

La Communauté et l'Union européenne.

Pour s'initier :

L'Union européenne, Les notices de La Documentation Française, éd. 1999.

Doutriaux, Yves, Lequesne, Christian, *Les Institutions de l'Union européenne, Réflexe Europe*, La Documentation Française, 2ᵉ éd., 1998.

Moreau Defarges, Philippe, *Les Institutions européenne*, Paris, A. Colin, 3ᵉ éd., 1999.

Quermonne, Jean-Louis, *Le Système politique européen*, Paris, Montchrestien, « Clefs », 3ᵉ éd., 1998.

Revue *Pouvoirs*, n° 69, « L'Europe, de la Communauté à l'Union ».

Toulemon, R., *La Construction européenne*, Le Livre de Poche, Éd. De Fallois, 1999.

Pour approfondir :

Abélès, Marc, *La Vie quotidienne au Parlement européen*, Paris, Hachette, 1993.

Croisat, Maurice, Quermonne, Jean-Louis, *L'Europe et le fédéralisme*, Paris, Montchrestien, « Clefs », 2ᵉ, 1999.

Duprat, Gérard (dir.), *L'Union européenne, droit, politique, démocratie*, PUF, 1996.

Duverger, Maurice, *L'Europe dans tous ses États*, Paris, PUF, 1994.

Gerbet, Pierre, *La Construction de l'Europe*, Imprimerie nationale, « Notre siècle », 3ᵉ éd., 1999.

Keohane, Robert O., Hoffmann, Stanley, *The New European Community, Decision Making and Institutional Change,* Westview Press, 1991.

Lequesne, Christian, Paris, Bruxelles, *Comment se fait la politique européenne de la France*, FNSP, 1993.

Prate, Alain, *Quelle Europe ?*, Paris, Julliard, 1991.

Rideau, Joël, *La Transparence dans l'Union européenne, mythe ou principe juridique*, L.G.D.J., 1999.

Sabourin, Paul, *Le Destin du Continent européen, Le chemin de la Grande Europe*, Bruxelles, Bruyland, 1999.

Sidjanski, Dujan, *L'Avenir fédéraliste de l'Europe*, Paris, PUF, 1993.

Telo, Mario, Maguette, Paul, *De Maastricht à Amsterdam, L'Europe et son nouveau traité*, Éd. Complexe, Bruxelles, 1998.

Wolton, Dominique, *La Dernière Utopie, naissance de l'Europe démocratique*, Paris, Flammarion, 1993.

Zorgbibe, Charles, *Histoire de la construction européenne*, Paris, PUF, 1993.

Table

PREMIÈRE PARTIE
LES PROCESSUS HISTORIQUES

Réalisation : Cursives à Paris
Impression : Bussière Camedan Imprimeries à Saint-Amand
Dépôt légal : octobre 2000. N° 41968 (004080/1)